부동산 중개인을
——— 위한 ———
멘탈 바이블

부동산 중개인을 위한

위한

멘탈 바이블

공인중개사 40만 명 시대, 멘탈 지키며 성공하는 방법

이환호 지음

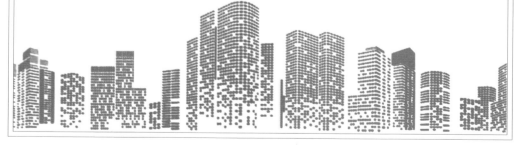

동서
출판 **더 로드**
The Road Books

중개인 여러분, 자유를 쟁취합시다

    부동산 중개 분야는 인기가 많다. 공인중개사 40만 명 시대의 대한민국에 여전히 매년 약 2만여 명의 공인중개사가 배출된다. 도대체 얼마나 매력적인 분야이길래…

    '왜 부동산 중개를 선택했을까?' 자신에게 이런 질문을 던져 본 적이 있는가? 혹시 그 답에,

    '자유'

라는 말이 떠오르지 않았는가? 대학, 회사, 고정급, 성별에 대한 편견, 계급 등 우리를 옥죄는 이 시대의 사슬에서 벗어나기 위해 찾게 된 부동산 중개 분야. 하는 만큼 벌고, 일하고 싶을 때 일하고 놀고 싶을 때 놀 수 있는 그런 일. 수많은 얽매임 속에서 인생 한번 풀어보려고 할 때 찾을 수 있는 곳. 그런 곳이 이 분야가 아닐까 싶다.
    부동산 중개업은 시행, 시공, 분양, 경매 등 다양한 부동산 관련 분야와 밀접하게 연관되어 있다. 중개업을 하면서 언제든지 눈에 보이는 기회를 잡아 새로운 영역에 도전하고 싶은 분들, 제한 없는 도전을 위해 마음껏 달려보고 싶은 사람들이 이 분야를 찾는다. 그들의 그러한 도전

이 성공했을 때에 부의 중심에 설 수 있는 그런 분야, 참 매력적이지 않은가?

거창한 도전이 아니더라도 가족과 오붓한 시간을 갖기 위해 찾는 분들도 많다. 사무실에 앉아 아파트 계약 한 건 성사시킨 후, 가족이나 지인과 함께 한 달 정도 여행을 다녀올 수 있는 여유롭고 부유한 생활이 가능한 그런 곳.

꿈만 같다. 실제 그 꿈같은 삶을 즐기는 중개인분들이 많다. 자유로운 생활과 끝없는 도전은 분명히 중개 분야에 있다. 나는 중개업에 도전하는 여러분들이 그런 생활을 만끽하기를 언제나 응원한다.

그런데 수많은 중개인을 만나며, 나의 응원만으로는 도무지 그 꿈과 희망에 닿게 할 수가 없었다.

'왜 그럴까?'

한동안은 자다가도 새벽 3시쯤에 인상을 찌푸리며 깨는 날들이 이어졌다. 그날 나눈 중개인분의 치열했던 삶이 컴컴한 머릿속에 그려졌다. 무거운 짐을 머리에 올려두고 이불 위에 누워있는 그런 기분, 그들의 뜨거운 삶을 들여다보려고 했던 시기였다. 지금은 많이 나아졌지만, 여전히 낮 동안 나눈 대화는 긴 밤의 장막 위에 떠오른다.

자유롭다는 것, 쉽게 허락되지 않는다. 여유와 부, 꿈과 희망이 가득할 것 같은 부동산 중개업에서 자유를 얻어낸 사람들은 정말 치열하게 살았다. 그곳은 자유가 보장된 곳이 아니라 자유를 '쟁취'할 수 있는 분야였다.

중개 과정에는 수많은 암초가 있지만, 암초를 예상하지도 보지도 못한 중개인들이 많다. 그러기에 1년에 2만여 명의 중개사가 배출되는 나라에서, 1만여 개의 중개사무소가 폐업을 한다. 사회적, 경제적, 문화적 측면에서 폐업의 이유를 찾을 수 있지만, 나는 조금 다른 관점을 가진다. 중개인은 사람이다. 사람은 언제든 나약해질 수 있다. 자신의 나약함을 들여다보고 다스리지 못한다면 작은 암초에도 무너질 수 있다.

나는 간절히 원한다. 애써 준비한 중개인의 삶이 '멘탈'로 인해 무너지지 않기를. 세상이 아무리 흔들어대도 굳건히 자신의 내면을 지킬 수 있기를. 자유가 지척에 있음에도 불구하고 보지 못한 채 무너져버리지 않기를.

닿으려 한다면 분명히 보인다. 그들이 좇아온 경제적 자유와 마음의 여유 그리고 끝없는 도전, 그것들을 온전히 볼 수 있게 닿을 수 있게 되기를 간절히 원한다. 여러분들의 내면에서 스스로 가려버리고, 자신의 발목을 붙잡지 않도록 말이다.

나는 멘탈코치이다. 부동산 중개인의 도전을 곁에서 함께하는 사람이다. 함께 길을 가는 사람이다. 지금도 끊임없이 그 길을 가고 있다. 나는 그 길에서 '살아있음'을 느끼며 자유를 누린다.

경제적 자유, 사람으로부터의 자유, 여가에서의 자유 등 그것을 추구하다 보면 결국 도달하게 되는 '살아있을 자유'가 있다. '살아있음'을 느끼는 것. 여러분은 그것을 부동산 중개라는 일을 통해서 쟁취할 수 있다. 부동산 중개업을 통해 한없이 널려있는 모든 자유를 쟁취할 수 있도록 이 책이 길잡이가 되었으면 좋겠다.

제1장

중개인 생존,
멘탈이 이슈다

중개인으로
살아남는다는 것

중개법인에서 멘탈코치로 생활하며 만난 중개인들이 천 명은 넘는 것 같다. 같이 밥 먹고, 잡담하고, 상담하고, 토닥이며 그들 곁에서 살아보니 중개인들의 삶은 내가 생각한 것보다 척박하거나 고된 것도 아니며, 화려하고 극적인 것도 아니었다. 죽을 만큼 힘겹지는 않지만, 애써 버티면서도 웃고 깔깔거리며 행복을 이야기할 수 있는 그런 일이었다. 그들의 하루하루는 이야기로 꽉 차 있었다.

어렵게 들어온 이 분야를 갖가지 이유로 떠나야만 했던 사람들도 많이 만났다. 노력의 결실인 자격증과 중개 경험만으로는 '힘겹지만, 행복을 말할 수 있는' 중개인의 생활을 이어갈 수는 없다. 중개인으로 살아남기 위해서는 치열해야 한다. 치열해야 일과 삶의 균형을 이루고, 치열해야 자유로워질 수 있다.

사실, 중개인의 생활에서 '저절로' 되는 것은 하나도 없다. 어느 일이건 마찬가지겠지만 이쯤 해두면 당분간은 저절로 되지 않을까? 하는 과정이 없다. 온라인 서비스를 이용하든 발품을 팔든 고객을 만날 기회를 스스로 만들어야 한다. 그리고 접촉한 사람에게 손수 정보를 정리해서 알려주며 고객이 무슨 생각을 하는지 말할 수 있도록 도와야 한다. 보여줄 방을 찾아두는 것도, 방을 보러 가는 것도, 방에 들어갈 수 있도록 협의할 내용을 정리하는 것도, 권리 관계를 확인하는 것도, 중개 수수료를 책정하고 받아내는 것도, 처음부터 돈을 받아내는 순간까지 중개인은 자기 일을 직접 해야만 과정이 끝난다. 물론 그 과정 사이에 공백이 있을 수는 있다. 공백이 공백으로 끝날지, 날려버린 계약이 될지는 다음 작업을 해내느냐에 달렸다.

한 번의 중개 과정을 진행하는 중에 얼마나 쉬고 갈지, 얼마나 정성을 들일지는 여러분의 선택이다. 쉬었다고 해서 계약이 파기되고, 생계가 위험해지는 그런 일은 아니다. 대신 중개인이 해야 할 일을 꼭 해내야만 한다는 사실을 명심하자. '일은 당연히 그렇게 하는 것 아닌가?' 라는 의문이 들지만, 많은 수의 중개인들이 벽에 걸린 자격증을 손수 내린다. 정든 사람들을 뒤로하고 다른 진로를 찾는 것이다.

'혹시나 사무소 자리를 잘못 잡은 것이 아닐까? 입사한 중개 회사와 맞지 않아 적응하지 못한 것이 아닐까? 든든한 지원이 없어서 일할 여건이 만들어지지 않았던 것이 아닐까? 아무도 가르쳐주지 않는 이런 곳에서 혼자 일을 한다는 것은 분명 불가능한 일이야. 큰 회사가 시장을 모두 차지하고 있으니 내가 해볼 만한 것은 없을 거야. 내가 재수가 없는지, 돈이 적은 건만 자꾸 나에게 붙는 것 아닌가?' 실제로 이런 이유로 일을 하기 힘들 때도 많다. 더 이상 업을 이을 수 없을 정도로 강력한 사건도 발생한다. 처음 중개업에 발을 들였을 때 시간과 노력을 쏟아부어 조사하고, 머릿속에서 매일 같이 떠올렸을 희망과 염원이 무의미해지는 것일까? 그래서 중개인으로 사는 것을 재고해야 할까?

위의 사례는 선배 중개인들도 마찬가지로 겪었던 고민이다. 살아남고 버틴 만큼 훨씬 더 가혹하고 어려운 변수들을 마주해야만 했다. 그래도 그들은 살아남았다. 끝끝내 '중개인이 해야만 하는 한 번의 중개 과정'을 마무리하려 움직였다. 쉬는 한이 있더라도 다음 작업을 스스로 놓지는 않았다. 그들의 배경이 어떻든, 성격이 어떻든, 얼마나 공부했든, 돈이 얼마나 있든 간에 살아남은 중개인은 해야 할 일을 손에서 놓지 않았다.

중개인으로서 살아남는다는 것. 어떤 의미가 있을까? 단순하게는 많은 보상이 있을 것이다. 월 2,000만 원, 한 건에 1억 원 등 일반적인 월급제 회사원이 받을 수 없는 수준의 월수입을 얻는 것, 일주일을 일하고 3주를 쉬어도 되는 자유로운 생활, 청년부터 기업 대표에 이르기까지 다양한 사람과의 소통, 넓은 인맥, 일반인들이 얻지 못하는 부동산 정보 등 다양한 차원에서 얻을 것이 있다. 그런데 나는 확실한 한 가지에 주목한다.

'비로소 많은 것을 내려놓고 부동산 중개인으로서 산다는 것.'

이는 살아남은 중개인만이 가질 수 있는 것이다. 자아를 찾고 살맛남을 알게 되는 그런 것이다. 실제로 살아남는 과정에서 여러분은 많은 것을 정리하게 될 것이다. 거주지를 옮기고, 신뢰감을 높이는 자동차로 바꾸고 여가 생활 방식도 바꾼다. 그런 변화와 동시에 중개인으로서 지낼 '멘탈'을 조성한다. 그러기로 마음을 먹게 된다. 중개인으로서 꼭 해야 할 일을 하기 위해서.

중개인의 생활에는 정말 다양하고 많은 일이 일어난다. 그저 한 사람으로 살아가는 우리는 다양한 일 속에서 휘청댄다. 이런 몸부림이 예술적인 춤이 될지, 늪에 빠져 허우적대는 것일지는 우리의 '멘탈'에 달렸다.

멘탈에는 여러 가지 요소가 있다. 어떤 한 요소라고 부르기 미안할 정도로 복합적이고 다양하다. 나는 '한 사람의 우주'라고 표현한다. 이 우주가 '중개인으로서 해야 할 일'에 맞추어 정렬했을 때, 우리는 살아남을 수 있다. 중개라는 분야에서 살기로 스스로 납득할 수 있을 때 우리는 비로소 살게 된다. 우리는 세상을 살며 많은 역할로 규정되어 있다. 수많은 기대와 간섭 속에서 여러 정체성을 지니고 살았을 것이다. 그 많은 맥락을 버리고 새로이 정렬하여 중개인으로 살려고 할 때, 살아남을 수 있다.

나는 멘탈코치로 수많은 중개인을 보았다. 중개인으로 살기까지 많은 역경이 있다. 여러분은 그 고난을 승화시킬 역량이 있다. 다만, 뜰여다보고 돌봐야 한다. 나는 멘탈코치로 여러분들이 많은 가치를 얻고, 살맛 나게 살아갈 기회를 붙잡도록 도와주는 역할을 다하고자 한다.

4차 산업 시대의
중개인

사람과 사람이 직접 만나지 않아도 여러 가지 문제가 해결되는 세상이 눈앞으로 다가왔다. 의료 진단이나 법적 판단에 대해서는 이미 인공지능이 전문가들을 대체하고 있다. 면대면으로 눈빛을 주고받으며 가격 협상을 하고 물건을 사는 시대도 거의 저물었다. 음식이든 물건이든 몇 번의 터치만으로 원하는 것을 집에서 받을 수 있기 때문이다. 제품 중에는 사람 손을 거의 거치지 않고 완성되는 것들도 많아지고 있다. 사람의 할 일이 점점 줄어든다. 할 일이 줄어든다는 것은 누군가에게는 행복으로, 누군가에게는 두려움으로 다가올 것이다. 할 일은 생계일 수도, 인생의 낙일 수도 있다. 그것이 인간이 아닌 존재로 대체된다는 것은 많은 것을 의미한다.

4차 산업 시대다. 딥러닝과 무분별하게 취합되는 정보의 조합은 우리가 알고 있는 많은 일자리를 없애고 있다. 중개인에게도 그러한 시대의 흐름은 정면으로 다가온다. 직접 눈으로 보고 정보를 수기로 적고,

매물장을 작성하고 관리하며 지내던 시대에서 온라인으로 매물을 모으고, 보고, 판단하는 시대가 되었다. 이제는 더 나아가 직접 공간을 보지 않고도 계약할 수 있는 시스템을 도입하려는 움직임이 여러 차원에서 시도되고 있다. 이렇게 편리해지는 세상에서 정말로 부동산 중개인은 설 자리가 없는 것일까?

엄청난 양의 DB와 인공지능으로도 대체 불가능한 것은 인간의 경험과 감정, 의미이다. 인지적인 정보처리와 합리적 의사결정에 대해서는 인공지능의 역량이 압도적일 것이다. 그러나 빛을 느끼고, 향을 맡고, 과거를 회상하며 안락감에 젖는 경험은 인공지능이 해석할 수도, 표현할 수도 없다. 인간이라면 누구나 이런 경험에 대해 공감받고, 존중받고자 한다. 누군가와 이런 경험에 대해 소통하고, 비슷한 느낌을 나눌 수 있다는 것에서 만족감을 얻는다. 그 맥락을 인간적으로 이해할 줄 알고 상상할 줄 아는 누군가가 곁에 있기를 바란다. 정보가 넘치는 세상에서도 인간의 그러한 면모는 항상 존재할 것이다.

중개인은 표면적으로는 실무적, 법적 절차를 동행하는 것처럼 보이지만, 사실은 공간에 대해서 이해를 하고, 공감할 줄 알며, 그것으로 고객을 대하는 사람이다. 공간에서 이루어질 생활과 삶에 대한 이해력과 상상력이 풍부할수록 고객과 임대인 간의 인간적인 고리를 잘 만들 수 있다. 연인과의 달콤한 생활, 초여름 밤의 선선한 공기, 비가 온 다음 날의 촉촉함, 창으로 들어오는 아침 햇살에 눈뜨는 기분 등, 이 모든 정보는 '인간적'으로 해석될 주제들이다. 이러한 감성을 기억하고 추천하고 적절히 제안할 줄 아는 것이 중개인의 소양이자 대체될 수 없는 인간적인 역량이다.

성실하고 건강한 중개인은 공간을 중요시한다. 고객에게 소개하기 전에 직접 공간을 방문하여 냄새와 소리, 시각 정보 등을 관찰하고 기억한다. 그 공간의 온기를 느끼며 앞으로 펼쳐질 고객의 삶을 상상해본다. 거기에 더해 절차적 판단까지 마치고서야 고객을 안내할 것이다. 고객이나 임대인과 전화로 닿는 그 순간부터 인간적인 상호작용이 일어난다. 그들은 목소리, 어투, 안내하는 정보 등을 통해 중개인을 느낀다. 만나서는 태도와 차림새 등으로 서로 간에 첫인상을 주고받는다. 건강한 중개인은 그러한 상황을 당연하게 받아들이고, 프로답게 준비한다. 주기적으로 세차를 하고, 첫인사를 연습하고, 알고 있어야 할 정보들을 미리 기억해둔다. 검색을 통해 언제든 찾아볼 수 있는 정보지만, 망설임 없이 확신에 찬 목소리로 정보를 전달하기 위해 준비하는 것이다. 임대인에게는 고객의 상황을, 고객에게는 임대인의 상황을 오해가 생기지 않도록 소개한다. 사람 대 사람 속에서 부대끼며 지내야 하는 것이 중개인의 숙명이다. 그 대상이 부동산이라 더욱 인간적인 상호작용을 할 수밖에 없다.

공간이라는 것이 그렇다. 그것은 온라인이나 가상의 어떤 것이 아니다. 결국엔 어떤 한 사람이 피부로 느끼고 자신의 귀로 듣고, 자신의 코로 냄새를 맡아야만 하는 그런 것이 공간이다. 이 공간을 직접 경험하지 않고 결정할 수 있는 시대가 언제 올지는 알 수 없다. 인간의 뇌에 아주 미세한 전기적 신호를 전달해 실제의 경험을 가상에서 그대로 느끼게 된다면 가능할지도 모르겠다. 그렇게 된다면 우리에게 공간이란 것이 필요 없을 수도 있겠다. 어쨌든 상당히 먼 미래의 일인 것은 분명하다. 중요한 것은 현재의 우리는 삶의 공간을 직접적으로 느낀다는 사실이다.

비대면 계약을 실현하려는 노력은 여러 국가와 기업에서 추진하고 있다. 그럼에도 불구하고 부동산 중개인이라는 직업은 사라질 수가 없다. 결국엔 인간적인 경험을 근거로 한 확신이 필요하기 때문이다.

친구에게 던진 질문이 떠오른다. '부동산 중개 분야에 비대면 서비스가 들어온다면 어떤 모습일까?' 친구는 이렇게 답했다.

"방을 구하는 사람이 임대인을 만나지 않고, 중개인도 만나지 않고 온라인으로 보고 싶은 방을 선택할 수 있는 그런 서비스가 아닐까? 인터넷에서 옷을 쇼핑하듯이 그렇게 쭉 훑어보고 결제만 하면 되지 않을까? 아, 그런데 하나는 확실한 것 같아. 아무리 계약 절차에서 사람을 만나지 않고 확인할 수 있다고 하더라도 내가 직접 살 곳인데 한 번은 꼭 방문해서 이것저것 확인하지 않을까? 조정하고 싶은 것이 있으면 조정해야 하고."

아무리 법적으로, 절차적으로 합리성을 갖춘 계약이라 하더라도, 그 공간을 실제 경험하지 않고는 계약으로 연결되기 쉽지 않다. 이런 특징 때문에 부동산 중개인이라는 직업은 완전히 대체될 수 없다. 대신 살아남는 중개인이라면 이러한 인간적인 면모를 충분히 자각해야 사람들에게 만족감을 줄 수 있다. 부동산 중개의 본질은 신의와 성실, 신뢰 추구에 있다.

재미있는 것은 이러한 본질을 추구하는 중개인은 지금도 생존하고 번영하고 있다. 그들에게 더 많은 사람들이 지인을 소개하고, 물건을 맡긴다. 그들은 더 큰 중개를 하고, 더 큰 사업을 벌일 수 있다. 인간적인 면모를 살려 상호작용을 할수록 말이다. 하지만 체계적인 준비가 부족한 중개인들은 고객과의 관계에서 의심이 생기고 연락이 끊기면서 스스로 도태된다.

지금도, 앞으로도 인간성을 인식하고 다스리지 못하면 부동산 중개인으로서만이 아닌 한 사람으로서도 도태될 것이다. 공인중개사 시험을 통해 법률적, 절차적인 정보를 습득했지만 그것은 자격에 대한 기본 조건이다. 결국 부동산 중개를 생계 수단으로, 직업적 정체성으로 삼으려면 인간적인 이해를 갖추어야 한다. 멘탈에 대한 인식은 스스로를 인간으로 여기는 첫 단추다. 자신의 멘탈을 알아채고, 상대 또한 나와 같음을 알게 될 때, 그때부터 부동산 중개인의 삶이 시작되는 것이다. 끝이 없고 정답이 없는 그런 여정이 될 것이다. 어떤 드라마가 쓰일지 기대되는 시간일 것이다. 꿈을 꾸고, 희망을 품으며, 조금씩 실현해낼 수 있는 그런 삶이 될 것이다.

멘탈을 인식한다는 것은 여러 차원에서 이루어진다. 합리성은 아주 단편적인 수단일 뿐이다. 합리성 외에 다른 차원을 인식하는 것이 그렇게 어려운 작업은 아니다. 앞서 말한 대로 '아침 햇살을 느끼는 것', '주변의 소리를 귀 기울여 듣는 것', '방바닥에 대자로 누워 멍하니 천장을 바라보는 것', '일상의 에피소드를 눈감고 떠올려 보는 것', '거실 벽에 걸어둔 그림을 편안한 의자에 앉아 바라보는 것', '창밖 풍경을 가만히 내다보는 것', '매콤한 냄새가 나는 라면 한 그릇을 식탁에 두고 TV를 켜는 모습' 등 당연하게 하루하루를 살고 있던 스스로의 모습을 들여다볼 수 있으면 족하다. 그 속에 인간 본연의 모습이 모두 들어있다. 자신의 감정과 생각, 느낌이 고스란히 녹아있다. 내가 그렇게 느낄 수 있듯, 고객도 공간으로부터 그런 경험을 할 수 있음을 인정하면 된다. 그런 맥락이 나의 인식에 들어올 때부터 공간을 이해하게 된다. 컴퓨터나 인공지능이 마주하는 공간과는 다른 공간을 느끼게 되는 것이다. 문자로 표현되지 못할 그런 정보들을 교류하고 소통하게 된다. 그렇게 참된 중개인으로 세상을 살아갈 것이다.

실수가 없어야 하는
부동산 중개

부동산 중개라면 우리는 으레 집과 사람을 떠올리게 된다. 계약 과정에 대해서는 깊이 생각해볼 일이 잘 없기 때문이다. 사실 중개의 본질적인 작업은 법무적인 일이 저변에 깔린 법적 계약이다. '방보여주고 계약하면 돈 받는 것 아닌가요?'라는 질문이 얼마나 순진한 생각인지 실무 경험을 한 번만 해봐도 알 수 있다. 사소한 절차가 얼마나 소중한 작업인지… 과장해서 표현하면, 중개인은 고객 사이에 일어날 사소한 요소들과 일을 처리하고 정리해주는 사람이다.

공인중개사 시험에 포함된 낯선 용어들이 실제 현장에서 어떻게 활용되고 있는지는 겪어봐야 안다. 같은 용어라도 책과 현장에서 느낀 뉘앙스는 분명히 차이가 있다. 그 뉘앙스를 관리하는 것이 실무이다. 결국, 법적인 문제로 이어질 수 있는 사소한 요소들을 현장의 뉘앙스를 느끼며 조정하고, 상호 협의할 수 있도록 돕는 것이 부동산 중개이다. 사소한 요소가 도대체 무엇이길래 그렇게 강조를 하는지 아주 기본적인 용어만 나열해도 고개를 절레절레 저을 것이다.

등기사항전부증명서, 표제부, 갑구, 을구, 건축물대장, 임대인, 임차인, 대리인, 위임장, 확인설명서, 집합건물, 다세대, 다가구, 지상권, 근저당권, 계약서, 공제증서, 전입신고, 확정일자, 전세권설정, 대항력, 우선변제권, 위반건축물, 임의분리, 공동중개, 중개보수, 선순위 총 보증금, 계약금, 묵시적 갱신, 가등기, 임차권등기명령, 최우선변제권, 임대인의 수선의무, 신탁등기, 가처분, 가압류 등등…

실무에서 반드시 알고 있어야 할 개념들이다. 중개 과정 진행시, 고객에게 권리 관계에 대해 설명하고 확인시켜야 한다. 이때 이 용어들 없이는 표현하기 어렵다. 이런 의무를 행하지 않았을 때는 법적으로 처벌받을 수 있다. 실컷 방 보여주고 안내하고 설득하고 합의했는데 설명의 의무를 다하지 않았다고 판단될 만한 실수를 남긴다면… 30만 원의 수입을 보고 달려들었다가 수천만 원의 손해배상을 감당할 수도 있어 중개 절차에 관련된 법적 요소를 분명히 알고 관리할 필요가 있다. 그런데 문제는 단순히 이 용어들의 의미를 아는 것만으로는 일이 진행되지 않는다는 것이다.

'바둑돌은 검은 돌과 흰 돌이 있다'라는 사실을 아는 것만으로 바둑을 둘 수는 없다. 첫 시작을 어디서 하는 것이 의미가 있으며, 전략을 세웠을 때 어떤 대응에 먹히고, 어떤 대응에 막힌다 등을 생각해야 한다. 이런 종류의 해석이 있어야만 검은 돌, 흰 돌을 실제 판 위에 올려 둘 수 있다. 실무에서 자주 사용하는 용어들의 의미뿐 아니라 그 개념들이 실제 현장에서 어떤 의미를 가지는지, 어떻게 활용할 수 있는지를 알고 있어야 중개 과정을 완결지을 수 있다. 혹시 실수를 했을 때 대응할 요령과 아예 문제의 소지를 만들지 않기 위해서는 어떻게 해야 하는지까지 정리가 되어야 더 효율적으로 중개를 진행할 수 있다. 바둑돌이야 한 번 잘못 두면 한 경기를 망치는 것이지만, 중개 과정에서 한 번의 실수는 대응에 따라 수천, 수억 대의 손해를 책임져야 할 수도 있다.

바둑이나 스포츠 종목에서도 거액의 상금이 단 한 판의 성과에 달렸을 때가 있다. 물론 그것은 쟁취해야 한다. 선수들은 이미 오랜 기간을 준비해왔고, 사소한 요소들을 통제할 방법에 숙달되어 있다. 그러므로 사소한 실수 하나가 더욱 중요해진다. 그들에게도 멘탈이 중요한 이유가 여기에 있다. 실수로 인해 잃게 될 것에 대한 걱정과 압박감, 그것은 중개인도 마찬가지다. 중개 과정에서의 실수가 얼마나 중요한지 부담이 되더라도 언급하지 않을 수 없다. 물론 실수에 대처할 요령은 스포츠 종목에 비해 훨씬 다양하고 익히기 쉬워 부담은 적을 것이다. 결국, 수월한 중개를 위해서라도 실수를 줄이는 방지책과 대응 요령을 갖추고 실천할 줄 알아야 한다. 영업에 대한 학습 능력과 멘탈 관리가 모두 필요한 분야가 바로 부동산 중개이다.

실수하지 않아야 하는 일. 단순히 '실수하지 말자'라고 마음먹는 것으로는 해결이 어렵다. 우리가 일상에서, 어떤 퍼포먼스 장면에서 자주 하는 '실수하지 말자'라는 다짐에는 함정이 있다. 실수라는 단어를 마음속에 잠깐 떠올리는 순간 이미 실수와 관련된 회로가 돌아가기 시작한다. 정작 충분히 집중하고 관리해야 할 대상에 대한 주의를 기울이지 못하게 된다. 그럼, 어떻게 실수를 하지 않을 수 있을지 궁금해질 것이다. 그 과정을 철저히 탐색하고 개선한 사람들이 세상에 존재한다.

'프로'라 불리는 사람들. 세상의 프로들은 우리의 일상에 많은 도움을 준다. 환희와 영감을 주고 색다른 플레이를 감상할 수 있게 한다. 그들의 경기를 지켜보며 실수를 할까 봐 조마조마하던 장면에서 감탄을 짓게 만든다. 그들은 무엇인가를 배우고자 하는 사람에게 학습할 포인트를 찾게 해준다. 단거리 육상 선수를 꿈꾸는 학생들은 우사인 볼트의 자세와 마인드를 관찰하며 자신의 실수에 대한 대처법을 떠올리게 된다. 그들도 종종 실수를 하지만, 일반적인 영역을 벗어난 확률이다. 종목마다 활동마다 조금 편차는 있겠지만 돌을 갓 넘긴 아기가 걷다 넘어질 확률과 우사인 볼트가 걷다 넘어질 확률만큼의 차이가 날 것이다.

결과는 '실수하지 않는 것'으로 아주 단순하게 나타나지만, 그러기 위해 상당히 다차원적인 노력이 필요하다. 중개인에게는 영업 능력과 법률 지식을 몸에 익히는 과정이 필요하다. 중개를 진행하는 과정에서 일어날 여러 가지 사건과 개인적인 변화에 흔들리는 멘탈을 관리하는 것도 필요하다.

아쉽게도 대한민국의 교육과정과 대학의 학문과정 안에 영업 능력에 관한 주제는 다루지 않고 있다. 영업직군의 역할과 수요가 상당히 많음에도 불구하고 체계적으로 배울 곳이 없으니, 산업 또한 정체되기도 한다. 부동산 중개 일에서 어떻게 실수 없이 일을 할 수 있을까? 우사인 볼트처럼 참고할 수 있는 대상이 있을까? 어떤 점을 배워야 하는가? 내 몸에 맞는 훈련 방법은 있을까? 이 질문들에 대한 답을 얻을 때마다 우리는 실수를 줄이고 더 효율적으로 중개 일을 하게 될 것이다.

우리는 부동산 중개에 익숙해지는 시간 동안 온전한 한 사람으로 존재할 수 있어야 한다. 조금 더 욕심내면 '배우기 좋은 상태'로 있길 바란다. 이 차원에서 멘탈에 대한 관심과 의지가 필요하다. 프로야구 선수가 되기까지는 일반적으로 초등학생 4학년, 만10세부터 고등학교 졸업 직후인 만19세까지 10여 년이라는 시간이 걸린다. 10년이라는 시간 동안 끊임없이 배우고, 부딪치고, 경험하며 자신만의 실수를 줄여나간다. 야구를 시작한 초등학교 4학년 중 0.02%의 확률만이 프로야구 1군 무대에 설 수 있다. 우리는 10년이라는 시간 동안 한 가지 분야에 매진한 그들을 중계방송을 통해 볼 수 있는 것이다.

부동산 중개 분야에서 살아남아 업으로 삼을 만한 수준에 이르기까지도 오랜 시간이 걸린다. 프로야구 1군 문턱보다야 낮겠지만 아르바이트 면접에 합격하는 것만큼 쉬운 것 또한 아니다. 그저 생계만 유지할 정도를 넘어 부동산 중개 분야에서 정점을 찍어보겠다고 마음먹은 사람들에게는 멀고 험난한 여정이 될 것이다. 그 시간을 한 업에 몰두하고 삶을 투자한다는 것. 그 정도의 동기와 의지를 갖추는 것 또한 일상적인 일은 아닐 것이다.

결국 이슈는 '실수'다. 작고 사소한 실수에 충분히 대비해 중개 과정을 효율적으로 진행할 수 있다면 더 나은 중개인이 되어 성취를 얻게 된다. 여러분이 실수라는 말 자체를 생각조차 하지 않아도 되는 그런 경지에 이르기를 기원하며 잠깐의 여정을 함께 떠나보자.

세상 속의
중개인

부동산 중개인이라는 직업의 역할은 무엇일까? 중개인이라는 직업에 대해 각자의 입장에서 기대하는 바가 있을 것이다. 각자라 함은 직접 중개인으로 활동하는 사람과 중개인을 통해 중개 서비스를 받는 사람을 뜻한다. 여러분과 같이 중개 일을 생계 수단으로 삼거나 다른 부동산 사업에 뛰어들기 위한 기초작업의 토대를 마련하는 사람이라 할 수 있겠다. 중개를 이용하는 사람들이 중개인에게 어떤 역할을 기대하고 있는지, 중개 서비스로부터 어떤 것을 얻어 가고 있는지 먼저 들여다보고자 한다.

사람들은 부동산 중개인을 어떻게 생각하고 있을까? 계약서를 써주고, 방을 안내해주고 중개 수수료를 받아가는 사람들. 그렇게 인식하고 있지 않을까? 단순한 표현인데 실상 그 표현이 담고 있는 맥락을 살펴보면 중개 수수료가 아깝지 않을 것이다. '세상에서 중개인이라는 직업이 사라져 존재하지도 않게 된다면 사람들은 어떻게 방을 구해야 할까?' 방을 구해본 경험은 한 번씩 있을 텐데 좀 구체적으로 떠올려 보자.

　수많은 중개인에게 이 질문을 했을 때 그들은 '직접 방이 있는 곳을 돌아다니기'를 언급하였다. 그런데 그 전에 꼭 해야 할 작업이 있다. '나는 어디에서 살아야 하는가?'에 대한 답을 구체적으로 정리하는 것이다. 사무실은 여의도에 있고, 친구들은 분당에 있는데 한 달 뒤에는 이사를 해야 하니… 어디로 가야 할까? 대부분의 사람들은 이 질문에서 방을 구하는 과정을 시작한다. 이런 여건의 사람이 의정부나 인천, 안산 등의 지역에서 방을 찾지는 않을 것이다. 직장 근처인 여의도에서 살지, 여가 시간을 친구들과 보내기 위해 분당에서 살지 혹은 둘 다 적절히 고려할 수 있는 강남에서 살지 고민한다. 어떤 선택을 할지는 사람마다 가치관과 삶의 방식에 따라 결정될 것이다. 그런데 이 결정이 스스로 내리기 쉬운 작업은 아니다. 스스로 결정할 수 있는 사람이 있는 반면에, 친구들에게 '나 어디로 이사해야 할까?', '결정을 못 하겠어'라고 호소하며 선택을 망설이는 사람도 분명 있을 것이다. 어쨌든 방을 찾으러 다니기 전에 몇 개의 후보 지역을 자신의 니즈에 맞게 선정할 필요가 있다. 그렇게 해서 '강남'의 한 블록을 선택했다고 가정해보자.

　지역을 고른 다음에 해야 할 일은 직접 그 지역에 어떤 방이 있는지 보러 가는 것이다. 중개인들이 없는 세상을 가정했을 때, 그들이 구축한 플랫폼들도 존재하지 않는다. 여러분이 알고 있는 ○방처럼 온라인으로 방을 소개해주는 사이트도 없다. 직접 발품을 팔아야 한다.

집에서 출발한 당신은 지하철을 타고, 버스를 타고, 걸어서 해당 블록에 도착했다. 빈방이 있는지 알아보려면 일단 어떤 건물이라도 들어가야 했다. 블록을 구석구석 돌아다니다가 마음에 드는 건물을 찾았다. 건물의 주차장도 살펴보았다. 꽤 괜찮아 보였다. 이 건물의 임대인에게 한 달 뒤 입주할 수 있는 방이 있는지 묻고 싶은데 건물 어디에도 임대인 연락처가 적힌 곳이 없었다. 어떻게 하면 될까?

여러 가지 방법이 있겠지만 당신은 직접 벨을 누르기로 결정했다. 혹시 임대인이 살고 있는 집이 있을까 싶어서 맨 꼭대기 층부터 벨을 눌러보았다. 한낮이라 그런지 응답이 없었다. 어쩔 수 없이 한 층씩 내려오면서 벨을 눌렀다. 마침 건물에 살고 있는 사람이 친절히 대해 주었다. 임대인 연락처를 좀 얻고 싶다고 말했더니 잠깐 이유를 묻다가 흔쾌히 연락처를 가르쳐 주었다. 이런 경우는 행운에 가깝겠지만 사실 이 작업이 이루어지지 않으면 건물 몇 군데를 더 돌아다녀야 할 것이다. 임대인의 연락처를 알아낸 당신은 전화를 걸었다. 다행히 임대인은 바로 전화를 받았다.

"안녕하세요. 지금 제가 혼자 살 방을 구하고 있는데 혹시 빈방이 있을까 해서 연락드렸어요."
"네~ 지금 딱 하나 방이 있는데, 세입자가 있어서 그분에게 연락해 보셔야 할 거예요. 연락처 알려드릴게요."

한 군데 연락해야 할 곳이 더 생겼다. 낯선 사람에게 또 전화를 걸어야 해 불편하지만, 통화 버튼을 눌렀다.

"여보세요?"

"네, 안녕하세요. 임대인분께 연락드리니 방이 나온 곳이 있다고 들었어요. 혹시 제가 방을 좀 볼 수 있을까요?"

"아, 네. 그런데 제가 지금 외출 중이라 당장은 힘들어요. 한 시간 뒤에 가능하실까요?"

"그렇군요. 그럼 그때 연락 부탁드리겠습니다."

연락은 닿았는데 당장 볼 수는 없단다. 어차피 이 방 하나만 보고 결정할 것은 아니니 다른 방을 둘러보고 다시 오기로 했다. 다른 건물로 가서 또 같은 과정을 반복했다. 어떤 건물에서는 '누군데 벨을 누르는 거야. 쉬는 데 방해되잖아요!'라고 소리를 쳤다.

몇 군데 건물을 더 둘러보다 바로 볼 수 있는 방이 있어서 건물주와 같이 보았다. 문을 열고 방에 들어선 순간 '괜찮은 건가?'라는 의문이 생겼다. 싫지는 않은데 그렇게 좋지도 않은 느낌, 무엇 때문에 이런 느낌이 드는지는 정확히 알 수 없는 그런 기분. 처음 방을 구하는 당신은 방을 볼 때 무엇을 봐야 하는지, 어떤 점을 고려해야 하는지 막막하기만 했다. 중개인이라면 수백 번, 수천 번도 더 보니까 어떤 요소를 보며 어떻게 대처하고, 어떻게 설명할지 알지만, 당신은 그냥 쭈뼛대며 방을 돌아보기만 했다. '좋은 건가? 내가 살기에 적합한 곳인가? 그냥 보고 계약하는 것이 맞나?' 방 하나를 보고 생각이 많아진 당신에게 조금씩 기준이 생기기 시작했다. '화장실이 좀 옛날 구성이라 별로였던 거

같은데…', '집에서 밥 먹을 일이 많은데 주방이 너무 좁아서 불편할 것 같아', '햇살은 잘 들고 좋았던 것 같은데…' 이런 고민은 방 하나 본다고 뚝딱 답이 나오는 건 아니다. 몇 개의 방을 더 보면서 확실히 살고 싶은 방에 대한 기준이 잡혔다.

'에어컨도 있어야 하고, 주방 싱크대도 널찍해야 하고, 햇살이 잘 들어오는 방향으로, 층도 높았으면 좋겠고, 엘리베이터도 있어야 해. 침대는 지금 것이 마음에 드니까 가져가고, 널찍한 책상이 하나 있으니 그것을 놓을 공간도 필요해. 이 모든 조건을 충족할 만한 방이 있으면 바로 계약해도 되겠어.'

처음 보기로 한 방의 세입자가 방을 볼 수 있다고 연락이 왔다. 맨 처음 봤던 건물로 돌아가 해당 호실로 갔다. 세입자와 약간 어색한 인사를 하고 방을 둘러보니 마음에 들었다. 주방도 넉넉하고, 큰 책상이 들어갈 공간도 있고, 채광도 좋았다. 엘리베이터와 에어컨도 보여 슬쩍 물어보았다.

"혹시 에어컨이나 냉장고, 세탁기 같은 것들은 다 구매하신 건가요?"
"에어컨은 제가 따로 구매했어요. 냉장고와 세탁기, 침대, 가스레인지 같은 건 모두 여기 있었습니다. 에어컨은 이전하기 번거로운데 혹시 이 방이 마음에 드시면 제 걸로 구매하시는 게 어떠시겠어요?"
"네? 아… 잠시만요. 에어컨은 기본이 아니군요. 침대는 여기 있는 것을 써야 되고요. 일단 방은 잘 봤으니 제가 정리되는 대로 연락드려도 될까요?"

"네, 그럼 나중에 연락 주세요."

아… 원래 방을 구하는 것이 보고 마음에 들면 바로 계약하는 그런 절차가 아니었구나. 에어컨은 어쩌고? 가져오려던 침대는 어떻게 처분할지 혹은 그대로 쓸 수 있는 것인지… 생각지 않았던 고민이 계속 추가되었다. 그리고 이 문제들을 누구와 어떻게 협의해야 하는지도 잘 모르는 상태였다. 결국 임대인에게 다시 전화를 걸었다.

"사장님, 방은 마음에 들었는데요. 제가 침대를 가져오고 싶은데 지금 침대를 꼭 써야만 하나요? 그리고 에어컨을 제가 사야 하는 것인지… 이 호실에서 계속 쓸 에어컨인 것 같은데 사장님께서 구매하시고 쭉 임대로 활용하시는 것이 어떤가요?"

"아이고, 침대는 지금 뺄 곳이 없어요. 다른 방으로 옮기려고 해도 이 건물 사람들은 다 자기 침대를 쓰고 있어서 빼기가 곤란한데… 그리고 에어컨은 원래 없이 내놓은 방이라 들어오시는 분들이 알아서 하셔야 합니다."

"아, 그렇군요… 일단 알겠습니다."

다른 방을 더 찾아봐야 할까. 하고 싶은 것을 다 하려니 쉽지 않다. 무엇을 포기해야 할 텐데 무엇을 포기해도 되는지도 모르겠다. 일단 이 방은 에어컨을 추가로 구매해야 하고 침대를 어떻게든 처분해야 했다. 그러고 보니 보증금과 월세가 얼마인지 물어보지 못했다.

"사장님, 깜빡하고 여쭤보지 못했는데 보증금이랑 월세가 얼마인가요?"

"아, 지금은 보증금 1,000만 원에 월세 85만 원인데, 주변 시세가 올라서 90만 원으로 맞춰서 받으려고 합니다."

"90만 원이요? 비싸네요…"

"아이고… 이 주변에서 이런 조건 방 없어요. 강남에 처음 오셨는지 잘 모르시는 것 같네요. 이 정도 방 없어요."

사실 위치가 좋아서 강남을 선택했는데, 월세가 90만 원이라니? 최고 70만 원쯤 해서 계약하려고 했는데 전면 수정이 필요했다. 그런데 이 정도 방이 90만 원짜리가 맞는지 또 의문이 들었다. 이번에는 시세를 생각하면서 주변 지역을 돌아보았다. 얼마로 어떤 조건의 방에서 살 수 있는지. 방을 구하는 작업이 생각보다 참 힘들었다. 가전이나 가구부터 시작해서 보증금이나 월세까지 무엇하나 신경 안 쓰고 넘어갈 수 없으니 머릿속이 복잡해졌다.

적정 월세와 이전에 생각했던 조건 중에서 포기하거나 갖출 것을 모두 고려하며 방을 더 돌아보다가 이제는 지쳐버렸다. 다음에 다시 한번 더 올까 생각해보지만, 또 시간을 내서 오는 것이 더 비효율적이라고 생각해 오늘 끝장을 볼까 싶었다. 더 돌아보다가 처음 보았던 방이 그나마 마음에 들어 전화를 해보았다.

"여보세요? 사장님, 일단 제가 주변에 많은 방을 봤는데 마음에 드는 방 몇 개가 있었어요. 그중에서 조금 더 조건이 맞는 곳으로 가려고 하는데 에어컨이나 월세를 좀 조정해주실 수 없을까요?"

임대인은 해당 호실 세입자가 한 달 뒤에는 꼭 나가야만 한다고 수차례 연락을 해서 압박을 받고 있었던지라 이왕이면 계약을 빨리 마무리하려던 차였다.

"그럼 에어컨은 제가 구매할게요. 대신 월세는 시세에 맞게 받아야죠."
"사장님. 그런데 이 방이 좋긴 한데, 다른 방들이 월세를 그렇게 올려 받지는 않았더군요. 이 주변 싹 둘러보고 왔어요. 제 생각에는 사장님이 조금 높게 받으시는 것 같은데 기존에 받으시던 85만 원으로 유지해주실 수는 없나요?"
"아이고… 에어컨도 제가 사는데 월세까지 낮춰 받으면 안 되는데…"
"제가 이전에도 한 집에서 5년 동안 말썽 없이 지냈고, 월세도 밀린 적 없어요. 문제없이 조용히 지낼 수 있으니 계약하시는 게 어떠실까요?"
"에이, 그럼 그렇게 합시다."

일반인이 이 정도의 멘트로 임대인을 설득한다면 협상의 대가다. 가상의 사례로 스토리를 전개해보았다. 방을 구하려는 사람이 수차례 거절당하고, 어떻게 말을 해야 설득할 수 있는지 알게 된다면 원하는 조건에 방을 구할 수 있을 것이다. 어쨌든 서로 납득할 만한 조건으로 합의를 이뤄냈고, 이제는 계약서를 작성해야 했다. 하지만 표준임대차계약서나 일반 부동산 중개사무소에서 쓰던 그런 계약서 형태는 존재하지 않는 상황이다. A4 용지에 수기로 하나씩 작성했다. 각자의 이름과

주소, 주민등록번호를 쓰고, 합의된 보증금과 월세, 협의 내용 등을 적어나가다 문득 의문이 들었다. '이 사람에게 보증금 1,000만 원을 입금해도 되는 건가?' 아차, 항상 부동산 계약을 할 때는 등기부등본을 확인하라고 했었는데… 그런데 등기를 어떻게 확인하는지 모르는 상태였다.

인터넷이든 주변 지인들에게 물어보든 해서 부동산 등기를 어디서 발급받을 수 있는지 알게 되었다. 프린트는 하지는 않더라도 일단 열람할 수 있는 사이트로 들어가 회원가입 절차를 밟고, 열람에 소요되는 비용을 지불하고 드디어 등기를 떼웠다. 그런데 이게 무엇을 표현한 것인지 도무지 알 길이 없었다. 갑구, 을구, 채권최고액, 신탁 등 당장 봐서는 무엇을 의미하는지 알 수 없는 것들이 적혀있었다. 괜히 불안해졌다. 애써 모은 1,000만 원을 지금의 계약 상태로 상대에게 입금을 해도 되는지 물어볼 사람이 필요했다. 변호사, 법무사 혹은 이전에 방을 계약해봤던 사람들에게 자초지종을 설명하였다. 임대인은 그동안 기다리겠다며 밖으로 나갔고, 시간은 흐르고 있었다.

어찌어찌해서 입금을 해도 된다는 사실을 확인했다. 이제 계약서에 서명하고 도장을 찍고 입금을 하려는데 이 계약서가 법적으로 효과가 있는지 의문이 들었다. 조금 더 확실히 하고 싶었다. 결국 객관적이고 법무적인 입장에서 계약 사실을 증명해줄 장치가 필요했다. 법무사에게 공증을 받으러 가기로 했다. 법무 비용을 대고 공증을 받은 후에야 안심이 되었다. 세입자를 다시 만나 이사하는 날에 대해 얘기를 나누었다.

다행히 이전 세입자는 오전 중으로 모든 짐을 빼서 이사를 할 것이라 했다. 에어컨도 잘 정리가 되어 임대인이 가격을 치렀다고 했다. 다시 집을 한번 쓱 둘러보는데 벽지가 군데군데 닳고, 색이 변한 곳이 있었다. 도배는 어떻게 해야 하는지 또 궁금해졌다. 도배는 일반적으로 임대인이 해준다고는 들었는데 결국엔 다시 임대인에게 전화를 걸었다.

"사장님, 지금 벽지를 보고 있는데 도배를 새로 해야 할 것 같아요. 제가 이사 들어오는 날 도배가 완료되었으면 좋겠는데 해주실 수 있나요?"
"도배? 아니 그거 새로 한 지 얼마 안 됐는데. 크게 더럽지 않으면 그냥 쓰면 안 될까요?"
"저도 5년 만에 이사라 좀 깔끔한 느낌으로 살고 싶어서요."
"아유… 그래도 지금 상태면 아직 깨끗할 텐데… 그럼 좀 더럽다 싶은 부분만 부분 도배로 해드릴게요."
"네… 그 정도로 마무리해야겠네요."

이 대화도 상당히 이상적으로 마무리된 것이다. 사실은 더 치열한 공방이 있을 수 있고, 그러다 계약이 파기될 수도 있다. 실제로 그런 사례가 아주 많고, 중개인들이 진땀을 흘릴 장면이다. 다행히 이 가상의 사례에서는 이사 시간과 도배 시간 등을 잘 조정했다. 그리고 남은 것은 공과금을 정리하는 작업이 있는데, 이 정도로 소통할 줄 아는 사람이라면 공과금 또한 임대인, 이전 세입자 사이에서 잘 정리해낼 것이다. 아주 이상적인 세입자였다.

중개인이 없는 세상에서 자신이 지낼 방을 구할 때까지 겪게 되는 여정이다. 단순하게 표현하고 넘어간 부분을 모두 고려한다면 한나절로는 부족할 수도 있다. 수차례 해당 지역을 방문하면서 발품을 팔아야만 겨우 얻게 되는 정보들도 많다. 시세나 주변 지역 여건 등이 그렇다. 간단하게 요약하면,

① 어디에 살아야 하는지 의사결정하기
② 해당 지역 발품 팔기
③ 임대인 연락처 얻기
④ 방을 보고 주거 요소 판단하기
⑤ 조건 협의하기
⑥ 권리 관계 확인하기
⑦ 계약서 쓰고 공증받고 입금하기
⑧ 입주 일정 정리하기

방을 구하는 사람은 위의 업무를 직접 다 처리해야 원하는 방으로 계약하고 입주까지 할 수 있다. 한 번의 여정을 보고나니 어떤 느낌인가? 중개 수수료라는 대가는 누구보다 우월하고, 누구보다 잘해서 받는 것이 아니라 중개인이 부동산 계약 과정에서 겪을 많은 문제를 효과적으로 해결하고 신뢰를 주기 때문에 받을 수 있는 정당한 대가가 아닐까? 중개인 스스로는 이 과정을 그려보고 자신이 고객에게 무엇을 제공하는지 이해해야 자기 역할에 당당히 임할 수 있을 것이다. 실제로 중개인이 처리하는 업무는 이것보다 훨씬 다차원적으로 많다는 사실

도 꼭 짚고 싶다. 이 글에서 나눈 가상의 사례는 단지 임차인 측에서만 떠올릴 수 있는 요소들을 간단하게 나타낸 것이다. 임대인 측에서 공간을 임대하는 과정에서도 위와 같이 만만치 않은 작업을 중개인을 통해 처리하는 것이다.

한편 중개인은 사례에서 나타난 장면 하나하나에서 자신의 역량을 발휘한다. 단순히 위의 요소들을 처리해주는 것으로 생각할 수도 있지만, 그 속에서 중개인마다 가진 역량과 스타일에 따라서 고객이 느낄 만족감 또한 달라진다. 사례 속 장면에서 중개인이 할 수 있는 것을 들여다보면, 고객의 생각을 정리해주고, 임대인이나 전 세입자와 협의하는 절차도 진행한다. 권리 관계 또한 법적 지식을 토대로 고려하여 더 효과적이고 효율적으로 처리하고 설명한다. 실무적인 절차를 진행하면서도 누구와 어떤 소통을 해야 수월하게 일이 처리되는지를 알고 있다. 실제로 우리가 흔히 떠올리는 '방 구하는 모습'이 단 1시간 만에도 이루어질 수 있는 이유는 중개인이 모든 중개 절차에 대해서 꼼꼼히 고려하고 준비해두었기 때문이다.

결국 여러분은 세상 사람들이 부동산 중개 서비스로부터 어떤 것을 얻길 원하고, 중개인으로서는 어떤 것을 제공할 수 있는지 세세히 그릴 수 있어야 한다. 그 그림은 사람마다 다를 것이나, 그 장면에서 자신의 영업 방식과 역량이 만들어진다. 그리고 그것은 어떠한 방식으로든 성과로 이어진다. 그때부터 전문 중개인으로서 동료와 세상으로부터 인정받고 충분한 보상을 얻고 더 자유로운 생활을 만끽할 수 있을 것이

다. 그러니 일단은 중개의 기본이 무엇인지 알아보고 하나씩 다져나가
도록 실천해야 한다. 그것이 이 업에서의 성공하는 지름길이다. 다음
장에서는 중개인으로서 성장하는 단계를 멘탈 측면에서 하나씩 따져
볼 것이다.

제 2 장

멘탈과 멘붕

동전의 양면 :
멘붕과 잘하고 싶은 마음

　　인간에게 멘탈이라는 요소는 어떤 것일까? 최근에 뉴스나 신문 기사에서도 자주 쓰는 말, '멘탈'과 '멘붕'. 우리는 이 말을 언제 어떤 상황에서 쓰고 있을까? 멘붕은 멘탈 붕괴라는 말을 줄여 씀으로 우리에게 더 익숙한 표현이 되었다. 흔히 어떤 상황에서 이 표현을 쓰는지 떠올려 보면 의미를 파악할 수 있을 것이다.

　　'멘탈'에 관한 사례를 잠깐 소개하고자 한다. 멘탈코치로서 마주했던 멘붕 이야기다. 야구 인생 13년 차, 이제는 조금 더 제대로 된 도전을 하고 싶었다. 마침, 가까이 지내던 야구 능력자들로 든든한 팀을 구성했다. '이제는 정말 때가 되었구나' 하고 전국대회에 참가 신청을 하였다. 귀찮은 절차들이 많았지만, 전국에서 야구에 자신 있다는 사회인 팀 64개가 참여하는 규모 있는 대회였고, 내가 그리는 멋진 도전에 걸맞았다. 모든 행정적인 절차를 마치고, 팀원들은 각자 최선을 다해 첫 경기를 준비했다. 감독은 첫 경기의 전략구성을 마치고 팀원들에게 공지를 마친 상태였다. 기상예보를 보니 날씨도 아주 좋았고, 오전 게임이라 교통 체증도 없이 도착할 것 같았다. 교체 멤버와 감독을 포함한 15명의 팀원은 들뜬 마음으로 밤을 보냈다.

드디어 첫 시합 당일, 모든 준비는 완벽했다. 몸풀기 시간에 맞추어 15명 팀원은 정확하게 도착했다. 매번 한 명씩은 깜박하고 와서 난리가 났던 신분증도 그날은 모두 잘 챙겼다. 한동안 작정하고 이 대회를 준비한 내 몸 상태도 최상이었다. 나는 롱토스, 즉 멀리 던지기를 경기 직전에 느긋하게 하는 것을 좋아한다. 공 던지는 자세를 정리할 수도 있고, 몸에 적당히 열도 오르고, 차분한 느낌으로 임할 수 있기 때문이다. 그날은 몸도 가볍고 생각보다 공도 쭉쭉 뻗고, 원하는 거리까지 정확하게 날아가서 정말 상쾌한 기분으로 경기에 임할 수 있었다. 경기 시작 직전 큰 목소리로 팀 구호와 함께 파이팅을 외친 후, 당당한 걸음으로 상대 팀 선수들과 인사를 하러 가는데…

"○○○팀 감독님, 잠시 기록실로 와주시기 바랍니다."

시합 전 정리가 다 된 상태에서는 감독을 부를 일이 거의 없는데… 큰 규모의 대회 첫 게임이라서 공지할 내용이 있을 거라 짐작하고 옆 선수와 컨디션 얘기를 하며 기다렸다. 기록실에 다녀온 감독의 말에 머릿속이 새하얘졌다.

"개막식에 불참해서 우리는 바로 실격이래."

이게 무슨 말인가? 야구 할 준비가 다 되었는데 무슨 생뚱맞은 소린가? 한 달 동안 플레이를 준비하며 애썼는데, 공 한 번 던지지 못한 채 끝이라니…

그랬다. 끝이었다. 매해 열리는 이 대회 운영진은 그해 처음으로 최소 인원을 구성해 개막식에 참여할 것을 의무 사항으로 넣었던 것이다. 우리는 이제껏 참가했던 사례를 떠올리며 개막식을 전혀 고려하지 않았다. 공지사항을 확인하고 공유하는 역할은 내 담당이었다. 무슨 말을 해야 할지 나의 감정이 무엇인지도 설명할 수도 없고, 해볼 만한 것이 뭐가 있는지 전혀 떠오르지 않았다. 바쁜 생활을 쥐어짜며 만들었던 연습 시간, 15명의 팀원이 쏟았던 노력, 대회 참여를 위해 준비했던 서류와 절차들, 참가비와 장비 구매에 쓰였던 돈, 멍한 순간을 지나 하나씩 떠오르는 생각 때문에 나는 또다시 멍해지고, 다시 곱씹기를 수차례…

멘붕, 그야말로 멘붕이었다. 멘탈코치로 활동하던 내가 끊임없이 강조하고 강조했던 성찰, 자기인식, 긍정적 목표, 통제감, 가장 가까운 가능성… 이런 것들이 하나도 떠오르지 않았다. 인간이라는 존재는 무수히 많은 시간을 거쳐서 현재 상태까지 진화했을 텐데, 도대체 이 옴짝달싹 못 하는 멍함은 무엇인가? 왜 이런 현상이 인간에게 남아 있는 것인가? 멘붕이라는 말을 처음 표현한 사람은 누구인가? 내 안의 체계가 붕괴된 듯한 이 느낌을 절묘하게 표현해낸 말, 멘붕!

다시 떠올려도 온몸이 경직되는 느낌이다. 여러분도 누군가에게 소개할 만한 이런 사례가 일상 속에서 한 장면 정도는 있을 것이다. 멘붕은 도대체 왜 일어나는 걸까? 우리가 알고 있는 '사고'는 이런 상황에서 제 역할을 다하지 못한다. 그래서 무슨 생각을 하고 있었는지에 대한 질문은 의미가 없다. 그럼 이런 상황에서 느낀 감정은 무엇일까? 아마 황당, 허무, 죄책감, 자괴감, 분노, 실망, 무기력 등등. 앞뒤 맥락과 장면만 남아 회상하기 어려울 정도인 그 경험 자체에 대한 분석은 쉽지 않다.

이런 경우 경험을 들여다보는 대신 선후 관계를 다시 살펴보는 것이 좋겠다.

① 나는 야구 대회에 참가하는 것을 염원했다.
② 야구 대회 참가를 위한 준비를 철저히 했다.
③ 원하는 성과를 상상하며 기대했다.
④ 현장에서 대회 참가가 무산되었다.
⑤ 아무 생각이 나지 않았다.

조금은 쉽게 떠올릴 수 있다. 잘하고 싶은 마음, 치열하게 준비했던 노력의 시간, 희망과 기대. 이제야 조금 알 수 있다. '잘하고 싶었으니까 그만큼 실망을 했겠지' 얼마나 명쾌한 설명인가. 누구나 끄덕일 수 있는 분석과 해석인 것 같다. 그렇지 않나?

세상 누구나 겪는 멘붕의 장면에는 그 사람의 염원과 희망이 존재한다. 그는 무언가를 기대하고, 희망하고, 움직일 에너지가 있었던 사람이다. 건강하다는 증거다. 건강한 상태로 도전했기에 이러한 멘붕 또한 있는 것이다. '잘함'을 추구하는 만큼 강도와 대처가 달라진다. 그것은 아주 확실하고 분명한 진실이다.

세상 사람들이 겪는 멘붕에는 공식이 있다. 시작은 희망차지만 마지막은 당황과 허무, 분노. 매번 듣게 되는 멘붕 스토리는 이러한 서사 구조를 갖는다. 하지만, 당신의 멘붕 에피소드를 소개할 수 있는 이유는 그 이후의 시간들이 있었기 때문이다. 멘붕의 마지막 요소인 당황과 허무, 분노에서 그다음 장면으로 움직이게 한 그 힘이 당신에게 있기 때문이다. 그 마음속에는 분명 이런 문구가 숨어있다.

'다시 한번 잘 해보지 뭐.'

멘탈 이해하기

'멘탈이 좋다', '멘탈 갑이다', '강철 멘탈이다', '멘탈이 나갔다', '멘탈 스포츠다' 등 우리는 멘탈을 활용한 표현을 많이 한다. 여러분은 멘탈이라는 단어를 얼마나 활용하는가? 앞 장에서 살펴보았다시피 가장 빈번한 활용도는 역시 '멘붕(멘탈 붕괴)'일 것이다. 이 현상을 설명하기 위해 생각, 감정, 인식 등을 살펴보았지만 뚜렷한 답이 나오지 않았다. 그런데 '멘탈이 좋다'라는 표현을 들여다보면 조금은 그 개념을 이해할 수 있다.

흔히 멘탈이라는 표현을 잘하는 야구의 상황을 떠올려 보자. 9회 말 투아웃, 수비팀은 한 점 차로 앞서고 있으며, 공격팀 주자는 2, 3루에 나가 있다. 안타 하나만 나오면 끝내기 역전패를 당하는 상황이다. 승리하고 있는 팀의 마무리 투수는 마운드에 올라 어떻게든 경기를 온전히 해내고, 최종 승리를 가져와야만 한다. 모든 팀의 마무리 투수가 감내해야만 하는 숙명적인 상황이다. 대한민국의 내로라하는 타자에게 마지막 한 점을 지켜내야만 하는 숙명의 자리. 그 자리는 이런 상황을 가장 잘 버티고, 흔들림 없이 자신의 퍼포먼스를 해낼 수 있다는 팀의 전폭적인 신뢰를 한 몸에 받은 투수의 몫이다.

프로 투수라면 언제든 올라가 자신의 공을 던지겠거니 생각할 수 있겠지만, 야구가 재미있는 이유는 그런 예상은 빈번히 무산되어 거기에서 희망과 환희를 만끽하기 때문이다. 이러한 변수 자체가 스포츠의 묘미다. 이 상황에 어떤 투수라도 팀의 승리를 말아먹는 장면의 주인공이 되고 싶지는 않을 것이다. 승리를 위한 최선의 공을 던질 것이다. 공격하는 입장에서 웬만해선 최선의 공을 던진 투수를 상대로 점수를 뽑기가 쉽지 않다. 잘 치는 타자라고 해도 10번 나와서 3번 안타를 만들어 내면 성공적이라니까. 그런데 이런 승부에서도 종종 극적인 타자의 승리 장면이 연출된다. 투수가 밸런스를 잃고 실투를 던졌을 때다. 투수가 타자에게 항상 유리한 승부를 하는 이유는 타자가 치지 못할 코스와 변화 궤적을 의도해서 던질 수 있기 때문이다. 즉, 투수가 연습하고 준비한 공을 던질 수 있기에 매번 타자에게 이기는 것이다. 그러나 투수가 연습하고 준비한 상태로 공을 던지지 못하면, 그 결과로 타자가 치기 좋은 코스로 공이 날아간다면 10번 중 3번 맞는 안타는 더 이상 숫자에 구속받지 않게 된다. 결국 얼마나 흔들리지 않고 자기가 준비한 공을 던질 수 있느냐가 투수에게 중요한 역량이 되는 것이다.

우리는 위기의 상황에서 본래의 상태로 있기가 쉽지 않다. 매번 세심하고 민감하게 잘 정돈된 자신의 몸이 왠지 모르게 낯설게 느껴진다.

매번 당연하게 해냈던 몸의 움직임이 전혀 떠오르지 않는다. 다만, 빨리 던져야 하고, 세게 던져야 하고, 어떻게 해서든 스트라이크존으로 공을 던져야 하고. 이런 강박에 휩싸여 부드럽고 효율적으로 공에 힘을 전달하던 자신의 상태에서 벗어나 버린다. 그런 상태로 공을 던지면, 쓰지 않던 근육에 무리가 가고, 세심하게 느끼던 손끝의 감각도 둔해진다. 공은 원치 않은 코스로, 원치 않은 힘으로 날아가 여지없이 타자의 배트 한가운데 보기 좋게 걸린다. 준비되지 않은 패배. 팀 내 최고의 투수들도 일 년에 두세 번은 마주하는 장면이다. 최고가 아닌 투수들은 더 많이 이 장면을 경험하게 될 것이다. 우리는 바로 이 장면에 비추어 '저 투수는 멘탈이 좋구나', '투수가 지금 멘탈이 나갔다', '매번 멘탈이 흔들려서 문제야'라고 표현하는 기준이 된다. 멘탈이란 준비하고 정리된 상태를 잘 유지해내는 것, 그 상태를 뜻한다. 흔들리는 상태에 빠지지 않고, 좋은 상태를 유지하는 것. 그런 장면에 '멘탈이 좋다'라는 표현을 쓴다.

우리가 앞서 확인했듯이, 어떤 목적과 장면에서 최상의 상태를 이미지로 떠올리고 있기에 멘탈이라는 표현을 쓸 수 있다. 그렇다면 최상의 상태는 어떤 의미일까? 의미를 이해하기 위해 구성요소는 무엇인지 알아볼 필요가 있다. '어떤 사람이 어떤 상태에 있다'는 문장의 완성 요소는 멘탈이라는 구성 안에 포함된다. 특정 상황에 있는 한 사람의 생각, 태도, 감정, 인식, 행동, 느낌, 영적 경험 등이 모두 포함된다. 이 모든 요소에 대해 좋은지 아닌지 평가해볼 수 있다.

평가를 위해 먼저 그러한 요소를 인식해야 한다. 그 인식은 관중의 입장에서 한 선수를 보며 일어날 수 있지만, 선수가 선수 자신을 대상으로 인식할 수도 있다. 실제 퍼포먼스에 중요한 영향을 주는 요소로 스스로 자신을 인식하는 것, 자신의 멘탈이 어떠한지를 깨달을 수 있는 능력에 있다. 퍼포먼스와 관련해 자신을 인식하는 경험은 대부분 사후에 개인적인 성찰을 하거나 누군가와 해당 경험에 관해 대화를 나누면서 이루어진다. 이러한 과정을 거쳐 자신의 멘탈을 정리하는 작업은 더 나은 퍼포먼스를 위한 방법이다. 그런데 이보다 더 확실한 능력이 있다. 바로 메타인지다.

메타인지는 한 차원 밖에서 스스로를 인식하는 것이다. 가령, 마라톤 선수는 자신의 온몸 근육 세포에게 끊임없이 움직이라는 신호를 매 순간 보낸다. 자신의 발에서 느껴지는 감각, 호흡의 가빠짐, 피로감 또한 매 순간 인지한다. 지금 책을 읽다가 밖으로 나가 30미터를 가볍게 조깅한다고 상상해보자. 우리는 조깅하는 방법을 떠올리고 해석해서 뛰지 않는다. 그냥 몸을 일으켜 걷다가 달린다. 특별한 의미 처리가 없다. 그런 행위를 마라톤 선수는 끊임없이 자연스럽게, 때로는 힘겹게 반복한다. 그런 와중에 마라톤 선수는 인식한다.

'지금 내 호흡이 적당한가?', '앞선 선수와 거리를 좁히려고 무리하는 것이 아닌가?', '평소의 보폭보다 지금 좀 더 넓은 것 같다', '골반이 부드럽지 않은데' 그는 좀 더 나아가 '지금 내가 이런저런 생각을 떠올리는 것이 맞는가? 몸 상태가 되는대로 그저 달리는 것이 맞는가? 어떻게 하는 것이 오늘의 완주와 기록에 도움이 되는가?'라고 생각한다. 바로 이것이 메타인지이다. 자신의 상태에 대해 기존의 이미지나 절차에 따라 지금을 확인할 수 있는 능력이다. 상태를 인지한다는 것은 어떤 조건에 부합하는지 아닌지를 판단할 수 있다는 뜻이다. 누군가가 자신의 '멘탈'을 평가한다는 것은 이 메타인지 능력을 갖추었다는 뜻이다.

평소에 멘탈이라는 단어를 활용하여 자신의 경험을 표현할 줄 아는 사람들은 이 메타인지 능력을 활용하고 있다는 뜻이다. 이 능력은 '잘함'과 '성장'의 관점에서 필수적이고, 아주 유용한 능력이다. 멘탈을 인지하는 능력이 좋다면, 자신이 '멘붕'에 빠졌을 때의 상태를 구체적으로 떠올릴 수 있고, 스스로 변화를 시도할 수 있다. 그리고 다음에는 '멘붕'에 빠진 상태에서 또다시 좌절하지 않도록 부단히 노력하게 된다. 자기 주도적으로 변화와 성장을 추구하게 되는 것이다. 결국, 어떤 퍼포먼스에서 '잘함'을 추구한다는 것은 자신의 이상적인 상태를 알고, 어떤 수행 장면에서든 자신이 그 상태로 있을 수 있도록 자기관리를 한다는 것이다. 그러기 위한 선행 작업으로 자신의 상태를 인지할 줄 아는 능력이 필요하다. 이러한 조건들이 갖추어지면 그다음부터 의도를 갖고 계획한 자신의 변화를 실현시킬 수 있게 된다. 점점 '잘함'에 가까워지는 것이다.

중개인 멘탈
알아보기

이번 장에서는 중개인의 입장에서 멘탈을 살펴보자. 멘탈은 상태라고 했다. 어떤 사람이 특정 순간에 어떤 모습으로 존재하는가? 이를 한 단어로 표현하는 것이 상태다. 그 상태라는 말의 구성을 보면, 생각, 감정, 의식, 인식, 태도, 행동 등 다양한 요소들이 존재한다. 이런 요소는 사람마다 순간마다 다른 내용으로 채워져 있을 것이다. 그렇다면 부동산 중개인은 어떤 생각, 감정, 의식, 인식, 태도, 행동으로 살고 있을까?

여러 가지 차원에서 '생각'을 다룰 수 있지만, 중개 실무와 관련된 절차에 대한 지식을 먼저 살펴본다. 중개라는 과정은 여러 단계를 거쳐 이루어진다. 우선 방을 구하는 손님과 만남으로 시작해 상담, 매물 탐색, 임대인 컨택, 동선 조율, 조건 협의, 등기 확인, 계약서 작성 및 계약금 입금, 잔금 입금, 입주 등의 단계를 거쳐 중개 과정이 완성된다. 중개인은 이 과정마다 설명할 내용을 적절하게 표현해야 한다. 손님 컨택

시 설득해야 할 나만의 노하우와 초반에 전할 좋은 정보를 전달하고, 상담을 할 때는 손님의 여건은 어떤지, 어떠한 니즈가 있고, 여건과 니즈를 변경할 여지가 있는지 파악해야 한다. 이를 파악하기 위해서는 예의에 어긋나지 않는 선에서 할 수 있는 질문을 던져야 한다. 이 질문은 중개인이 다른 사람들을 대하면서 겪었던 의사소통 패턴을 떠올리며, 적절하게 구성할 수 있을 것이다.

상담이 끝난 후, 자신이 알고 있는 매물 리스트와 공개된 웹사이트에서 적절한 매물을 탐색해야 한다. 이 단계의 중개인은 손님의 조건과 매물의 조건을 끊임없이 비교하고, 일치/불일치, 조정 가능 여부를 판단한다. 능숙한 중개인은 정보를 보자마자 조정할 수 있는 폭을 확보하고, 손님에게 더 나은 선택 가능성을 보여줄 것이다. 매물 탐색이 끝나면, 해당 매물의 임대인과 연락을 취한다. 연락 전에는 어떤 정보를 주고받을지 매끄러운 의사소통을 위해 멘트의 순서도 정리한다. 방문 허락을 받은 후에는 방문 순서를 정한다. 이때, 중개인은 손님이 몇 번째에 어느 방을 보면 방의 장단점을 잘 파악할 수 있고, 선호도를 정할 수 있을지 고려하여 순서를 정할 수 있다. 이후 방을 살펴보고 각 방마다 조건을 협의한 후 계약 관계에서의 안정성을 확보하기 위해 재산과 관련된 권리 관계를 등기를 통해 확인한다. 이때 중개인은 부동산과 관련된 여러 가지 법규를 토대로 해당 정보를 분석하여 고객과 임대인에게 설명한다. 이후 해당 내용으로 정보의 누락 없이 계약서를 작성하고 양쪽의 정보를 확인한 후 계약금을 입금하게 된다. 이후 약속한 날에 보증금 총액의 입금이 마무리되었는지 확인하고 계약을 마무리 짓는다.

이 과정은 이상적으로 중개가 이루어졌을 때의 중개인 사고 과정이다. 전체 과정을 두고 여러 가지 요소를 조율할 수 있다면, 중개인으로서 노련함을 갖추게 된 것이다. 이후 살펴보겠지만, 중개 과정에서의 사고 측면만 보더라도 여러 가지 문제가 발생할 수 있다. 특정 단계에서 생각할 주제를 놓치고 지나갈 수도 있고, 미리 걱정해서 전달해도 효과가 없을 정보를 전하기도 한다. 그러다 전체 중개 과정은 그만큼 복잡해지고, 꼬이게 된다. 완성도 있는 중개를 하기 위해서는 중개인이 각 단계별로 효율적이고 효과적인 내용의 사고를 하고 있어야 한다.

이번에는 중개인의 '감정'적인 측면을 들여다보자. 중개 전에 떠올려야 할 중요한 사실 중 하나는 '고객도, 임대인도, 중개인도 사람'이라는 사실이다. 감정 차원을 고려해볼 때, 우리는 질문해볼 수 있다. '이 중개를 통해 고객과 임대인, 중개인은 어떤 감정을 느끼는 것이 좋을까?' 가장 이상적인 장면은 '중개 과정 내내 즐겁게' 지내는 것이다. 그러나 중개라는 일련의 과정에서 그것은 어렵다. 현실적으로는 누구 하나 기분 상하지 않고 일을 마무리 하게 된다면, 그 중개를 성공적인 중개라 평할 만하다. 그만큼 중개 과정은 감정의 변수를 일으킬 경우가 많다. 중개인의 입장에서 타인(고객, 임대인)의 감정을 같이 다스릴 수 있으면 좋겠지만, 그것은 쉽지 않다. 대신 자신의 감정을 관리하고 제어할 수 있다면, 적어도 자신의 감정으로 인해 타인의 감정에 부정적인 영향을 끼치는 것은 방지할 수 있다. 다만, 어떤 감정으로 중개 과정을 거칠지는 개인별로 다를 것이다. 어떤 중개인은 '상쾌함', '즐거움', '신남'이라는 모토로, 어떤 중개인은 '평온함', '차분함' 등의 감정으로 임할 수도 있다. 중요한 것은 자신의 감정이 어떤 상태일 때 일의 성과에 긍정적 영향을 미칠지 고민하고 정립해두어야 한다는 사실이다.

또 하나의 멘탈 요소로 '의식' 수준을 고려할 수 있다. 일에 임하는 태도라 표현할 수 있겠다. 이 요소는 중개인 자신이 정체성을 어떤 식으로 정립하는지에 따라 달라진다. 중개라는 일을 '아무나 쉽게 대충해도 되는 일'이라 여기는 중개인과 '이 일을 해야 돈을 벌고 생계를 이을 수 있다'라고 생각하는 중개인, '고객들이 원하는 공간에서 지낼 수 있도록 도와 세상을 이롭게 만들고 싶다'라는 마음으로 임하는 중개인을 떠올려 보면 그들의 의식 수준이 중개의 완성도에 어떤 영향을 미칠지 쉽게 파악할 수 있다. 이러한 의식 수준은 중개 과정에서 타인들을 대하는 태도로 이어지기 때문이다. 손님을 예산과 외모로 평가하여, 돈이 얼마나 될지를 계산하고 가리는 태도부터 고객의 처지와 어떤 점을 중요하게 여기는지 존중하여 그 조건에 어울리는 공간을 구해주겠다는 태도까지. 이러한 의식 수준과 태도는 물론 성과에도 엄청난 영향을 미치지만, 중개인 본인의 성취감과 행복감을 고려할 때 절대 놓치지 말아야 할 요소다. 중개인으로서 '잘함'을 추구할 때, 더 좋은 중개인이 되는 것을 목표로 설정했을 때 반드시 태도와 관련된 내용을 끊임없이 고려해야 한다. 강한 멘탈을 유지할 수 있는 가장 중요한 요소다.

이외에 '인식'이라는 멘탈 요소가 있다. 이는 뇌과학 분야에서 활발하게 연구되는 요소다. 단순하게 표현하면 '인간은 자신과 세상을 어떻게 받아들이는가?'라는 질문에 답할 수 있는 모든 내용이다. 중개인은 고객과 대화할 때 무한한 요소 중 일부 요소에 집중해 정보를 처리한다. 어디에 집중할지는 중개인의 특성이나 의도, 상황에 따라 천차만별이다. 고객의 목소리에, 말하는 내용에, 내 머릿속에 떠오르는 여러 가지 매물 이미지에, 세차를 못 했다는 걱정에 집중할 수도 있다. 인간은 자신이 주의를 기울이는 대상에 대한 정보나 자극을 훨씬 빠르고 세밀하게 인식한다. 다시 말해 '특정 순간에 어디에, 어떻게 신경을 쓸 것이냐'라고 표현할 수 있다. 이 질문은 중개인의 일상과 모든 중개 과정 단계에서 떠올려 볼 수 있고, 그에 대한 답을 구한다면 이상적이고 효율적인 중개를 실현할 수 있다. 그 효과성에 따라 중개 과정에서 '잘함'을 실현할 수 있다.

이번 장에서 제시한 멘탈 요소에 정답은 없다. 대신 이러한 요소는 더 나은 중개를 위해 중개인 각자의 고려가 필요하다. 더 나은 중개라는 것도 각자 다르게 정의될 것이다. 돈을 많이 버는 중개인, 계약을 많이 하는 중개인, 고객의 높은 만족을 이끌어 내는 중개인 등. 성장을 추구하는 중개인이라면 이 장에서 살펴본 '멘탈 요소'를 고려하여 중개 과정의 질적 수준을 관리하고 증진해야 한다. '내가 이 일을 잘하려면 어떻게, 무엇부터 해야 하는 걸까?'라는 질문이 떠올랐을 때 주저 없이 멘탈 요소를 기준으로 해서 움직여 볼 것을 추천한다. 거기서부터 중개인의 정체성이 정립되고, 영업 스타일이 발현되며, 새로운 목표를 추구할 수 있는 기준이 마련되기 때문이다. 이러한 고려를 지치지 않고 끊임없이 해낸다면 반드시 탁월한 중개인이 될 수 있다.

멘탈이
좋아하는 것

우리는 좋은 상태의 멘탈을 유지하려 한다. 어떤 노력을 기울여야 멘탈이 좋은 상태에 이르는지 아는 것이 중요하다. 그런 준비를 잘한다면, 우리의 멘탈은 얼마나 좋아할까? 멘탈을 좋게 만드는 것 중 가장 중요한 한 가지, 존중에 대해 풀어보고자 한다.

"중개사님 덕분에 좋은 방 잘 구했습니다. 정말 감사합니다."

손님이 건넨 한마디에 눈물이 핑 돌 정도로 감격을 느낀다면, 그것만큼 멘탈에 좋은 것은 없을 것이다. 이 말은 단순히 칭찬 한마디가 아니라, 중개사의 삶과 노력을 존중한다는 뜻이기 때문이다. 자신의 일에 스스로 가지는 태도가 반영되어 나타나는 '감격'은 아주 칼 같은 기준이다. 진지하게 임한 척 자신을 속였을 때는 감격하지 않는다. 고객의 사소한 말에 감정의 동요가 일지 않을 때, 그때가 바로 멘탈의 위기 상황이라 판단해야 한다.

고객에게 존중받았다는 것은 무엇을 의미할까? 부동산 중개라는 일련의 과정에서 고객이 받아야 할 서비스를 중개인을 통해 제대로 받았음을 의미하겠다. 중개 과정에서 일어나는 여러 가지 사건에 대한 중개인의 노력을 존중한다는 것이다. 고객의 감사는 중개인 자신이 갈고 닦은 역량과 노력, 중개 일을 하는 사람으로서 존중한다는 표현이다. 멘탈이 가장 좋아하는 것은 존중이다.

　존중이 왜 좋을까? 혹시 세상이 무섭고 잔혹하게 여겨질 때가 없었는가? 햇살이 강하게 내리쬐는 아스팔트 위를 걸어서 매물을 사전 답사하러 갈 때, 땀이 뚝뚝 떨어질 정도로 옷이 다 젖어서 미안한 마음에 방에 들어가지도 못할 때, 최선을 다해 협의하려 했지만 단호한 거절이 돌아올 때, 한 달 동안 계약을 성사하지 못해 다음 달 신용카드 결제금을 낼 돈이 없을 때, 2년이라는 시간을 들여 따낸 자격증이지만 실무에 들어가니 도저히 적성에 맞지 않을 때, 그때 세상을 탓하고 싶은 적이 없었는가? 자기 존재가 밉고, 한스럽고, 실망스럽고, 답답하고, 화가 나고, 왜 살아야 하는지 이유를 모르는 이런 상태에서 세상도 자신도 보기 힘들 것이다. 자신이 처한 세상과 자기 스스로를 존중하지 않는 그 상태를 우리는 떠올릴 수 있다.

　위에 나열한 모든 상황의 느낌을 극적으로 반전시키는 한마디가 있다.

　'그래도 나는 세상에 존재할 가치가 있어.'

세상에 존재할 가치가 있다는 말은 모든 사람에게 진리가 되는 말이다. 분노가 치밀거나, 짜증이 나거나, 실수로 계약서를 작성하다 중요한 정보를 빠뜨려 중개사고가 난 상황에서도, 손님이 화를 낼 때도 '내가 지금 이렇게 있을 수 있구나'라고 알아차리는 것이 중요하다. 결국, 스스로를 존중할 줄 알아야 한다.

앞 장에서 멘탈이란 어떤 상태라고 했다. 사고, 감정, 태도, 의식, 행동, 인식 등 여러 요소가 있다는 것도 말이다. 자기 스스로를 존중한다는 것은 이런 요소 하나하나를 그대로 인정하는 것이다. 있는 것 그 자체를 존중하는 것이다. 너무 쉽고 단순하지만, 많은 사람들이 잊고 살아서 스스로 멘탈을 무너뜨리는 경우가 많다. 스스로를 돌아볼 시간이 없는 사람들은 더욱 존중을 경험하지 못한다. 그중에는 항상 절차와 상호작용 속에 묻혀 자신을 떠올리지 못하는 중개인이 있다.

'나는 절대 화를 내면 안 돼. 완벽하지 않으니 나는 쉴 수 없어. 나는 재미가 없으니 사람들이 좋아하지 않을 거야. 모르니까 일단 하지 말아야지.'

일을 하면서 언제든 떠오를 수 있는 생각이다. 멘탈의 건강은 이런 생각을 스스로 받아들일 수 있는지 없는지에 따라 달라진다. 만약 자신이 이런 부정적인 생각에 휩싸였다는 사실을 그대로 인정할 수 있다면, 그런 생각이 불필요하다는 사실까지 인정할 수 있게 된다. 그러나 생각에 휩싸인 채 자신을 있는 그대로 두고 보지 못한다면 더 깊은 고민과

어두운 생각 속으로 빠지게 된다. 그러니 우선은 부정적인 생각에 빠진 스스로를 그대로 마주할 줄 알아야 한다. 이것이 바로 자기 스스로를 존중할 줄 아는 것이다.

위 고객의 칭찬 사례처럼 외부로부터 존중받는 경험은 언제든지 찾아올 수 있다. 대신 존중이라는 것을 인지할 수 있는 상태가 전제되어야만 한다. 그 상태는 스스로를 존중하는 것에서부터 만들어진다. 자신을 존중할 기회는 외부 자극에 상관없이 언제든 주어져 있다. 매 순간의 생각, 감정, 인식 등의 요소들을 받아들이는 것이다.

스스로 존중한다는 사실을 느끼기 힘든 사람들은 연습이 필요하다. 아주 제대로 존중할 줄 아는 사람들로부터 존중받는 것이다. 사실, 참된 리더나 멘토들이 여러분에게 꾸준히 이러한 기회를 제공하고 있을 것이다. 존중을 인식하면 감격할 수 있다. 그 감격이 느껴진다면 여러분은 존중을 경험하고 있는 것이다. 감격이 존재하는 삶은 얼마나 아름다울까? 멘탈코치로서 지내는 나는 항상 이 말을 가슴에 담고 산다.

'진정한 존중이 깃든 삶은 아름답다.'

도움을 받든, 스스로가 해내든 꼭 여러분의 삶에 존중을 들여놓기를 바란다.

당신에게도
강한 멘탈이 있어요

우리는 미디어에서나 주변 사람들의 대화에서 '강한 멘탈'에 대해 자주 듣는다. 위기나 역경 등 고난의 순간에도 흔들리지 않고 자신의 길을 가는 사람들을 묘사하는 말로 '위기', '역경'은 개인이 처한 상황, 맥락에서부터 규정된다.

야구 선수 류현진과 오승환의 강철 멘탈은 어떤 장면에서 발현될까? 경기 막바지 수세에 몰린 상황에서도 마운드에 올라 자신이 보여줄 수 있는 퍼포먼스를 그대로 보여주는 것, 그것이 그들의 강철 멘탈을 확인할 수 있는 장면이다. 아마도 할 수 있는 모든 것을 걸고 '잘함'을 보여주고 싶을 것이다. 그들은 이 순간을 위해 필사적으로 준비를 해 좋은 퍼포먼스를 펼쳐 보인다. 관중들은 바로 그런 장면에서 불안감과 의심을 떨치고 감격에 겨워 그들의 멘탈이 강하다고 평가한다.

멘탈을 평가할 때 중요한 것은 상황이다. 만약 류현진 선수가 출국을 위해 공항에 도착했는데 여권이 없다면 마운드 위에서 위기를 맞은 상황처럼 동요하지 않고 안정감 있는 행동할 수 있을까? 물론, 잠깐 당황하고 금세 해결 방안을 떠올리겠지만 분명 알아차린 그 순간에는 동요할 수밖에 없을 것이다. 여기서 강조할 부분은 예상되는 상황을 미리 떠올려 대책을 마련했는지에 따라 멘탈은 강하게 또는 약하게 보일 수도 있다는 것이다. 류현진 선수는 20여 년을 야구 시합에서 일어날 수 있는 많은 변수에 대해 사전에 철저한 준비로 대응했을 것이다. 출국 일정이 잡힌다면, 류현진 선수 본인 외에 구단 측이나 가족들이 미연에 대책을 마련해 둘 것이다. 자칫 출국이 지연되면 연봉 2,000만 달러의 선수가 제 기량을 발휘하지 못할 수도 있기 때문이다.

야구 선수의 멘탈은 야구장에서 평가받는 것처럼 중개인의 멘탈은 중개와 관련된 과정에서 평가받는다. 중개 과정은 앞서 살펴보았듯이 상당히 여러 단계로 구성되어 있다. 단계와 장면이 많다는 것은 중개사가 직접 대처해야 할 것이 많다는 뜻이다. 전화 상담을 부드럽게 응대하거나, 손님과 걸어가며 얘기를 나눌 때, 계약에 대해 법무적인 지식을 활용할 때 등이 있다. 이 모든 단계에서 중개사는 스스로의 멘탈을 확인할 수 있다.

멘탈을 확인한다는 것은 '관리' 차원에서 아주 중요하다. 관리가 잘된 가위를 떠올려 보자. 그 가위는 삼겹살집 테이블 위에 놓여있다. 소주 한 잔을 채워 놓고 잘 익어가는 삼겹살 한 덩어리를 집게로 집어 가위로 자른다. 삼겹살의 싱싱함과 익은 수준이 느껴질 정도로 가위질이 즐겁다. 머릿속으로 '아, 이 정도 느낌으로 잘렸으면 참 좋겠는데…' 하고 떠올렸던 그 느낌대로 고기는 삭삭 소리를 내며 잘린다. 적당한 크기로 잘린 삼겹살이 노릇노릇 익어가는 것을 보며, 소주잔을 만지작거린다. 얼마나 즐거운 시간일까.

어느 날 다시 들른 삼겹살집. 여느 때와 같이 소주 한 잔을 채워 놓고는 삼겹살을 자르기 위해 가위를 집어 들었다. 고기에 날을 갖다 대고 손에 힘을 주는데… 가위가 고기를 먹는다. 고기를 짓이긴다. 고기의 질긴 살이 전해진다. 고기가 싱싱하지 않나? 내가 너무 성급하게 가위질을 했나? 잘 관리된 가위를 쓸 때와는 분명히 다른 느낌이다. 사장님을 불러 다른 가위로 바꿔 달라고 요청하고 싶다. 썩 유쾌하지 않다.

우리가 행복하기 위해서는 '좋은 상태'의 느낌을 분명히 체험하고 기억해야 한다. 중개 과정 중 자신이 자연스러운 본연의 모습대로, 준비한 것을 제대로 보여주는지 떠올릴 수 있어야 한다. 현재 자신의 상태가 날선 가위 같은 상태인지 아닌지를 알아채야 한다. 그 느낌과 경험이 당신의 도식 속에 자리 잡아야 멘탈이 온전치 않을 때의 느낌을 거부하고 개선할 수 있다. 결국, 무딤 없는 자연스러움을 확인할 때, 멘탈 관리의 방향을 잡게 되는 것이다. 꼭 중개 장면이 아니어도 좋다. 하루 동안 겪을 수 있는 어떤 경험이라도 한 번 들여다보기를 권한다. 그 안에서 자연스럽게 지냈다고 여겨지는 장면이 있다면 그것을 구체화해보라. 어떤 상황에서 무엇을 하는지, 왜 자연스러운 장면으로 여길 수 있었는지를 천천히 따져본다. 그 과정에서 자신의 '강철 멘탈'에 관한 힌트를 얻을 수 있다. 추구해야 할 지향점을 천천히 만들어가는 것이다.

나는 누구보다도 오르막을 잘 걷는다. 아무리 빠르게 올라도 힘들어서 페이스를 떨어뜨리진 않는다. 평지를 걸을 때보다 오르막을 걸을 때 더 매끄러운 기분이라 신이 난다. 나만의 생각일 수도 있지만, 거기서부터 생각은 더 확장된다. '나는 왜 오르막에서 지치지 않지? 내가 가진 어떤 것이 오르막을 쉽게 오르게 할까?' 경사도에 최적화된 내 몸은 야구로 단련된 하체 근육과 관절의 유연성 덕분인 것 같다. 이렇게 자신을 들여다보니 나라는 존재를 알아가는 기분이다. 이런 부분들을 발견할 때마다 자신을 더 존중하게 된다. 이 패턴은 습관이 된다.

필자의 사례와 같이 멘탈을 다듬는 것은 어렵지 않다. 같은 장면에서 겪은 다양한 경험을 스스로 들여다보고, 대책을 고민했는지에 따라 결정되는 '노력'과 관련된 요소이기 때문이다. 어떤 경험 장면에서도 중개인 본인의 노력이 어우러진다면 강철 멘탈은 확보될 수 있다. 희망적인 것은 중개인이 멘탈을 관리하기 위해 어떤 장면을 고려해야 하는지를 우리는 분명히 알고 있다. 그것은 바로 모든 중개 단계이다. 이 단순한 사실을 알기에, 중개인은 방황 없이 준비하고 바로 관리를 시작할 수 있다. 만약, 여러분에게 인생의 변수에 대해 항상 강철 멘탈을 유지하라고 요구한다면 어떤 기분일까? 무엇을 관리해야 하고 무엇을 경험하고, 무슨 대처를 해야 하는지 미리 짐작할 수 있는가? 도를 닦기 위해 산을 찾아 헤맬 것인가? 좋은 명상센터를 찾을 것인가? 극한의 상황을 경험하겠다며 번지 점프만 반복할 것인가? 멘탈 관리를 위해 어디에서부터 시작해야 하는지를 모른다면 험난하기만 한 길을 가다 인생을 다 쓸 것이다. 이렇듯 장면과 상황에 대한 틀을 정하지 못한 채 시작한다면, 해결 방안을 찾기는 너무도 어렵다. 우리가 활동할 분야와 장면을 명확하게 그려두는 것이 멘탈 관리의 선행 과제이다. 우리에게는 '중개'라는 아주 명확한 틀이 있어서 참 다행이다.

강철 멘탈이라는 이미지를 그리는 것도, 좋은 상태와 그렇지 않은 상태를 구별해보는 것도, 각 분야의 단계를 그리는 것도, 이 모든 과정은 실천하기 위해서다. 가위는 어떤 공장에서 어떻게 만들어지든 그것이 활용되는 뚜렷한 목적이 있다. 중개인으로서 여러분의 멘탈도 그런 영역이다. 중개 장면에서 자신의 상태를 활용함으로써 더 나은 경험을 제공할 수 있다. 좋은 상태, 좋은 멘탈, 강철 멘탈이라는 것은 여러분의 삶 곳곳에 깃들어 있다. 발견하고, 다듬고, 관리하여 사용하게 된다면 기분 좋은 즐거움을 선사할 수 있다.

흔들리는 멘탈 다루기

좋은 멘탈과 그렇지 않은 멘탈의 느낌을 구분하는 것은 중요하다. 이번 장에는 그러한 멘탈을 구분하는 기준으로 인간적인 요소 주체성에 대해 알아보자. 주체성은 퍼포먼스라고 표현할 수 있는 모든 분야에서 중요하게 고려해야 할 요소다. 이 개념을 염두에 두고 생활하면 자신의 멘탈을 훨씬 민감하게 체계적으로 인식할 수 있다.

우리가 평소에 얼마나 주체성을 자각하며 살고 있는지 알아볼 필요가 있다. 오늘 아침 잠에서 깨어나는 장면부터 시작해볼까? 우선 물을 한 잔 마신다. 갈증이 나는지, 건강에 좋다고 들어서인지, 습관처럼 마시는지 몰라도 일단 마신다. 그리고 화장실로 가서 용변을 본 후, 샤워를 한다. 오늘 아침 샤워 시간에 어떤 생각을 했었는지 기억하는가? 눈앞에 있는 칫솔을 들고 양치한 후, 샴푸로 거품을 내 머리를 감고, 클렌징폼으로 세안을 하고 바디워시로 몸 한 바퀴를 훑은 뒤 평소만큼 씻어낸 느낌이 들 때까지 쏟아지는 물에 몸을 맡겼다가, 수건으로 몸을 닦고 로션을 바르고 머리를 말리고 옷을 입는다. 여기서 잠깐, 아침을 돌이켜봤을 때 어떤 생각을 했고, 어떤 감정을 느꼈으며, 어떤 성취를 경험했나? 이 질문에 대해 답할 내용이 있는지에 따라 여러분이 주체성을 염두에 두고 지내는지 알아볼 수 있다. 아침에 마시는 물 한잔. 식도를 타고 넘어가는 그 느낌 때문에 마실까? 밤새 마른 입안을 촉촉이 적시려 마실까? 정말 과학적으로 밝혀진 아침 물 한잔의 건강증진 효과 때문일까? 이 중 어떤 이유라도 확신을 갖고 '그렇다'라고 대답할 수 있다면 당신은 주체적으로 사는 것이다. 사실 우리는 생활 속 많은 시간과 영역을 아침에 마시는 물 한잔처럼 인식 없이 가볍게 넘기고 있다. 물론 가볍게 넘길 필요도 있다. 그 영역이 본인의 삶에서 가볍다면 말이다. 일상의 여러 영역이라고 표현했는데, 좀 더 들어가서 '일'과 '잘함'의 영역에서 아침 물 한잔 마시듯 지낸다면, 멘탈 관리에 힘겨운 나날을 보내고 있을 확률이 높다.

우리는 상당히 많은 선택권을 가지고 살고 있다. 너무도 자연스럽게 흘러가는 아침 일상 속에서도 선택할 수 있는 건 많다. 물을 몇 모금에 나눠 마실지, 물의 온도를 미지근하게 또는 시원하게 마실지, 몇 컵을 마시는 것이 좋은지부터 시작해서 내 치아 상태에 맞는 치약은 무엇이며, 그것을 얼마나 사둘지, 칫솔은 어떤 종류를 쓸 것인지, 나의 머릿결과 두피 상태에 맞는 샴푸를 쓰고 있는지, 샤워는 얼마나 오래 할 것인지… 이 많은 선택의 기로에서 우리는 대부분 선택을 포기한다. 적당히 정리되어 있으면 정해진 대로 일상을 살기 마련이다. 일일이 신경 쓰기에는 상당히 피곤하므로. 그런데 그 와중에도 우리는 선택을 하고 있다. 무의식 중에 덜 피곤한 쪽으로 의사결정을 하는 것이다. 신경 쓰지 않는 것, 멘탈 차원에서는 여기서부터 문제가 발생한다. 덜 피곤한 쪽을 선택할 수 없을 때 아침부터 우리의 멘붕은 시작된다. 냉장고를 열어 물병을 꺼냈는데 물이 한 모금도 남아 있지 않을 때, 어제까지만 해도 남았던 치약이 다 떨어져 당장 양치를 할 수 없을 때, 몸을 닦다가 실수로 수건을 변기 물에 퐁당 빠뜨렸을 때. 상상만 해도 짜증이 치민다. '아니, 왜 하필 오늘?'이라는 질문이 머릿속을 스치며, 당연할 것 같던 우리의 멘탈 밸런스는 바로 흔들린다. 업무를 보다가 한마디 들을지도 모른다. '오늘 기분 안 좋은 일 있었어?' 성숙한 성인으로 사회생활을 한다 싶어도 순식간에 엉뚱하게도 '남 탓'을 하게 되는 우리.

만약 이런 일이 아침 물 한잔이 아니라 중개 과정에서 일어난다면 어떨까? 모든 절차를 그대로 진행했는데, 갑자기 문제가 발생했다. 계약 직전에 각종 서류를 준비하던 중 프린터가 고장 났다. 임차인과 임대인은 이제 막 주차를 끝내고 들어오는데 서류가 하나도 준비되지 못했다면? 급박한 마음에 짜증, 당황, 혼란. 준비 부족으로 잃을 중개 수수료 생각에 화도 치민다. 절규에 가득 찬 한마디.

'아니, 잘되던 프린터가 왜 갑자기 안 되는 거야?'

극단적인 사례 같지만, 중개인들이 빈번하게 마주할 수 있는 상황이다. 퍼포먼스나 '잘함'과 관련된 분야에서는 자신의 관점에서 '보고', '인식하고', '결정하는' 주체성을 느끼면 느낄수록 좋다. 성과 측면에서도, 멘탈 측면에서도.

　주체성은 본인의 의지로 무엇을 볼 것인지, 무엇을 받아들일지, 무엇을 선택할 것인지를 포괄하는 개념이다. 본인의 의지로 선택하지 않으면, 그 분야에 대한 경험도, 성취도, 성장도 없다. 물을 어떻게 마실지, 어떤 샴푸를 쓸지에 대해 주체적으로 접근하지 않으면 변화가 없는 것처럼 말이다. 피곤을 이유로 우리는 일상의 많은 영역을 의식 밖으로 밀어둔 채 지낸다. '그냥 물 한잔 마시면 좋은 것 아니야?'라고. 이보다 조금 더 주체적으로 인식한다면, '물 한잔은 이러이러해서 좋대. 귀찮지만 아침에 물 한잔을 마실 거야'라며 행동하게 된다. 주체성의 인식은 변화하는 자신의 모습에 성취감을 느끼게 한다.

　주체적인 태도가 멘탈 측면에서 중요한 이유는 알아차림 때문이다. 자신이 어떤 순간에 무엇을 느끼고 경험하는지 알아차리는 것이 멘탈 관리의 핵심인데, 이는 스스로 알고자 해야만 가능한 것이다. 멘탈은 어떤 순간에 어떤 상태로 있는지에 관련된 문제임을 여러 번 강조했다. 자신의 상태를 알려면, 그 순간 자신과 자신을 둘러싼 환경 속에 '주체적'으로 들어가야만 한다. 처음에는 이런 개념이 부담스럽겠지만, 정작 시도하는 것은 그리 어렵지 않다. 물 한잔이 주는 여러 가지 느낌과 경험을, 또 여러 가지 선택 사항 중 하나를 택해 경험해보는 것으로 충분히 성공적인 시도가 이루어진다.

　주체적으로 마주하지 못한 상황에 대해서는 감정적인 대처도 서투를 수밖에 없다. 치약 하나에 짜증이 나고, 프린터 하나에 휘청휘청할 만큼. 자신의 변화와 성장을 위한 사건에 대해 본인의 통제 가능한 영역이 어디까지였는지, 어떤 준비를 미리 해둘 수 있는지 평가해야 문제를 개선할 수 있다. 그것은 다음 성과로 이어지는 관문이다. 어떤 분야와 과정에서 자신을 들여다보는 것, 그것을 이루기 위한 필수적인 전제가 '주체성'이다. 만약 '잘함'을 추구한다면, 절대 이 기회를 포기하면 안 된다. 아주 조금 번거로울 수 있지만, 얻을 것은 너무 많다. 물 한잔 온전히 마시는 경험. 그것을 포기하지 마시라!

잘하고 싶은 것
잘해버립시다

다른 사람들의 평가와 상관없이 자신만의 '잘할 수 있는 상태'에 흥분이 되지 않는가? 이 글을 읽는 내가 '세계 최고의 부동산 전문가', '세계 최고의 스포츠 스타', '세계 최고의 물리학자', '세계 최고의 부자', '세계 최고의 영화배우'라면 생각만으로도 두근거리고 설레지 않는가? 거창하지 않아도 좋다. '드라이어로 마음에 드는 헤어스타일을 만드는 것', '스파게티 면를 아주 적당히 잘 삶는 것', '맥주 캔을 가장 완벽히 찌그러트리는 것' 등 내 삶 속에서 일어날 수 있는 여러 가지 행동에 대해서도 가장 잘했을 때의 모습을 상상해볼 수 있다. 무엇을 잘할지는 누구의 강요에 따를 필요가 없는 '주체적'인 선택 영역이다.

무협 소설을 좋아하던 한 소년이 있었다. 우연히 접한 무협 소설은 너무도 재미있었다. 현실 세계에서 아무도 알지 못하고, 누구도 얘기해 주지 않은 '기'라는 요소가 왜 그렇게 재미있었는지… 그 '기'를 가지고 무술 세계를 평정하는 스토리는 아무리 봐도 질리지 않았다. 실제로 가능한 것인지 관련 책과 인터넷을 찾아 느껴보고 싶었지만 알 수 없었다. 그런데 소설 속에서는 모든 것이 이루어졌다. 작가는 그 '기'를 어떻게 떠올렸으며, 이 개념은 어떻게 만들어졌는지 소년은 너무도 궁금했다. 모든 학업을 뒤로한 채 '기'에 대한 정보를 모았다. 그러다 혈과 맥, 호흡이라는 요소가 반복해서 나오는 것을 발견하고 그것과 가장 연관이 깊은 현대의 지식을 찾게 되었다. 양과 음, 기력과 조화, 약재 등 익숙하게 보았던 개념들이 '한의학'에서 다루어지고 있었다. 소년은 그 세계를 너무 알고 싶었다. 세계를 평정할 힘은 소설 속에서나 가능한 일이란 것을 알 만큼 자란 소년은 대신 익숙하게 봤던 개념들이 실제 사람의 건강과 생을 다룰 수 있음을 발견했다. 그 호기심과 흥미를 놓지 않고, 기회를 꼭 붙들기 위해 한의대를 가기로 마음먹었다. 학업에는 전혀 관심 없이 소설만 읽어대던 소년은 입시 공부를 시작했다. 자신이 간절히 원하는 판도라의 상자가 한의대에 있다고 믿었기 때문이다.

과연 소년은 한의대에 진학했을까? 결과는 알 수 없지만, 그 소년의 열정과 갈망은 어렴풋이 느낄 수 있지 않은가? 여러분의 삶 속에서도 분명히 '더 알고 싶다'라는 욕구가 일었던 분야나 대상이 있을 것이다. 우리는 사회적인 요구와 현실의 벽을 잘 인지한 나머지 자신이 무엇을 갈구했는지 잊어버리기 쉬운 환경에서 살고 있다. 그 갈망을 놓지 않았던 사람이라면 '열정을 쏟아봤다'라고 말할 수 있을 것이다. 그렇지 않다면 팍팍한 현실 속에서 내가 놓쳤던 나의 '갈구'가 무엇이었는지 천천히 되짚어보는 시간을 가져보라. 누구에게나 사소하든, 거대하든, 개인적이든, 대의적이든 분명히 어떤 것에 대한 갈구가 있다.

사실 소년은 많은 사회적 욕구 속에서 고민했을 것이다. '다른 애들은 기출문제를 보며 공부하고 있는데, 나는 소설만 읽어도 되는 걸까?', '시험에서 좋은 성적을 받지 못하면 내 인생은 어떻게 되는 거지?', '다른 애들은 친구도 만나고, 영화도 보고, 맛있는 것도 먹고 즐기는데, 지금 나는 즐거운가?', '왜 무협 소설은 문학에 포함되지 않는 걸까?' 등 자신이 처한 상황 속에서 당연한 의무로 여겨지는 여러 가지 행동과 노력에 대해 고민의 시간이 깊었을 것이다. 우리는 대부분 이런 고민에 직면했을 때, 현실적이고 사회적인 답을 좇기 마련이다.

소년이 가졌던 것은 용기였다. 자신은 무엇에 욕구가 일어나는지, 그것을 좇는 방법은 무엇인지, 어떤 것을 외면하고 갈 것인지… 의식적 혹은 무의식적으로 질문에 대한 답을 선택하고 자신의 갈구를 계속 좇았을 것이다. 그러나 이러한 삶을 사는 것이 얼마나 고되고 힘든지 알기 때문에 우리는 쉽게 그 길을 선택하지 못한다. 미래에 대한 계획과 걱정을 차마 놓을 수 없기 때문이다.

하지만 '잘함'을 경험하기 위해선 이 용기가 필요하다. 그것도 오랜 기간 끊임없이 말이다. 프로야구 선수들은 대부분 야구를 좋아했을 것이다. 얼마나 오랫동안 그 마음을 유지해온 사람들이 프로의 세계에 있는 것일까? 초등학교 4학년, 11세에 시작해 가장 빠르게 프로에 진출하면 20세. 10년을 지속적으로 추구해야만 1 대 100의 경쟁을 뚫고 들어갈 수 있는 무대가 프로 세계다. 그 무대에 입성해도 수많은 유혹과 회의감 속에서 꾸역꾸역 자신의 욕구를 좇아야 스타플레이어가 될 수 있다. '내가 잘하고 있는 것일까?', '이 느낌을 계속 좇는 것이 나를 성장시켜줄까?', '나는 더 나아지고 있는가?', '다른 사람들이 나를 성장했다고 평가하고 있는가?' 등 묵직한 의심은 다양한 차원에서 일어난다. 그런 시간 중에도 '공을 던지는 손끝의 느낌', '승부에서 이기는 짜릿함', '배트 한가운데로 정확히 공을 때려냈을 때의 황홀한 느낌' 등을 놓지 않고 더욱 추구할 수 있는 선수들이 기어코 '잘함'을 맛보게 된다. 현실적인 고민과 미래에 대한 불안에 대항하려는 싸움이 치열할수록 성취의 기쁨 못지않게 실패의 쓰라림 또한 커지게 된다. 해당 분야에 오래 지낼수록 이런 상호작용을 많이 겪게 되고, 그만큼 자신의 멘탈이 흔들리는 것도 많이 겪는다. 건강하게 극복한 사람들은 자신의 멘탈을 관리할 수 있는 역량을 갖추게 된다. '잘함'의 영역에 있는 그들이 존경스럽다. 그 경지는 저절로 이루어지지 않음을 알기에…

　중개 또한 많은 사람들이 '잘함'을 추구할 수 있는 분야다. 야구나 소설 속에서 딱 하나의 사소한 포인트에 욕망이 생기고, 열정이 끓어오르게 되는 것처럼 부동산 중개라는 분야에서도 분명히 사소한 욕구를 경험할 수 있을 것이다. 찾아온 고객과 눈 맞추는 것', '지도를 펴놓고 번지수를 들여다보는 것', '실제 거리를 다니며 상가들을 구경하는 것', ' 방의 구조와 어울리는 인테리어 용품을 떠올려 보는 것' 등 사소하고도 흥미를 가질 만한 요소들이 무궁무진하며, 그것은 누구에게도 평가받을 필요가 없다. 대신 여러분의 마음속에 슬며시 불을 지피는 요소를 용기 있게 잡고, 끈덕지게 따라가 보는 것이 필요할 뿐이다.

소년이 '기'를 좇다가 한의대를 꿈꾸게 되었듯이, 여러분의 사소한 욕구 하나가 어떤 전문가의 길로 안내할지는 본인이 발견하기 전에는 누구도 알 수 없다. 부동산 분야의 '잘함'을 이뤄내도 좋고, 누구도 상상치 못한 '잘함'을 발견하는 것도 좋다. 어떤 분야에서든 그런 경지의 영역에 들어간다면 보상을 걱정할 필요는 없다. 다시 말해 중요한 것은 '자신에게 떠오르는 사소한 욕구'이다. 그것을 발견했다면,

'미련 없이 잘해버립시다!'

제 3 장

중개 실무를
배우는
멘탈 단계

부동산 중개의 3요소 :
사람, 공간, 법

외부인의 시선에 중개인이 중개를 진행하는 장면은 참 단순해 보인다. 몇 마디하고 웃고, 인사하고, 계약서에 서명하고 도장을 찍으면 마무리되는 너무도 간단한 작업. 우리 대부분은 이 장면에 속아 부동산 중개인이라는 직업에 혹했을 수도 있다. 얼마나 쉽고 간편하고 돈도 잘 버는 일인가. 실상 중개인의 머리와 가슴으로 들어가 볼 수 있다면, 얼마나 복잡한 작용이 일어나는지 느낄 수 있다. 중개 과정은 절대 쉽고 간단한 일이 아니다. 그 과정 속의 중개인은 '사람, 공간, 법'이라는 주제로 매 순간 쉴 틈 없이 생각하고, 흔들리기 때문이다.

부동산 중개에서 사람이라는 요소를 보기 위해 이런 질문을 해보자. '단 한 사람과 최소 3시간 동안 소통해야 할 상황이 한 달 중에 얼마나 있을까?' 가족과 친구, 직장 동료 등 주변 사람들을 한 명씩 떠올리며 3시간 동안 대화하고 정보를 주고받으며 소통하는 모습을 떠올려 보자. 그럴 일이 최근에 얼마나 있었는지도… 가장 친한 친구와도 영화를 보거나, 음식을 먹거나, 구경하는 등 작은 소재가 있어야 3시간 동안 대화가 가능할 것이다. 연인이 서로 모르는 부분을 더 알려고 하는 정도의 의지와 동기가 없다면 타인과 3시간 소통은 어쩌면 고된 작업일 수도 있다. 중개인은 그런 작업을 기본적으로 하는 사람이다. 특히, 공간을 구하는 고객을 대할 때 충분한 공감대도 형성하며, 전할 것은 전하고, 정리할 것은 정리하면서도 중개인 본인의 신뢰를 어필해야 한다. 그런 작업을 고객을 만나자마자 해내면 좋지만, 설사 그렇더라도 방을 보러 다니는 시간 동안은 공백이 생기기 마련이다. 중개인과 고객은 그 공백 속에서도 사람 대 사람으로 서로를 느끼고 있다.

사람을 대하는 일은 가볍게 여길 사항이 아니다. 에너지 차원에서도 다른 어떤 일보다도 사람을 대하는 일에는 많은 에너지가 든다. 심리학 연구의 한 실험을 소개한다. 실험 참가자는 무거운 짐을 들고 특정 공간으로 옮기는 과제를 부여받았다. 참가자가 갈 수 있는 길은 두 가지가 있다. 다른 길에 비해 두 배나 걸리지만 사람을 마주치지 않는 길과 거리는 짧지만 모르는 사람 한 명이 서 있는 길. 여러 참가자를 모집해서 같은 과제를 부여하고 실험을 진행했는데 결과가 참 흥미롭다. 무거운 짐을 들고 더 먼 거리를 간다는 것은 그만큼 자신의 에너지를 소모해야 한다는 뜻인데 대부분의 참가자는 먼 길을 선택했다. 짧은 거리에 다른 사람이 서 있는 길은 피했다. 모르는 사람을 마주한다는 사실이 얼마만큼의 에너지를 감수해야 하는 일인지 엿볼 수 있는 실험이다. 낯선 이에 대한 경계, 인사를 해야 하는 부담감, 사회적 거리를 침범하지 않으려는 욕구, 혹시 모를 의도치 않은 소통 등 참가자가 의식적으로 생각해서 떠올리지 않더라도, 의사결정에 반영될만한 많은 이유가 있을 것이다.

한편, 중개라는 일은 사람을 만나지 않고는 실현해낼 수 없다. 아니, 만나지 않고 가능하더라도 소통하지 않고서는 절대 이루어낼 수 없다. 친구, 가족이 아닌 낯선 사람을 굳이 만나서 때로는 상대가 원치 않는 정보도 전달해야 하고, 상대가 원하는 바를 정리하고 포기할 수도 있도록 조정해야 하는 중개인의 일. 이렇게 사람 대 사람으로 상호작용한다는 점은 부동산 중개업의 가장 중요한 요소이다.

중개인이 상호작용하는 사람은 임대인과 임차인인데, 이들은 각자의 이익을 위해서 대립할 때가 많다. 그리고 먼저 나서서 자신의 이익을 버리고 양보할 이유나 의무가 없는 사람들이기도 하다. 이들과 중개인이 모였다면, 갈등 요소는 언제나 만들어지기 마련이고 언제든지 싸워도 이상하지 않을 조합이다. 중개인은 이 가능성을 염두에 두고 만남을 주선하도록 노력해야 한다. 그냥 대화를 나눌 때보다 두 배로 에너지가 소모되는 작업이 부동산 중개 실무이다. 게다가 효율성을 갖추지 못하면 지쳐 떨어질 수밖에 없다. 대인관계 역량이 중요하고 멘탈 관리, 감정 관리가 중요한 이유다. 대인관계에서 일어날 상황을 미리 대비하면 할수록 합의나 설득이 수월하고 에너지를 쓸 일이 줄어든다. 중개인은 자기 감정의 부정적 상태를 파악하여 그것을 예방하고 대처하는 수준에 따라 더 많은 일을 할 에너지가 생길 것이다.

두 번째 중개의 기본 요소는 공간이다. 중개인은 공간을 높이나 넓이 등 물리적 개념 외에 심리적, 맥락적, 사회적, 문화적인 시각으로 통찰할 수 있어야 한다. 건축설계자나 인테리어업자로서 혹은 부동산 정책 관련자로서 공간을 인지하는 것이 아니라, 실제 그 공간을 활용할 사람의 시선으로 고민하면 된다. 바로 사용자 입장에서 공간을 보는 것이다. 고객이 공간을 필요로 하는 맥락이 어떤지, 해당 공간에 대해 심리적으로 어떻게 느끼는지, 지위와 생활에 관련한 공간이 어떤 역할을 할 것인지를 복합적으로 고려할 수 있어야겠다. 중개인의 고려 사항과 고객의 공감 수준은 다를 것이나, 서로 간 소통으로 조율이 가능하다. 부동산 중개라는 과정에서 중개인이 공간을 느끼는 방식과 태도는 중요한 요소이다.

층고라는 하나의 요소에 대해 다양한 시각을 적용해볼 수 있다. 층고가 높다는 것이 이용자 입장에서는 어떤 경험을 제공할까? 심리적으로는 편안함, 넉넉함, 개방감 등을 언급할 수 있겠다. 고객에 따라 이런 경험이 중요할 수도 있다. 집안에 오래 머물고 사색하고 휴식하는 사람에게는 층고가 높은 공간을 소개해주는 것이 좋다. 복잡한 생각을 머릿속에 가득 담고 있다가 높은 층고의 공간에 들어오면서 시야가 확 열리는 느낌. 주관적일 수도 있지만 공간을 설명할 때 이런 점을 의도적으로 짚어줄 수도 있다.

사회적으로 층고가 높은 공간이 어떤 의미를 담고 있을까? 층고가 높은 공간은 상대적으로 가격이 비쌀 것이다. 3개의 층을 지을 수 있는 공간을 2개의 층으로 짓거나 재료가 더 소모되는 등 비효율적인 측면이 발생한다. 일반 주거용 공간에서 층고가 특별히 높다고 할만한 집은 찾기 힘들다. 대신 고가 주택들은 대부분 일반 주거 공간보다 층고를 높게 둔다. 궁궐이나 교회, 성당 같은 공간은 특히 층고가 높은 공간을 꼭 만든다. 위로 넓게 펼쳐진 공간이 주는 권위적인 느낌, 평범함이 아닌 특별함 등을 전달하기 때문이다. 사회적 지위에 따라 추천할 수 있는 물건이 달라지기도 할 텐데 층고가 중요한 요소가 될 수도 있다. 그리고 문화적으로는 어떨까? 층고가 높다면 인테리어에서 조명의 활용도가 조금 더 생긴다거나 음악을 감상할 때 음향 장비를 어떤 식으로 구성할 수 있는지, 그 공간에서 파티 분위기를 낼 수 있는지 등 다양한 요소가 담긴다. 어쨌든 중요한 것은 중개인이 중개 과정에서 고려해야 할 중요한 요소 중 한 가지는 '공간'이라는 개념이고, 이 개념을 인식할 때 이용자의 입장에서 충분히 탐색할 줄 알아야 한다는 사실이다.

세 번째 요소는 법이다. 사람을 잘 알고 공간을 소개하는 능력도 좋지만, 결국 부동산 중개라는 것은 법적으로 그 조건들을 모두 정리해야만 완결된다. 법적인 완결을 위해 알아야 할 지식은 너무도 많다. 공인 중개사 시험을 준비하며 공부했던 단편적 지식은 중개 실무를 커버하기에 충분치 않다. 법으로 명시된 사항을 상황별로 어떻게 해석하고 적용하고 설명해야 하는지는 주어진 상황마다 다르기 때문이다. 중개인은 부동산 중개와 관련된 사건 사례나 판례를 꾸준히 수집하고 공부하여, 중개를 진행하면서도 실시간으로 고려할 수 있어야 한다. 이 부분에서 사소한 실수가 발생했을 때 감수해야 할 패널티가 크기 때문이다.

사람과 소통하고, 공간을 알아가며 해석하는 과정은 오히려 즐거운 작업일 수 있다. 그런데 매 사안마다 법률적으로 사고하고, 해석하고, 판단하는 과정은 어렵고 고되다. 내 느낌과 판단보다는 공동체가 했던 약속에 기초하기 때문이다. 일부러 찾고 공부를 해야만 알 수 있는 것이다. 더군다나 개념적으로만 익힌 법률 지식은 중개 과정에서 전혀 떠오르지 않을 때도 많다. 무심코 지나갔다가 나중에 따지고 보니 법적으로 문제가 될 소지가 있음을 알게 되는 경우가 허다하다. 중개인도 사람이라 이해가 되지만, 이런 사고를 미리 예방하고자 연습하고 시도하고, 굳이 한 번 더 곱씹으며 탐색해야 한다. 그러다 보면 자연스럽게 법적 문제를 예방하는 루틴이 만들어지고 영업 방식도 자리 잡게 된다. 이런 준비를 효율적으로 하기 위해서 멘탈 측면에서의 접근이 필요하다.

중개인이라는 직업은 공간을 원하는 사람(임차인)이 적절한 공간을 활용할 수 있도록, 공간의 여건을 조성하고 제공하는 사람(임대인)과 연결하여 법적인 절차를 마무리 짓는 역할이다. 이 직업의 매력은 누구나 느끼는 공간의 소중함 때문이다. 한 사람의 삶에 기본적으로 영향을 주는 요소로 우리는 의식주를 꼽는다. 의식주 중에서도 주거 즉, 공간은 한 번 선택하면 쉽게 바꾸지 못하는 요소로 의사결정을 할 때 자신의 생활을 모두 고려하여 신중히 결정해야 한다. 그 과정을 돕는 역할이 중개인의 일이다. 누군가의 삶과 생활에 영향을 미치는 일. 그것이 중개인이다.

이 작업을 제대로 해내기 위해서는 노력해야 할 것이 있다. 앞에 소개한 세 가지 요소(사람, 공간, 법)에 대해 자세히 파고드는 것보다 중요한 작업이 '이 세 가지 요소가 중개 과정에서 통제되지 않은 채로 무수히 많은 변수를 만들어낸다는 사실'을 이해하는 것이다. 그 변수들과 끊임없이 상호작용해야 하는 것이 중개인의 일이다. 처음 중개업을 시작하게 되면 중개 과정이 벅차고 어려울 수 있다. 아직 중개인이 통제할 수 있는 요소가 많지 않기 때문이다. 그런 한편으로 가장 일이 재미있고 성장하는 느낌이 들 시기이다. 배워야 할 것, 새로운 것이 계속 나타나고 그 속에서 중개인의 드라마가 펼쳐지기 때문이다. 성장하는 맛이 가장 생생하게 피부에 와닿을 때가 막 시작한 때가 아닐까 싶다. 그런 경험과 노력으로 성장하여 새로운 차원의 중개인이 된다.

중개인의
성장 4단계

성장 단계를 일반화할 수는 없지만 멘탈적으로는 공통 요소를 몇 가지 발견할 수 있다. 이번 장에서는 그 단계를 조금 더 효율적으로 밟아갈 수 있도록 내용을 구성하였다. 1단계는 기억, 2단계는 도식, 3단계는 루틴, 고급 단계는 프레임 활용이다. 이러한 단계는 학습이라는 과정을 퍼포먼스 심리적 측면에서 본 것으로 실제로 중개인을 코칭할 때 유용하게 적용했던 부분이다. 이 과정을 통해 실제로 성장한 중개인은 탄탄하게 자신의 분야를 넓혀나가고 있다. 우선은 중개인으로서 멘탈의 기본기는 분명히 인식하고 생활할 수 있을 것이다.

1단계 - 기억 : 중개의 멘탈 기본기

영어를 익힐 때, 유치원생부터 통역관까지 그 어떤 수준에서도 필요한 작업은 단어 외우기이다. 외우는 방식은 사람마다 다를 수 있겠지만, 기억하고 있어야 한다. 어떤 표현도 단어 없이는 이루어질 수 없다. 보디랭귀지를 익히는 것만으로는 우리가 '영어를 익혔다'라고 표현하지 않는다. 아침 인사를 하기 위해서라도 good과 morning이라는 단어를 알고 있어야 하며, 심리학 논문에서 개념을 표현하기 위해서라도 instinct나 cognition이라는 단어를 알고 있어야 한다. 소재의 수준에 따라 표현의 수준도 달라지겠지만 일단 표현에 활용할 소재 자체를 갖추는 것은 무조건 필요하다.

사람들은 외운 단어를 인위적으로 사용하지는 않는다. 그저 자연스럽게 떠오르는 만큼 활용한다. 실제 자신이 얼마나 쌓아두었는지 확인하면서 쓰지 않는다. 기억이라는 개념은 다양한 차원을 포함하고 있다. 중개인이 성장하는 과정에서 유독 잘 구분되는 기억이라는 주제를 중개와 관련된 범위에서 다루어보고자 한다.

심리학 분야의 학자도 자신의 철학에 따라 기억을 설명하는 방식은 천차만별이다. 결국, 얼마나 직관적으로 느낄 수 있고 실무에 활용할 수 있는지가 중요하다. 멘탈코치로서 중개인의 실무와 성장 과정을 보면 기억에 대해서는 단계별 구분이 필요했다. 흔들림 없는 성장을 위해서는 필수적으로 챙겨야 할 기본기라고 생각한다. 하나씩 살펴보자.

우선 단어를 외우는 것과 운전 기술을 습득하는 것으로 확실히 비교해볼 수 있겠다. 단어장을 펴고 한 자씩 들여다보며 뜻을 외우는 작업은 모두 한 번쯤은 해보았을 것이다. 얼마나 잘 외워지느냐는 효율적인 논의는 일단 배제하자. I, you, love 등의 단어는 우리가 눈으로 보고 알 수 있으니까 외워지긴 한다. 이런 방식으로 단기간에, 많은 양을, 단편적으로 머릿속에 정보를 담을 수 있다. 그런데 생각만 해도 갑갑하다. 마음에 드는 방법은 아니지만, 이것만큼 효과적으로 빠르게 정보를 쌓는 방법도 없다.

중개 분야에서 이런 식으로 습득할 수 있는 정보가 어떤 것이 있을까? 쉽게 구분해보면, 단편적인 법률 지식과 중개 과정 절차에 대한 지식, 매물 정보는 외부의 변화와 관계없이 미리 공부할 수 있는 주제다. 민법이나 부동산 중개법, 판례 등의 주제는 앞으로도 큰 변화 없이 지속될 정보라 다른 방식으로 경험하지 않아도 기억에 담아 둘 수 있다. 이런 종류의 지식은 갖추면 갖출수록 성과에 좋은 영향을 미친다. 간단한 상황을 가정해보면 바로 느낄 수 있다.

고객과 방을 같이 보고 이제 계약금을 입금하려고 하는데 고객이 멈칫한다. '제가 보증금을 1,000만 원을 입금하면 어떤 법률을 믿고 넣는 건가요?' 이 상황에서 설명해야 할 법률 정보를 모르고 있다면 이 고객은 계약을 진행할 수 있을까? '괜찮아요, 저 믿고 그냥 계약하시면 됩니다'라는 말은 의심을 더욱 가중시킬 것이다. 대신에 '전입신고를 하고 확정일자를 받으시면 최우선변제금에 해당되어 선순위 보증금이나 채권액보다 먼저 보장받으실 수 있습니다'라며 바로 설명할 수 있는 상황과 비교해보면 느낄 수 있다. 아주 단순한 사례를 들었지만 조금만 복잡해져도 관련 법에 근거해서 설명할 수 있어야 손님의 신뢰를 얻고 계약도 가능하다. 이 빈도에 따라 개인의 성과도 분명히 달라진다.

'법률 공부를 완벽하게 한 뒤에 실무에 뛰어들겠어'라고 생각하는 분들도 있다. 공부하는 과정을 일종의 수련으로 여기거나 느리게 성장하는 것을 즐기고자 한다면 모르겠지만, 성과가 동반되어야 하는 상황에서 중개업에 뛰어든 분들은 이런 선택을 피하는 게 좋다. 아주 단순하고 깔끔한 계약을 진행할 수 있을 정도의 법률적, 실무적 지식을 갖추게 되면 바로 고객을 만나는 것이 좋다. 만에 하나, 모르는 내용이 나왔을 때는 설령 고객을 놓치게 되더라도 '제가 자세히 확인해보고 알려드리겠습니다'라며 최대한 빠르게 내용을 확인하는 패턴이 좋다. '경험을 통해서만 얻을 수 있는 정보'들이 실무의 효율과 효과 증진 면에서 더욱 영향을 주기 때문이다. 중요한 것은 법률 지식이라는 소재는 단순 주거 계약을 벗어나 상가나 오피스텔, 토지 등을 다룰 때 더욱 활용될 수 있기에 중개업의 영역 확장을 위해서는 꼭 의도적으로 공부할 필요가 있다. 대신 공부의 효과가 나타나기까지는 시간이 걸리고 스스로 확인할 기회도 드물어 인내심을 갖고 꾸준히 한다고 마음먹고 공부해야 한다.

법률 지식을 좀 더 효과적으로 기억하기 위해서는 사고 확장의 소재가 될 수 있도록 다양한 개념들을 머리로 먼저 이해를 해두는 것이 필요하다. '아니, 당장 본다고 써먹을 일이 있겠어?'라고 의문이 들겠지만, '아는 만큼 보인다'라는 말처럼 사람은 이해를 확장하고자 하는 의도를 갖고 있을 때, 실제 그 의도와 관련된 맥락들이 보이기 시작한다. 이와 관련한 유명한 테스트가 있다. 콜라 광고에 나오는 백곰을 기억하는가? 잠시 눈을 감고 그 백곰을 떠올리지 말자. 한 10초만 유지해도 좋다. 절대 10초 동안은 백곰을 떠올리지 말아야 한다. 타이머를 설정하고 혼자 시도해보자. 다시 한번 말하지만 절대 백곰을 떠올려서는 안 된다.

"딱 10초만 시도해보자."

떠올리지 말아야 할 백곰 이미지가 실제로 몇 번 떠올랐는가? 사람마다 다르지만 '5번, 10번… 도무지 머릿속을 떠나지 않는다'라고 표현하는 사람도 있다. 지금 이 글을 보기 전에는 일상 속에서 백곰을 머릿속에 떠올릴 일이 있었을까? 1년에 한 번 정도 의식적으로 생각할까 말까 하는 대상이다. 어떤 대상이나 이미지에 관련된 하나의 단어를 보기만 하더라도 상상을 할 수 있는 것이 인간의 능력이다. 그 찰나의 시간 동안 다른 이미지를 동시에 떠올릴 수도 없다. 한 번에 두 개 이상의 이미지를 떠올릴 수 있는 분이 있는가? 대부분의 사람들은 한순간에 하나의 이미지를 떠올릴 수 있다. 하루 24시간을 사는 우리는 내면에 각자의 이미지를 떠올리며 살아간다. 무엇으로 채울지는 우리가 선택할 수 있다.

하루를 보내며 어떤 개념으로 내면을 채울 것인지 우리는 미리 세팅할 수 있다. 백곰을 떠올리지 말아야 하는 테스트를 잠깐 했음에도 불구하고 하루 시간 중 일부는 백곰이 자연스레 떠오른다. 이것을 활용해야 한다. 우리는 한 번도 떠올려 보지 못한 개념에 대해서는 의도적으로 떠올릴 수 없다. 반대로 딱 한 번이라도 떠올려 본 개념에 대해서는 비슷한 자극이 나올 때마다 그 개념을 연상할 수 있다. 생각의 디딤돌이 되도록 개념을 한 번씩 밟아 보는 것이 중요하다. 이 디딤돌은 실제로 중개 과정을 진행하는 데에 중요한 포석이 된다. 바둑에서 어떻게 활용될지 뚜렷하게 그릴 수 없지만, 일단 어떻게든 활용될 여지가 있다고 생각되는 곳에 포석을 두는 것처럼… 생각의 포석, 법률 지식을 확장하기 위한 장치라 생각하고 판례나 부동산 중개법, 민법 내용을 꾸준히 읽어두는 것이 좋다.

중개 매출에 실질적 영향을 미치는 정보는 무엇일까?

많은 정보가 있겠지만 그중에서도 미리 공부해둘수록 성과가 바로 올라가는 것이 있다. 바로 매물 정보이다. 지역별로 다르지만, 최근에는 부동산 DB를 관리하고 제공하는 사이트가 많이 생겼다. 중개인이 직접 매물 정보를 수집하고 다니면서 노트에 정리해두고, 전화로 정보를 업데이트하는 시대는 지나갔다. 중개업이 활성화된 웬만한 지역에서는 이 작업을 전문적으로 맡아서 관리하는 사이트가 있을 것이다. 사이트에 있는 매물 정보를 속속들이 외우고 분류하는 작업, 중개인의 매출에 직접적으로 영향을 미친다. '군이 매물 사이트가 있는데 꼭 외울 필요가 있나?', '스마트폰이나 태블릿으로 그때그때 검색하면 될 텐데 사서 고생할 필요가 있을까?' 등 여러 의문이 들 수 있다. 그런데 딱 하나의 답변으로 의문이 해결된다.

"고객과 만나는 상황에서 바로 다른 매물을 제안해야 할 때 제일 빠르게 탐색하는 방법은 중개인의 기억과 직관이다."

실제 중개 과정은 대단히 변화무쌍하다. 분명 고객의 니즈에 맞춰 최선을 다해 매물을 준비했는데, 다 돌아보고 나서 고객이 한마디 한다.

"저, 지금 예산에서 조금 더 올릴 수 있을 것 같아요. 혹시 매물이 좀 더 있을까요?"

여러 가지 답으로 새로운 장면을 만들 수 있겠다. '아, 그럼 차에서 잠시 저랑 같이 매물을 더 찾아볼까요?', '그럼 일단 사무실로 가서서 컴퓨터로 매물을 확인하시죠.', '제가 다른 부동산 통해서 조금 정리해보겠습니다.'

여기서 중개인의 이상적인 하나의 답변이 이어진다. '아, 그럼 이 근처에 바로 볼 수 있는 방이 있는데 그쪽으로 가볼까요? 고객님이 아쉬워하신 부분, 바로 해결되는 그런 집입니다.' 어떤가? 실제로 매물에 대해서 의도적으로 공부를 해둔 중개인이 이런 상황에서 바로 대응한 사례다. 실제로 성공한 중개인들에게는 이런 모습이 더 자주 보인다.

'별 것 아닌 것 같은데 저런 것을 위해 힘들게 공부를 해야 한다?' 이 의문은 다음의 중요한 요소를 보지 못하는 사람들이 주로 던진다. 중개 장면에서 가장 중요하게 확보해야 하는 것 '내가 하는 한마디가 의심 없이 고객에게 전달되는 것', 즉 신뢰이다. 특히 부동산 중개인으로서의 신뢰이다. 이 가치를 그 어떤 방식보다도 빠르고 확실하게 만들 수 있는 장면은 위에서 설명한 바다. 다른 도구에 의지하지 않아도 중개인 스스로 과정을 이어갈 수 있는 장면. 고객은 이 장면으로부터 많은 '의심'을 풀게 된다. 낯선 사람을 대할 때는 언제나 힘겨운데 이 하나의 포인트는 그 중개인을 '맡겨도 되는 사람'으로 인식하게 한다.

매물 DB를 관리하는 사이트가 없는 지역의 중개인들은 숙지하고 있어야 할 정보를 시간과 노력을 들여 직접 수집해두어야 한다. 다른 중개인들보다 우위를 점하고 일을 할 수 있는 작업이다. 어떻게든 숙지하고 있는 매물이 많을 때, 활용할 수 있는 소재가 많을 때 고객의 신뢰를 확보할 가능성 또한 높아진다. 해당 지역의 중개인들과 매물을 공유할 수 있는 커뮤니티를 만드는 것도 좋은 방법이다.

이제 운전 기술을 배우는 과정을 잠깐 떠올려 볼까?
열심히 공부해서 필기시험에 만점을 받았을지라도 운전 기술이 뚝딱 베스트 드라이버 수준이 되는 것은 아니다. 기어를 넣고 액셀러레이터를 밟으면 차가 앞으로 간다. 브레이크를 밟으면 차가 멈춘다. 이 문장을 반복해서 외운다고 운전이 잘되는 것은 아니다. 직접 운전석에 앉아 액셀을 밟고 그 강도나 속도감을 느껴봐야 한다. 주변 환경과 계속 상호작용하면서 브레이크를 언제 밟을 것인지, 얼마나 깊이 밟을 것인지 배울 수 있다. 경험으로부터 정보를 얻고 기억을 확실하게 하는 가장 중요한 것은 '위험한 상황에 대해 철저히 대비한 상태로 최대한 많은 반복을 하는 것'이다. 가장 빨리 확실하게 운전 실력이 느는 방법은 실제로 복잡한 도로환경에서 '운전을 하는 것'이다. 하지만, 수많은 변수에서 자신의 모든 능력을 활용하는 이런 과정을 선택할 수 없는 이유는 '사고가 나면 잃을 것이 너무 크기 때문'이다.

다이빙 선수의 훈련 방식을 떠올려 보자. 다이빙의 목적은 입수까지 아름답게 마무리하는 것이다. 이 목적을 달성하기 위해서는 최대한 많이 다이빙을 해보는 것이다. 그런데 무턱대고 다이빙을 많이 할 수는 없다. 먼저 다이빙 대가 안전한지, 수위가 적당한지, 올라가는 사다리나 계단은 미끄럽지 않은지, 수온은 괜찮은지 등을 체크해야 한다. 미끄러운 계단을 방치하고 무작정 연습만 하다 보면, 사고가 나고 회복기 동안 다이빙 경험은 제로가 된다. 올림픽이나 각종 선수권 대회 등의 성장 가능한 시간을 앞두고 작은 실수로 부상을 당한다면 어쩔 것인가? 경험으로부터 얻는 노하우에 대해서는 항상 이런 위험을 염두에 두어야 한다.

중개인으로 성장하는 과정이 운전을 배울 때나 다이빙 선수가 훈련할 때처럼 위험할까? 미흡한 방식으로 무작정 중개를 맡아 중개사고가 발생한다면, 중개업을 다시 못할 정도로 패널티를 받을 수 있다. 영업정지, 자격취소 등의 처벌이 따른다. 더 빠르게, 더 많이 성장하기 위해 무모하게 덤벼들었다가 자격이 취소된다면 성장이 무슨 의미가 있을까. 중개 경험을 반복하고자 할 때, 예방책을 마련해두고 경험의 세계로 뛰어들어야 한다.

다행히도 중개인으로서 윤리적인 잘못을 하지 않았다면 예방책을 마련하기는 쉽다. '설명할 수 없는 변수가 발생했을 때, 절대 계약을 진행하지 않는다'라고 자신만의 원칙을 만들어 두는 것이다. 항상 이 원칙을 따른다면 수많은 고객을 만나도 상관없을 것이다. 오히려 중개 절차나 법률의 적용, 설득 과정 등 많은 것을 배울 수 있다. 대신, 중개 매출에 대한 욕심은 버려야 한다. 매출에 대한 욕심이 앞선 상태에서 반복적으로 중개 현장에 들어갈 때가 가장 위험하다. 그것은 액셀 밟는 것이 재미있다고 무작정 강남 한복판으로 들어가 페달을 끝까지 밟는 행위이다. 다시 한번 강조하지만, 위험 요소를 대비해놓은 상태에서 많은 경험을 하는 것이 중요하다.

부동산 중개에서 얻어야 할 경험적 지식을 알아보자.

첫째, 중개 절차에 대한 지식이다. 예를 들어 월세 계약을 위한 만남에서 계약에 이르는 전 과정까지 필요한 업무가 무엇인지 나열하고 준비하는 방법, 전세 계약, 토지 매매, 신축 건물에 대한 계약을 진행하기 위해 밟아야 할 절차 등 대상에 따라 혹은 고객에 따라 중개사고를 방지하며 계약에 도달하기까지 고려할 수 있는 모든 지식을 말한다. 절차에 관한 자세한 지식은 지역별로, 사무소별로 다를 수 있다. 이 책에서 다루기는 무거운 주제로 중개인 여러분이 이 절차에 직면할 때, 무엇을 어떻게 기억 속에 담아야 할지 고민하고 선택할 줄 알아야 한다. 일반적으로 중개 절차 중 꼭 기억해야 할 개념에 대해서는 공부를 통해 배우고, 이외의 지식은 사고가 발생하지 않는 선에서 반복적인 경험을 통해 얻을 수 있다. 기억해야 할 개념은 대출 상품 내용이나 절차, 고지가 되어야 할 사항, 계약서 작성법 등이 있다. 이런 내용은 자료를 펴놓고 읽으며 공부해도 숙지할 수 있는 것이다. 이외에 방을 보는 방법, 사진을 촬영하는 방법, 공간을 설명할 때 짚어야 할 포인트 등의 지식은 무수히 중개 상황 속에 뛰어들어서 배울 수 있다. 이 절차에 대한 고민을 회피하거나 미루면 전문 중개인으로 성장할 기회는 없다. 이후에 소개될 부분은 중개의 실전으로 피부에 와닿는 중요 포인트다. 성장과 배움에 익숙하지 않으신 분들도 많은 도움을 기대할 수 있으니 포기하지 말고 중개인의 성장 단계를 꾸준히 밟기 바란다.

경험적 지식 두 번째로 영업 노하우가 있다. 고객들은 단순히 중개 절차를 잘 지킨다고 해서 기꺼이 계약을 하고 중개 수수료를 제공하지는 않는다. 그 서비스에 대한 만족감을 분명히 고려한다. 물론 기계적으로 절차만 잘 진행해도 만족감을 느끼겠지만 더 중요한 부분이 있다. 중개인이라는 한 인간으로부터 느끼는 만족감이다. 이 부분이 바로 고객으로 하여금 여러분을 기억하게 만드는 중요한 포인트이다. 중개인은 많은 시간을 고객과의 소통의 시간으로 보내는데, 이때 자신이 가진 인간적인 매력을 끊임없이 어필해야 한다.

굳이 그렇게까지 해야만 할까? 국내에서 활동하는 중개인은 상당히 많다. 서로 다른 중개인이 같은 매물 정보를 같은 고객과 만날 때도 많다. 눈에 보이지 않는 경쟁 구도로 지역에 따라 치열한 곳도 상당하다. 서울 강남은 넘치는 수요와 다양한 공급이라는 특징 때문에 많은 중개인들이 좁은 지역에 모여 경쟁한다. 이런 곳에서 일하는 중개인에게는 절차에 대한 고객의 만족감이 더욱 중요해진다. 다른 조건들이 동일하다면, 고객은 인간적으로 더 끌리는 중개인과 계약을 진행할 것이다. 대인관계 역량, 영업 역량, 중개인이 고려하지 않고서는 성공할 수 없는 요소이다.

대인관계나 영업에 대한 지식은 어떻게 갖출 수 있을까?

이것만큼 경험이 필요한 영역이 또 있을까 싶다. 일반적인 지식으로 설명하기에는 어려움이 많은 주제다. 중개인 각자의 캐릭터와 상황에 따라 아주 다양한 내용과 형태로 구축되기 때문이다. 예를 들면, 평소 대학생과 잘 소통하고 그 또래가 즐기는 여가 문화나 트렌드를 기억하는 중개인이 있다고 하자. 중개인은 50대 고객, 직장인, 대치동 학원가의 학부모 등 다양한 사람을 만날 수 있겠지만, 취업준비를 위해 학원들이 밀집한 강남으로 찾아온 대학 졸업예정자 손님을 만난다면 훨씬 소통이 원활할 수 있겠다. 그 손님과 방을 계약하는 과정에서 어떤 대화로 공감을 하고 중개인의 신뢰를 불러일으킬지 알 것이다. 이런 류의 지식은 지극히 개인적이지만, 영업 방식이나 중개 지역을 선택할 때 반영할 수 있는 토대가 된다. 그것이 곧 매출로 이어진다.

경험적인 지식에 대해 보다 체계적이고 구체적인 접근 방법은 도식과 루틴의 단계에서 설명하겠다. 본 장에서는 중개인이 어떤 상황에서도 기억 체계로 구축해두면 좋을 지식에 대해 설명했다. 컨텐츠를 담을 그릇을 만들었다고 생각하면 좋겠다. 법률 지식, 매물 정보, 중개 절차는 자료를 만들어 외울 수 있도록 구성하고, 실무 절차, 영업 관련 지식은 사고에 대비한 안전선 안에서 마음껏 반복하면 된다. 기본기만 갖추어도 중개인으로서 실패하지 않고 살아갈 수 있으니 꼭 준비하기 바란다.

기억에 관한 Tip

- 가능한 한 매물 DB 전체를 다 보려고 노력하기(이후에 업데이트되는 매물은 금방 알 수 있음)
- 기억할 내용에 대한 동기부여 활용하기(내일 만날 고객의 니즈와 관련된 매물부터 공부하기)
- 공인중개사 동기와 사례 스터디 모임 갖기
- 주요 구역 눈감고 추천 매물 떠올리기
- 고객 만나기 전 절차 시뮬레이션하기

2단계 – 도식 : 중개 도식 만들기

중개인의 성장 과정 두 번째 도식 단계다. 첫 번째 단계를 숙지하고 실무를 접하다 보면 중개에 관한 개인적인 해석과 다짐이 생긴다. 예를 들어볼까?

'이미 방을 많이 보고 온 손님은 굳이 만날 필요가 없어. 가끔 새로운 매물이 나올 때마다 사진과 정보를 전달하는 방식이 훨씬 효율적이고 편해.'

'새로운 손님을 만나면 그날 바로 계약금을 넣을 수 있게 만들어야 해. 나는 두 번째, 세 번째 만남에서 계약할 확률이 극도로 떨어지니까.'

'고객을 만날 때 전문가처럼 보여야 해. 그렇지 않으면 내 말이 씨알도 먹히지 않아.'

자신만의 해석 방식, 행동 방식, 다짐 등 이런 종류의 말을 도식이라 한다. 도식은 실무에서 인상 깊었던 경험이 쌓이면서 하나둘 자리 잡게 된다. 막연히 떠도는 생각들이 아니라 누군가에게 딱 부러지는 문장으로 표현할 수 있는 생각을 말한다. 도식에 옳고 그름은 없다. 사람들은 수십 년을 살면서 저마다 삶의 방식으로 경험하고 신념을 가진다. 자잘한 생활 기술부터 세상을 인식하는 철학 방식까지 말이다. 사람의 행동과 태도에 강력한 영향을 미치는 도식은 한 사람을 '시대적 영웅'으로 만들기도, 여러 심리적 문제를 만드는 원인이 되기도 한다.

'눈앞의 생명을 지켜내는 것이 내 삶의 사명이야'라는 도식을 가진 사람이 있다. 그는 사람을 볼 때마다 '저 사람에게 위험이 닥치지는 않을까?' 하고 습관적으로 떠올리게 된다. 그러다 목숨을 잃을 만한 상황에 빠진 사람을 봤을 때, 그는 할 수 있는 모든 수단을 동원해 위험으로부터 그 사람을 구해낼 것이다. 자신이 도리어 위험에 빠지게 되더라도 말이다. 소방관으로 일하는 내 친구는 평상시에 단순하고 일관된 하루

하루를 살아가지만, 마음속에 담긴 신념을 종종 말한다. 뉴스에서도 타인의 생명을 구하기 위해 불구덩이 속으로 뛰어드는 소방관이나 의인들이 활약한 사례가 종종 공개된다. 우리는 그들을 영웅이라고 부른다.

자신을 괴롭히는 도식을 가진 경우도 많다. 심리학적으로 표현할 때, 비합리적 신념, 비합리적 도식이라고 설명하기도 한다.

'나는 완벽해야 해.'
'옆에 있는 사람보다 더 나은 성과를 보이지 못하면 내 존재는 의미가 없어.'
'세상 사람들은 모두 이기적이야. 내 것을 빼앗기면 안 돼.'
'내가 노력한 것에 대해서는 반드시 누구에게든 보상을 받아야 해.'

옳다 그르다의 문제는 아니지만, 위와 같은 도식을 가진 사람은 정말 힘들다. 그렇다면 이런 의문이 들 것이다. '내가 가진 생각은 나에게 해가 되고 있을까?' 사실, 자신의 도식을 직접 알아채기는 쉽지 않다. 당사자는 도식을 불변의 진리처럼 느끼기 때문이다. 다만 훈련된 사람이 체계적으로 접근하면 변화를 끌어낼 수도 있다. 심리상담사나 멘탈 코치들이 그런 일을 할 수 있다. 때로는 스스로 도식을 점검하고 평가하는 시간을 가진다면 바꿀 수도 있다. 우리는 도식을 통해 하루하루를 살아가고, 그에 따라 생활이 결정되기에 신경써서 다룰 필요가 있다. 실제로 중개인에게는 어떤 도식이 있는지를 살펴보자.

중개인도 참 다양한 도식을 갖고 있다. 사람이나 법, 공간에 관련된 도식은 특히 우리에게 중요하다. 중개인으로 사는 하루는 그런 도식에 영향을 받는 행동과 태도로 채워질 것이기 때문이다.

'고객의 미소를 확인하면 성공이다.'

'진심을 알아주는 사람과 계약하면 된다. 욕심내지 말자.'

'이 일도 못 해내면 도대체 무엇을 할 텐가?'

'좋은 방이란 손님이 만족하는 방이다. 내가 판단하지 않는다.'

'만반의 준비를 하고 고객을 만난다면 후회는 없다.'

'법과 관련된 문제는 꼭 현장 이야기를 기억하고 활용한다.'

'매물 목록은 한 번만 정독해서 읽어도 효과가 있다.'

중개인들을 만나며 발견한 몇 개의 도식을 소개해본다. 중개인을 로봇이라 상상한다면 도식은 프로그래밍 언어로 작성된 명령어라고 표현할 수도 있겠다. 그 정도로 도식은 한 사람이 가진 행동과 태도에 강한 영향을 미친다. 책 후반부에서 다루겠지만, 부동산 중개를 하면서 느끼게 될 여러 가지 멘탈 이슈와도 밀접한 관계가 있다. 미리 잘 정리해두면 좋다.

도식은 많은 것을 겪으며 자신도 모르게 쌓인 것들이 대부분이라 정말 작정하고 들여다보아도 잘 정리되지 않는다. 여러분의 중개 과정에 악영향을 미치고 있는 도식도 존재할 것이다. 더 나은 중개인, 더 나은 성과를 위하여 그런 도식을 발견하고 변화시킬 필요가 있겠다. 다행히 도식을 발견하는 확실한 방법이 있다. 매일 일기를 쓰면서 검토해보는 것이다. 생각의 흐름이 어떻게 변화했는지, 왜 그렇게 생각하게 되었는지 따져 물으면서 말이다. 고객을 만나는 중개인으로 겪었던 사례들 속에서 어떤 것을 생각하고 느꼈는지 적어두기만 하면 된다. 귀찮고 어색하겠지만, 도식이라는 개념을 이해하고 그 영향력을 느낀다면 일기의 가치를 무시할 수는 없을 것이다.

타인을 통해 자신의 도식을 발견할 수도 있다. 중개에 막 입문해 아무것도 모르고 하나씩 배워가는 후배에게 '중개란 이런 것이야', '이렇게 하면 중개를 잘 할 수 있어'라는 내용으로 교육을 해보라. 그때 하는 말 한마디 한마디에 당신의 도식이 배어 있다. 그런 도식이 나와 누군가의 생활을 바꿀 수도 있다고 느껴질 때 성찰하려는 마음이 생긴다. 그 마음으로 자신을 돌아볼 수 있다.

도식은 우리가 일상생활과 업무상의 효율성을 갖출 수 있도록 자연적으로 만들어낸 산물이다. 모든 도식이 다듬어지고 긍정적인 기능을 하도록 형성되지는 않는다. 중개인의 성장 2단계에서는 도식으로 인해 성과를 만끽하기도, 우여곡절을 겪기도 한다. 일반적인 도식은 없다. '원룸 월세 계약에 익숙해져야만 투룸, 쓰리룸 계약을 할 수 있어'라는 도식이 누군가에게는 동기부여가 될 수도 있지만, 누군가에게는 갑갑함으로 느껴질 수도 있다. 나는 여러분에게 '어떤 도식이 좋아요'라고 언급하기보다 중개인들이 스스로 도식을 발견하고 정리할 수 있도록 돕고 싶다. '일기 쓰기와 후배 교육하기'를 꼭 실천하여 자신의 도식을 정리해보길 바란다.

도식 정리 Tip

- 고객 미팅 한 번에 중개 일기 한 건 쓰기
- 일기 속 자신의 모습을 3자 입장에서 비판(긍정적, 부정적)해보기
- 자신이 갖고 있던 생각을 문장으로 풀어서 쓰기(본문에서 풀어쓴 문장처럼)
- 누군가에게 부동산 중개를 가르친다는 마음으로 PPT 작성해보기
- 발견된 도식을 보고, 현실에는 어떻게 영향을 미치고 있는지 확인하기
- 바꾸고 싶은 도식을 지인에게 오픈하고 같이 논의해보기

3단계 – 루틴 : 실수를 줄이는 루틴 만들기

처음 시작 단계에서는 무엇을 익혀야 할지 기억 체계에 지식을 넣는데 집중했다면, 두 번째 단계에서는 자신의 생활과 관련된 도식을 이해하고, 어떻게 정리할 것인지를 알아보았다. 초반 두 단계는 중개인으로서 내용을 채워 넣는 단계였다면, 세 번째 단계는 틀을 정리하고, 더 확실한 성과를 얻을 수 있도록 스스로를 다스리는 성장 단계라 할 수 있다. 의식적으로 통제할 수 없는 경우 환경이나 맥락을 조성하여 통제하

도록 활용하는 단계다. 단순한 말로 루틴을 적용하고 활용하는 단계다. 루틴은 '일상'이라는 뜻이었는데 이 용어는 퍼포먼스 장면에서 조금은 다른 의미로 쓰인다. 어떤 퍼포먼스를 할 때 일관적으로 잘할 수 있도록 의도적으로 고려한 행동이나 생각의 순서를 뜻한다.

한 시대를 야구의 아이콘으로 자리했던 일본 야구 선수 '스즈키 이치로'는 타석에서 투수의 투구를 기다리기 전에 꼭 하는 행동이 있다. 배트를 오른손으로 크게 한 번 휘두른 후 투수를 보며 수직으로 세우고, 자신의 오른쪽 어깨 옷깃을 살짝 올려 팔이 더 편하게 돌 수 있도록 만든다. 오른쪽 다리는 살짝 힘을 빼고 굽혀 약간 살랑살랑대는 리듬감을 만든다. 야구 타자들의 목적은 날아오는 공을 때리는 아주 단순한 것이다. 이치로는 이 목적을 위해 타석에 들어갈 때마다 수고스럽게도 같은 동작을 반복한다. '더 잘 치기 위한 자신만의 사전 준비'다.

우리나라 국가대표 양궁팀은 루틴을 적극적으로 활용한 하나의 사례이다. 양궁 동작은 아주 단순하다. 국가대표 수준이라면 자세로 인한 성과보다 생각과 마음에 의해 성과가 결정된다. 그들은 화살을 한 번 쏘기 위해 생각과 마음을 정리하는 루틴을 실천한다. TV 중계 화면에도 여러 번 잡혔는데, 국가대표들 옷깃에는 문장을 적어넣은 카드가 하나씩 있다. 화살 한 번을 쏘기 전에 호흡과 사고, 행동의 순서를 적어둔 카드다. '심호흡 3초, 줄을 쥐었을 때 수평선 상상하기, 활을 당길 때 굳건한 마음으로, 샷은 망설임 없이' 등의 문구일 것이다. 정확한 문구는 아니겠지만, 스포츠심리학의 멘탈코치라면 누구나 활용할 법한 익숙한 도구라서 큰 차이는 없을 것이다. 양궁 국가대표 선수들은 수천 번 반복해서 다 외울 법도 하지만 카드에 의존한다. 열광적이고 치열한 현장 분위기에 압도된 인간은 나약하기만 하니까. 루틴을 놓칠 상황을 최대한 만들지 않도록 언제든지 눈에 보이게 카드로 만든 것이다. 인간이기에 필요한 도구, 루틴이다.

20년 가까이 중개 일을 반복한 사람들도 자신의 영역에서 더 좋은 성과를 내기 위해 루틴을 활용하고 있다. 어떻게 보면 멘탈 관리의 궁극적 요소이기도 하다. 더 정제되고 수준 높은 중개를 제공하기 위해 여러분도 루틴을 활용할 필요가 있다. 루틴을 통해 국가대표 수준의 퍼포먼스를 발휘할 수도 있다. 중개인 입장에서 고려할 수 있는 루틴 내용을 조금 소개해보겠다.

'아침에 출근해서 벽 보고 내가 적은 신념 문구를 큰소리로 10번 읽기'
'커피 한 잔 준비해서 자리에 앉아 매물 사이트 정독하기'
'고객을 만나기 전 어떻게든 10개의 물건 확보해두기'
'임대인에게 전화하기 전 대화 순서 시뮬레이션하기'
'퇴근하기 전에 꼭 책상 정리 끝내기'
'협의 내용을 담을 수 있는 양식 준비하기'
'사무실을 방문한 고객에게 가벼운 목례 – 눈맞춤 – 미소 – "오시는데 불편함 없으셨나요?" – "음료 한잔 준비해드릴까요?" – 고객이 앉을 자리 손을 펴서 가리키며 안내하기'
'전세 고객을 만나기 전에 전세 절차 카드를 미리 파일에 꽂아놓기'
'주말 저녁은 세차로 마무리하기'

이것 외에도 다양한 루틴이 많다. 내용 하나하나에서 그들의 의지가 느껴지지 않나? 어떻게든 자신의 생활을 정리해서 더 나은 중개를 실현하고자 하는 의지다. 1, 2단계를 거쳐 성장하다 보면 이러한 루틴이 꼭 필요하다는 것을 대부분의 중개인이 느끼고 실천한다. 지극히 개인적인 루틴의 내용보다 어떤 식으로 구성하는지 사례를 들어 자세히 알아보자.

'고객을 만나기 전 어떻게든 10개의 물건 확보해두기'라는 루틴을 들여다보자. 이런 루틴을 설정하고 실천하려는 중개인은 왜 이 내용을 정했을까?

① 매물 준비를 소홀히 했다가 후회한 적이 여러 차례 있었다.
② 10이라는 숫자를 채우면 준비된 기분이 들어 자신감이 생긴다.
③ 매물 공부가 지루해졌는데, 더 자세히 공부할 동기부여로 활용하고 싶다.
④ 다른 부동산과 친분을 쌓을 수 있도록 자연스러운 습관 만들기
⑤ 낭비되는 업무시간이 없도록 스스로 통제하기

하나의 루틴을 보더라도, 다양한 기능이 배어 있음을 알게 된다. 모든 중개인이 부지런하다는 법 없다. 게으르다고 판단될 때는 위와 같은 루틴을 설정해도 좋겠다. 게을러서 하지 않았던 매물 준비, 인맥 쌓기, 시간 관리 등을 해결할 수 있는 하나의 행동 방침이 된다. 중개 일을 막 시작한 중개인의 입장에서 루틴을 보자. 고객을 만나러 나가기 전에 얼마나 긴장될지… '잘할 수 있을까?', '실수하면 어떡하지?', '준비는 제

대로 해둔 것이 맞나?', '고객이 화를 내면 어쩌지?' 등 여러 가지 걱정에 휩싸이기도 하고, 또 한편으로는 설레는 마음에 침착함을 잃기도 한다. 초보 중개인이 고객을 만나기 전 꼭 10개의 매물을 미리 준비해두면 조금은 정리된 기분으로 고객을 마주할 수 있을 것이다.

'매물 10개를 준비하는 과정이 뭐 그렇게 대수롭다고' 하며 의문을 던지는 분이 분명 있을 것이다. 10개를 준비하는 과정이 단순히 매물 사이트에서 클릭해서 골라 놓는 작업은 아니다. 10개의 매물을 추리기 위해 20여 명의 임대인에게 전화를 돌려야 하고, 조건에 맞게 협의를 해두어야 한다. 조건이 까다롭다면 고객을 어떤 과정을 통해 설득시킬지 고민해보고, 그에 맞는 매물을 따로 더 준비하게 된다. 다른 부동산과 공동중개로 해야 할 매물이 있다면, 타 부동산과 지켜야 할 예의가 무엇인지, 어떤 태도로 소통해야 하는지도 경험하게 될 것이다. 이 모든 과정을 거치며 10개의 매물을 준비해둔다면 혼란스러웠던 마음도 정리가 되지 않을까. 걱정과 설렘에 휩싸이기보다 침착한 기분으로 중개에 임할 수 있을 것이다.

범위가 넓은 루틴이 있는 반면에, 첫인상을 어떻게 보일지 고민하는 것처럼 좁은 범위의 루틴도 있다. 주제에 제약이 없는 것이다. 루틴은 실천 방식에 따라 생각을 정리하고, 행동을 정리하며, 환경을 정리하는 것, 크게 세 가지로 나눌 수 있다. 이 세 가지 차원에서 스스로 다듬어야 할 영역에 맞게 루틴을 고안하되, 가장 중요하게 고려해야 할 것은 '현장감'이다. 하루 생활 속에서 또렷하게 이미지로 떠오르는 장면을 추리고, 그 장면에서 어떤 것이 갖추어지면 좋을지 고민해본 후 생각, 행동, 환경 차원에서 루틴을 만들면 된다. 시간순으로 만들면 좋지만, 그렇지 않아도 문제없다. 자신의 모습 중 어떤 포인트를 변화시킬지 잘 정하는 것이 중요하다. 중개인의 멘탈 성장 단계 중 1, 2단계에서 충분히 스스로의 모습이 어떤지 확인할 수 있었으니 어려운 작업은 아닐 것이다.

루틴 구성 Tip

- 자신의 중개 장면 중 다듬어져야 할 포인트 찾기
- 자신의 의지만으로는 변화시키지 못했던 포인트 발견하기
- 반드시 준비해두면 좋을 포인트 찾기
- 각 포인트 직전에 실천할 수 있는 '생각, 행동, 환경' 루틴 만들기
- 루틴 목록을 종이로 인쇄해서 책상 앞에 붙이기
- 루틴 목록 카드 만들어 지갑에 넣어두기
- 최대한 단순하게 표현하기
- 생각하기, 상상하기, 외치기 등의 실천 가능한 표현으로 만들기

고급 단계 - 프레임 : 무엇을 볼 것인가? 무엇을 보게 만들 것인가?

앞서 설명했던 기본 3단계는 중개인 각자가 중개인으로 거듭나는데 필요한 성장 과정을 설명한 것이었다. 이제는 더 나아가 자신 외에도 타인을 대할 때 활용할 수 있는 수단, 태도를 다루어보고자 한다. 그동안 중개 과정에서 느꼈던 가장 확실한 수단 한 가지를 소개하겠다.

우리는 서로 같은 것을 보고도 다르게 인식하는 경우가 많다. 중개인은 고객이나 임대인과 수월한 소통을 원한다. 그러자면, 비슷한 관점을 가지면 좋겠다. 누구를 만나든 내가 보는 방식으로 나와 같은 것을 봐준다면 정말 일하기 편하고, 세상 살기 편할 텐데 말이다. '가치관'이나 '성격' 차이라 하겠지만, 짧고 쉬운 자극으로도 같은 것을 보도록 할수 있다. 바로 대화를 통해서다. 무엇을 볼 것이냐는 직전에 어떤 대화를 나누었느냐에 따라 달라질 수 있다. 이번 장은 중개인으로서 고객과 동기화하는 측면에서 참고할 만한 내용이다.

'프레임'이나 '프레이밍'이라는 말은 미디어에서 많이들 다룬다. 반복적으로 특정 프레임을 구축하기 위해 비슷한 주제의 뉴스를 계속 내보내는 것을 프레이밍이라 한다. 미디어 기관에서는 시청자들을 의도한 주제에 신경을 쓰도록 유도한다. 소통의 극단적인 영역일 뿐인 미디어의 이런 시도를 비난할 필요는 없다. 미디어뿐만 아니라 대부분의 사람들이 실생활에서 활용하고 있기 때문이다. 우리도 다른 사람과의 소통 과정에서 프레이밍을 활용하고 있다.

사람은 자신의 관심을 한 번에 여러 군데로 분산할 수 없다. 어느 순간에든 하나의 주제에 관심을 두고 있다. 잠깐 확인해볼까? 어머니의 얼굴을 머릿속에 한번 떠올려 보자. 동시에 숫자 100에서 7씩 빼면서 나온 답을 계속 말해보자. 93, 86, 79… 머릿속에 어머니 얼굴과 숫자를 동시에 떠올릴 수 있는가? 화면 분할을 하듯 떠올리면 가능하긴 하지만, 분할 화면이라는 이미지를 하나 떠올린 것이지, 실제로 두 가지의 이미지를 한 번에 떠올리지는 못한다. 미디어는 이런 인간의 특성을 교묘하게 활용하여 대중의 관심을 어디로 향하게 할지 결정할 수 있다. 그런 의도를 실현시키는 수단이 프레이밍이다.

너무 자주 활용되어 이제는 대중들이 파악하고 있는 사례다. 정계나 기업계에 속한 누군가의 치부가 의도치 않게 드러났을 때, 그것을 그대로 드러낼 것인가 혹은 다른 이슈를 띄워 관심을 분산시킬 것인가를 미디어 기관은 결정한다. 전자로 결정했을 경우 속속들이 들어오는 정보를 그대로 노출시키면 된다. 후자라면 그동안 묵혀두었던 이슈를 터뜨리는 식이다. 연예인의 사생활이나 스포츠 이슈 등을 전면에 띄운다. 사람들은 어떤 키워드에 노출되면 그것에 관해 잠시나마 생각이 머물게 된다. 그런 심리를 이용하여 대중의 머릿속은 다른 주제로 채워지게 된다. 옳고 그름을 떠나 프레이밍을 어떻게 활용하느냐에 따라 좋은 수단 또는 나쁜 수단이 될 수도 있다. 사회 전체에 윤리적인 측면이 더 강화되길 바랄 뿐이다.

프레임이 꼭 타인에게만 적용되는 개념은 아니다. 자신에게도 활용할 수 있는 비슷한 개념으로 '자기최면'이 있다. '나는 전문 중개인이다'라고 아침에 30분 정도 자기최면을 걸고 사무실로 나서보라. 실제로 고객을 만날 때나 일상에서 자신이 '전문 중개인'임을 표현할 수 있는 단어나 상황에 민감해진다. 평소 같지 않게 법적 지식이나 중개 실무에 관련된 내용을 더 표현하려고 말을 꺼내게 된다. 슬럼프를 겪고 있거나 의기소침할 때 가끔 활용하면 좋은 수단이 된다. 하지만 부족함이나 열등감을 감추기 위해서 이런 식의 프레임을 자신에게 덧씌운다면 부정적인 상황에 봉착할 수도 있다.

중개인이 프레이밍을 활용한다면 어떻게 쓸 수 있을까? 적절한 타이밍에 좋은 질문을 던지면 된다. 여기 한 고객이 있다. 버릴 수 없는 짐 때문에 이사를 결정하고 방을 보러 왔는데, 방의 넓이나 수납공간을 고려하지 않는 고객. 채광이 좋지 않다며, 지하철역과 거리가 멀다며 보는 방마다 싫은 내색을 한다. 이럴 때 중개인은 답답해서 한마디를 보탠다.

"아니 고객님, 물건을 버리고 살 거면 이전 집에 그냥 살아도 되지 않나요? 못 버리니까 수납을 최우선으로 한 방을 보여드리고 있는데 계속 다른 조건을 말씀하시면 어떡해요?"

이미 방을 보는 시각이 서로 다른 상태다. 이대로는 몇 개의 방을 얼마나 더 봐야 할지 모르겠고, 실제로 고객이 결정을 내릴 수 있을지도 의문이다. 두 사람 간에 동기화가 필요한 상황이다. 방에 들어서자마자 같은 요소부터 볼 수 있어야 컨설팅을 할 수 있겠다. 중개인이 이렇게 질문하면 어떨까?

"고객님, 혹시 지금 버릴 수 없는 짐 중에 어떤 물건이 보관하기 어려운가요?"

"큰 테이블이 있는데, 제가 거기서 주로 작업을 해야 해서 버릴 수가 없어요."

"아, 작업 때문에 필요하신 거군요. 지금 살고 계신 집에서는 작업을 할 수 없는 상태인가요?"

"테이블 위에 짐이 없어야 작업이 수월한데, 자꾸 짐이 쌓이니까 더 넓은 곳으로 옮겨야 해요."

"그럼, 물건을 수납하기 편한 공간이랑 작업 테이블이 같이 공존할 수 있는 곳을 찾아야겠네요?"

"그렇죠. 그 조건이 가장 먼저예요."

대화의 프레임이 어떻게 씌워졌나? 해석하기 나름이지만 채광이나 지하철역까지의 거리로부터는 벗어났다. 주요 조건이 아닌 것에 대해 소모적인 대화를 하지 않는 것만으로도 효과가 있다. 다시 대화를 나눠 보아도 중요한 것은 공간이다. 거기에 '작업을 수월하게 하고 싶다'는 내용으로 조금 더 구체화 되었다. 작업이라는 개념에 초점을 맞춰서 대화를 이어가면 되겠다. 예를 들어, '만약 다른 조건을 위해서 테이블을 포기한다면 작업은 어떻게 하셔야 하나요?', '혹시 거주 용도 외에 별도로 작업 공간을 마련할 생각은 있나요?' 등의 질문으로 말이다. 이제부터는 고객의 생활에서 빼놓을 수 없는 '작업'이라는 개념을 최우선으로 방을 볼 것이다. 중개인과 고객은 같은 공간에서 같은 관점으로 대화를 나눌 수 있다.

역까지 조금 거리가 있지만, 방과 거실이 분리되어 작업 공간이 충분하고 수납공간이 가능한 붙박이장이 있는 방을 발견했다. 그런데 반지하다. 이 공간에 들어갈 때 어떤 점에 유념해야 할까? 고객은 계단을 내려가면서 이미 '아, 반지하는 싫은데'라고 떠올린다. 이때도 프레이밍을 활용해야 한다. 고객의 머릿속에는 한 가지 이미지가 떠오르고 있다. 막연하게 알려진 반지하에 대한 편견. 우선 머릿속에 다른 주제를 끼워 넣을 질문이나 한 포인트를 짚어도 좋다.

"고객님, 여기 거실에 테이블을 어떻게 위치시키면 작업이 수월할까요? 제 생각에는 이쪽에 두면 동선도 좋고, 보기에도 괜찮을 것 같네요."
"고객님, 지금 집에서 작업할 때 어떤 점이 가장 불편하셨어요?"

물론 실제 거주하기에 불편함이 없는 조건을 가정한 것이다. 고객이 불편함을 느낄 정도의 공간이었다면 프레이밍을 활용할 상황이 아니다. 어쨌든, 위와 같은 말을 한 번 건네본다면 그때 고객의 머릿속에는 어떤 주제의 이미지가 들어찰까? 이상적으로는 '이 집에서 작업할 때 어떤 느낌일까?'라고 상상해볼 것이다. 그것이 설령 좋은 이미지가 아닐지라도 일단 막연히 반지하라 해서 갖게 되는 편견으로부터는 벗어날 수 있다. 더불어 이런 질문을 통해 중개인과 고객의 유대감은 쌓이기 마련이다. 계약으로 연결되지 않더라도 고객과는 계속 동기화되어 다른 방을 더 보고 얘기를 나눌 수 있게 된다.

탁월한 중개인은 고객이 갈팡질팡해도 프레이밍이라는 수단을 활용해 나아갈 길을 보여준다. 단점을 가리려고 속인다거나 **빨리** 계약하기 위해 중요한 조건을 보지 못하게 하는 등의 악용만 없다면 참 좋은 수단이다. 프레임이라는 수단을 악용하는 중개인은 자신의 일을 오래 지속할 수 없다. 일이 주는 성취감이나 고객에 대한 보람을 진실되게 겪을 수 없기 때문이다.

프레이밍을 하는 Tip

· 고객의 머릿속 상상하기
· 중심 키워드를 미리 정리하고 기억하기
· 키워드와 관련된 포인트가 발견되었을 때 확실히 표현하기
· 내가 먼저 상상하고, 고객이 상상하도록 이끌기
· 동기화가 되었으면 언젠가는 계약으로 연결됨(조급해하지 않기)

중개 베테랑 : 한 편의 공연처럼

가끔 댄서나 무용수들의 움직임을 보면서 감탄하다가도 이런 의문을 품곤 한다. '아니, 어떻게 온몸의 세포가 각자 살아서 움직이는 것 같지?' 마이클 잭슨과 같은 대스타의 콘서트 영상을 보면서도 생각한다. 마이클 잭슨이 손가락으로 모자 끝을 살짝 만지기만 하는데도 그냥 특별해 보인다. '저런 움직임은 누가 가르쳐 준 것도 아닌데… 영감의 원천은 무엇일까?' 하는 궁금증이 자연스레 떠오른다. 어떻게 해서 그토록 매끄럽게 움직이는지, 손가락 마디마디가 어떻게 각자의 움직임을 만들어낼 수 있는지…

친구에게 처음 댄스를 배울 때가 생각났다. 스텝을 배우는데 내가 내딛는 한 걸음과 친구의 한 걸음은 달랐다. 친구의 한 걸음을 흉내 내려고 아무리 용을 써도 그 모양이 나오질 않았다. 거울을 보며 내가 걷는 모습을 찬찬히 살펴봤다. 한 걸음 움직이면 종아리-허벅지-골반이 한 번에 같이 움직였다. 여기서 내가 더 세심하게 조정할 수 있는 부분은 발가락을 꼼지락거릴 정도였다. 친구가 한 걸음을 움직일 때 골반은 골반대로, 발목은 발목대로, 발끝은 발끝대로 각자 살아 움직이는 느낌이 들었다. 다시 한 걸음 나갈 때는 또 다른 느낌을 표현했다.

5살 아이가 한 손으로 공을 던지는 것과 18살 고등학생 야구선수가 공을 던져 움직일 때 분명한 차이가 느껴진다. 그 정도의 차이가 부동산 중개인에게도 나타난다. 중개 일이 익숙해진 이후에 떠올려 보면 그렇게 느껴질 것이다. 처음 고객을 만나 중개를 시작하는 날 자신의 중개 과정이 흡사 5살 아이의 공 던지는 모습과 같다고 말이다.

어느 분야든 베테랑의 경지에 오른 사람을 보면 어떤 영감을 느낀다. 물론, 충분히 성장하려는 의지를 갖고 움직였던 베테랑이어야 한다. 댄서의 한걸음에 더 세심한 움직임을 표현할 수 있는 분절이 있듯이, 중개 과정에도 중개인의 역량이라고 표현할 만한 요소들이 있다. 댄서가 그런 움직임을 자유자재로 표현하듯이, 중개 베테랑 또한 중개 과정을 자유자재로 쥐락펴락할 수 있다.

고객과의 통화, 매물 준비, 첫 만남, 테이블 대화, 매물 동행, 매물에 대한 설명, 조건 협의, 법무적 정리, 계약금 입금, 계약서 작성과 진행시 안내 등은 한 번의 중개 과정에서 처리해야 할 업무이다. 그런데 대부분 업무라고 느끼는 이 작업을 베테랑은 자신의 예술성을 표현할 수단처럼 여긴다.

'아니, 저 사람은 중개가 무슨 예술이야. 어떻게 저게 가능한 거지?'

불가능해 보이는 조건 속에서 예술적인 조정을 통해 결국엔 고객과 임대인의 계약을 이루어내고, 그들의 만족스런 표정을 보며 뿌듯해하는 중개인. 부동산 중개를 멘탈 측면에서 봤을 때, 나는 이 수준이 중개인 성장의 마지막 단계라고 생각한다.

중개인 성장의 궁극적인 모습이 무엇인지는 사람마다 생각이 다를 것이다. 카테고리에 제한 없이 중개할 수 있는 사람, 계약 확률이 80%가 넘는 사람, 돈을 많이 버는 중개인, 매물을 많이 알고 있는 중개인, 법률적으로 모르는 게 없는 중개인 등 추구하는 바에 따라 달리 표현된다. 멘탈코치인 내가 보는 가장 이상적인 중개인은 '예술가'의 모습을 갖춘 중개인이라고 본다.

앞 장에서는 부동산 중개인으로 성장하기 위한 아주 기본적인 요소에 대해 짚었다면, 이 장에서는 역량을 갖춘 자신을 어떻게 활용할 것인가에 초점을 맞췄다. 중개 사례 하나를 보자.

한 중개인이 여느 때와 마찬가지로 매물을 조사하러 다니고 있었다. 보증금 3,000만 원에 월세 80만 원으로 아주 좋은 조건의 방이 나왔다는 소식에 직접 보고 홍보하러 한번 가보기로 했다. 건물 앞에 도착해서 임대인에게 전화를 했다.

"안녕하세요? 사장님. OO부동산에서 왔습니다."
"부동산이요? 손님 데리고 오셨어요?"
"아뇨, 손님은 오늘 없어요. 제가 미리 방 좀 보고 손님들께 소개하려고 합니다."

"아니, 급해 죽겠는데 왜 자꾸 이런 사람들만 오는 건지… 저 바쁘니까 손님 데리고 오세요."

일단 황당하기도 하고, 화가 난다. 기껏 홍보하려고 왔는데 임대인의 짜증만 받아주고 있자니… 산전수전 다 겪은 우리의 중개인은 슬며시 대화를 이끈다.

"아이고 사장님. 지금 마음이 급하신 것 같은데 무슨 이유라도 있으신가요? 일단 빨리 계약시키는 건 자신 있어서 제가 이렇게 직접 온 것 아니겠어요. 조금만 정리하면 금방 계약할 수 있으니 얘기 좀 해주세요."

"다들 빨리 뺄 수 있다고만 하지, 성과가 없어 성과가… 아니, 지금 세입자가 월세도 자꾸 밀리고, 방에서 흡연하지 않기로 했는데 흡연도 하고, 도배나 장판, 청소도 다 새로 해야 할 판이야. 보증금도 이제 얼마 안 남았는데 얼른 다른 사람으로 바꿔야지. 이러니 마음이 안 급하겠어?"

"아… 내일이라도 바로 입주할 사람이 필요하겠군요. 일단 알겠습니다. 방 딱 한 번만 보여주시면 제가 그걸로 브리핑 제대로 해서 손님 데려올게요. 컨디션 너무 좋은 방이라 듣고 찾아왔으니 기회 한 번만 주세요."

"나 참, 세입자 없을 건데 방은 보여줘도 괜찮다고 했으니 지금 가서 보세요. 비밀번호는 ○○○○니까 정리 잘하고 나오시구요."

이렇게 화가 많고 예의도 없는 임대인을 만나더라도 베테랑 중개인은 그 속에서 여지를 찾는다. 마음의 문을 열 여지를 만들어내면 다른 사람이 얻기 힘든 물건 하나를 얻어낼 수 있다. 얼마나 많은 중개인이 임대인의 호통을 들었을까? 마침 빠른 시일 내에 입주를 해야 하는 고객 한 명이 떠올라 전화를 걸었다.

"고객님 안녕하세요. 강남역 근처로 거실 있는 방 찾고 계셨죠? 혹시 방 구하셨나요?"

"안녕하세요. 아직 계약은 못 했습니다. 아무래도 제가 눈이 꽤 높았나 봐요. 원하는 가격에는 그런 물건이 없네요."

"보증금 2,000만 원에 월세 70만 원 정도 생각하셨죠? 저랑 한 번 같이 돌아보시겠어요? 전에 말씀하셨던 조건들 제가 기억하고 있는데, 물건 몇 개가 나와서 꼭 소개드리고 싶었어요."

"아, 그래요? 그럼 내일 시간 괜찮으시면 부탁 좀 드릴게요."

"네, 그럼 내일 부동산에서 뵙겠습니다"

이전에 한 번 상담을 하고 같이 매물을 봤던 고객인데 2,000/70 조건의 물건만 확인했었다. 이 손님에게 다시 연락한 베테랑 중개인은 짧은 통화에도 고객에게서 여러 정보를 파악했다. 아직 방을 구하지 못했다는 사실과 그 과정에서 여러 번 방을 보았다는 점, 그리고 기존에 표현했던 니즈에서 변화가 없었다는 것. 조만간 이사를 해야 하지만 아직 결정을 내리지 못해 마음이 급하다는 것 또한 느꼈다.

짐작하셨겠지만, 앞서 화를 냈던 임대인과 이 고객을 연결시켜 보자. 고객이 일부 대출이 가능해서 3,000/75라는 가격으로 계약을 했다. 임대인은 10만 원을 양보했고, 고객은 입주를 하면서 청소에 대한 문제를 해결했다. 사실 베테랑 중개인에게 이 정도의 중개는 아주 수월하고 손쉬운 것이다. 임대인과 고객을 인간적으로 설득하면 가능했던 계약이기 때문이다. 중개인이 임대인에게 했던 말을 들어보자.

"사장님, 직장이 강남역 근처에 있고 5년 정도 근속하고 있는 성실한 고객이 한 분 있어요. 제가 이틀 정도 같이 다녔는데 담배는 한 번도 핀적 없고, 본인도 흡연은 하지 않는다고 말하네요. 흡연 문제나 월세 밀릴 걱정은 전혀 하시지 않아도 될 것 같아요. 방도 딱 맞는 조건이라 보여드리면 좋아할 것 같은데 오늘 한 번 보여드릴까요?"

"방은 어딜 찾아가 봐도 여기만 한 곳이 없어. 알아서 보여주고 잘 빼줘 봐."

"알겠습니다."

임대인은 현재 밀린 월세나 청결하지 못한 세입자에게 질려 있었다. 중개인은 프레이밍을 활용했다. 성실, 근속, 비흡연 등으로 표현해서 고객의 이미지를 미리 떠올려 보도록 시도했다. 다행히 임대인은 평소보다 부드럽게 넘어갔다.

"고객님, 제가 정말 딱 맞는 방을 하나 찾아뒀어요. 그런데 일단 현재 3,000/80 조건으로 나와 있어서 가격 조금 올리면 어느 정도의 방이 있는지 볼 겸 해서 구경만 해보실래요?"

"아… 80만 원은 좀 부담스러운데요."

"월세는 사실 정가라는 게 없잖아요. 조건에 따라 변할 수도 있으니 우선 방 구경 먼저 해보셔도 좋을 것 같아요. 혹시 다른 방 볼 때 기준 삼아도 되고요."

"네, 어차피 오늘은 방 보려고 시간을 뺐으니 한번 가보시죠~ 뭐."

이전 세입자에 질린 탓인지 세입자를 직접 보고자 임대인이 직접 나와 있었다. 중개인은 이전 세입자의 이미지와 현재 고객의 성실성을 이미 확인한 터라 자신이 있었다. 임대인의 반응이 썩 나쁘지 않았다. 고객도 딱 맞는 조건의 방인지 문을 열자마자 느꼈다.

"아이고, 직장이 강남역 근처라면서요? 우리 집 정도 되는 곳이 잘 없어요."

"네, 여기 바로 근처라서 참 좋을 것 같네요."

약간의 탐색전을 거친 후, 건물 밖으로 나왔다. 간단한 인사를 하고는 임대인을 보내고 고객과 대화를 이어갔다.

"이 정도 거실이 나온 방은 거의 손에 꼽죠?"

"그러게요. 들어가자마자 거실 보고 마음에 쏙 들었어요."

"제일 중요하게 여기셨는데 마음에 드셨다니 다행이네요."

"아… 그런데 월세 80만 원은 정말 힘들어서… 담배 냄새도 좀 배어 있는 것 같네요."

"네, 이전 세입자가 흡연을 하셨어요. 그런데 요즘은 보통 입주 청소 업체를 부르면 정말 깔끔하게 잘 정리해줘서 크게 걱정은 하지 않으셔도 됩니다. 그럼 방은 마음에 드신 거군요. 혹시, 월세를 내릴 수 있다면 보증금을 조금 더 마련해주실 수 있나요?"

"보증금이요? 얼마나요?"

"1,000만 원 정도 더 마련해주시면 제가 월세를 조정해볼 수 있을 것 같아요."

"음… 제가 수중에 2,000만 원 정도만 있어서…"

"혹시 보증금 대출제도 확인해보셨나요?"

"아뇨, 그런 게 있나요?"

"네, 직장 있으시니 충분히 받을 수 있을 거예요. 제가 준비할 서류 알려드릴 테니 근처에 은행 잠시 다녀오세요."

"네, 그럴게요."

임대인과 통화하는 중개인.

"사장님, 고객님이랑 얘기 나눴습니다. 방 정말 마음에 들어 하네요."

"아유, 방은 정말 좋다니까."

"그런데 아시다시피 젊은 사람들 집 한번 사보려고 아끼고 아껴서 살잖아요. 일은 열심히 하는데 밥 한번 마음 편하게 못 먹고. 보시니 어떤가요, 착실한 사람 같죠?"

"뭐… 야무지게 생기고 일은 똑 부러지게 할 것 같네."

"5년 동안 같은 회사 다니고 있는데, 계속 같은 회사에 있으려고 이 방 구하는 거잖아요. 그래서 그런데 월세를 조금 낮춰주시면 어떨까요?"

"월세를 어떻게 깎아. 이만한 방이 없다니까."

"알죠 사장님. 그런데 이 방 계속 골치 아프시죠? 분명 방 좋은데 요즘 찾아오는 손님도 잘 없고. 마음 편하게 사는 게 세상 행복 아니겠습니까?"

"얼마나 깎으려고 그래?"

"75만 원 어떠세요?"

"그러면 그 친구가 계약한대?"

"아, 원래 그분은 70만 원 보고 오셨는데 방을 꽤 많이 봤어요. 지금 방 좋다고 하시니 충분히 여지가 있어요."

"그럼 한 번 맞춰봐."

고객이 다행히 보증금 대출이 가능한 상태였다. 3,000/75이라는 조건까지는 충족시킬 수 있었다.

"고객님, 이번 주까지 이사하겠다고 현재 임대인에게 전달하셨죠?"

"네, 그래서 다음 세입자까지 계약했어요. 이 방이 협의 잘되면 좋겠네요."

"이사 센터도 알아보셔야 하고, 미리 연차도 보고해야겠어요."

"그러네요. 가격은 조정될까요?"

"이전 집 계약 조건으로는 아시겠지만 원하는 방을 못 구합니다. 2년 동안 월세도 전체적으로 좀 오르긴 했어요. 그런데 이 방은 확실히 고객님 마음에도 쏙 든 것 같아서 어느 정도 올라갈 걸 감안하시면 어떨까요?"

"집 보니까 확실히 살고 싶은 집이긴 해요. 얼마나 올려야 하나요?"

"넓은 거실 확실하니까 집에서 지내실 시간이 더 많아질 것 같아요. 공간적으로 좀 여유롭고 싶어서 카페나 이런 곳 자주 가셨잖아요. 이제는 그 대신 거실에서 편하게 여가도 즐길 수도 있을 것 같아요. 그런 가치로 월에 5만 원 더 쓰면 어떨까요?"

"집에서 해보고 싶었던 것도 많았는데… 다른 곳에서 아낀다면 괜찮겠네요. 네, 5만 원 정도는 가능해요."

"그럼 제가 협의해서 확정해볼게요."

2,000/70 고객과 3,000/80 임대인을 연결한 하나의 중개 사례를 보여드렸다. 법률적인 부분을 확인하거나 하는 등의 많은 절차를 다 설명하지는 않았다. 대신 중개인이 유연하게 움직일 때 어떤 결과를 만들 수 있는지를 확실히 머릿속에 떠올릴 수 있을 것이다. 이 과정도 많은 조건이 이미 갖추어져서 가능했던 계약이다. 무슨 조건이 갖추어졌다는 것일까?

베테랑 중개인은 어떤 정도의 물건이 시세에 비해 좋은지, 임대인과 고객을 설득하는 방법도 알고 있었다. 고객에게 어떻게 말해야 실제 중개 과정으로 끌어들일 수 있는지 이해하고 있었다. 한 번 만난 고객에 대해서 잊지 않고 연락할 수 있도록 관리도 잘 해뒀다. 전화를 할 때, 어떤 정보를 어디까지 오픈할 것인지에 대해서도 자신만의 틀이 있었다. 프레이밍도 아주 잘 활용했다. 이런 역량들을 애써 떠올리고, 억지로 써보겠다고 달려드는 것이 아니라, 아주 유연하고 부드럽게 진행하는 것이다. 임대인과 고객이 마음으로 원하던 부분을 명확하게 해결해 준 사례다. 임대인은 믿을 만한 임차인을 원했고, 임차인은 빠른 결정이 필요했다. 두 사람 모두 만족할 만한 계약을 성사한 것이다.

성장 단계를 잘 거치고 자리 잡은 이상적인 중개인의 모습을 사례를 통해 묘사해보았다. 이 정도의 중개인이라면 아주 일반적인 주거 계약만으로도 생계를 해결하는 것은 물론 맘껏 여가를 즐길 정도의 수익을 얻는다. 프레이밍이 갖추어진 중개인은 사무실, 상가, 고급빌라, 아파트 등의 다른 카테고리에서도 자신 있게 활동할 수 있다. 확장되는 만큼 수입도 확실히 늘어난다.

베테랑 중개인은 경제적으로도 중개 업무 측면에서도 아주 자유롭다. 생활 전반에서 자유를 느낄 수 있다. 일하면서도, 놀면서도 자유롭다고 표현할 수 있는 인생. 세상 속에 많은 직업과 많은 역할이 있겠지만, 그중 중개인이라는 역할로 '자유'를 쟁취할 수 있다. 그 단계가 바로 중개 베테랑 단계다. 다음 장에서는 이 단계에 이르기까지, 베테랑이 된 후에 겪을 수 있는 다양한 멘탈 관련 현상에 대해 설명하고자 한다.

제4장

부동산
중개 현장에서의
멘붕

일반성 :
누구나 멘붕이 와요

　전반부에서 우리는 중개인의 멘탈과 관련된 여러 가지 주제를 하나씩 살펴보았다. 멘붕은 누구에게나 언제든 찾아온다. 경력 20년의 베테랑에게도, 이제 막 중개사 자격시험을 준비하려고 책을 꺼내든 사람에게도, 국가대표 선수들에게도 찾아온다. 하다못해 국가의 존폐를 염두에 두고 매 순간 바른 결정을 내려야 하는 대통령에게도 찾아온다. 우리 대부분은 '왜 나에게 이런 시련이?'라는 생각을 떠올리지만, 모든 사람이 겪고 있는 당연한 현상이다. 두렵고, 싫어지고, 불안해지는 그런 느낌을 실은 스스로 관리하고 통제할 수 있다. 지금부터는 중개 현장에서 일어나는 많은 멘붕 사례를 볼 것이다. 그 전에 멘붕은 너무도 자연스러운 현상이라는 것을 한 번 더 강조하며 이 장을 시작한다.

　중개업을 생업으로 삼아 10년, 20년, 또는 더 오랜 기간 부동산 중개업을 하는 분들이 많다. 수천, 수만 명의 고객을 만나고, 수천, 수만 건의 매물을 보고, 협의와 계약 과정도 그만큼 많이 겪는다. 주변 상황을 조정하고, 환경을 변화시키는 것 외에, 자신도 변화해야 할 상황이 여러 번 찾아올 것이다. 그런 변화가 필요한 매 순간에 찾아오는 것이 멘붕이다. 사소하고 작은 멘붕에서 인생 계획을 수정할 정도의 큰 멘붕까지, 그 모든 멘붕이 변화의 첫 순간이다. 만약, 그 현상을 멘붕이라 인식하지 못한다면, 중개라는 일의 본질에 몰입하지 못하고 떠날 수도 있다. 멘붕은 적절한 변화를 실현할 기회다. 멘붕이 찾아왔다면 '변화의 시간'이라 여겨 감사의 마음으로 임한다면 롱런할 것이다.

'긍정적으로 멘붕을 받아들이고 견뎌라'는 말은 무책임할 뿐이다. 이 말로 인해 여러분의 마음이 얼마나 무거울지 느껴진다. 더 확실하고 희망적인 말이 있다. 여러분에게는 분명 감내할 수 있는 수준의 멘붕을 선택할 자유가 있다. 멘붕의 세계에 들어갈지 말지, 언제 들어갈지, 어떤 준비를 하고 들어갈지에 대한 선택권도 있다. 멘붕의 세계가 나의 선택에 따라 달라질 수 있는 영역임을 알게 될 때, 멘탈 관리 역량은 성장하기 시작한다. 인간의 필수 욕구인 자율성을 스스로 충족시키는 것이다. '돈을 벌고 싶은 욕구에 주목할 것인가?', '여유로운 시간을 만끽하는 데 주목할 것인가?', '새로운 경험과 성취를 바라는가?' 이러한 질문들은 개인마다 다르겠지만, 그것을 선택할 수 있다는 점은 모든 사람에게 해당된다.

보통 선택의 자유를 구체적으로, 의도적으로 떠올려 볼 기회는 많지 않다. 이것을 인지하지 못하는 사람들은 외부의 변화와 사건들이 '나를 괴롭히고, 제한하고, 방해한다'라고 여기기 쉽다. 이 느낌이 싫다면 그 속에 있지 않아도 된다는 사실을 알아채는 것이 변화의 시작이다. 그런데 이런 변화 가능성을 인지하면서도 변화하지 않는 것조차 선택이다. 누구도 타인에게 '기분 좋은 상태로 지내야지'라며 변화를 강요할 수는 없다.

같은 맥락으로 책에서 말하는 '잘함'의 세계로 들어가는 것 또한 여러분의 선택이다. '좋은 중개인', '잘하는 중개인', '탁월한 중개인', '부동산 전문가로서의 잘함'의 영역에 들어가는 것은 여러분의 선택에 달렸다. 자신의 의지로 선택했다는 것을 인지한다면, 중개인의 생활은 훨씬 건강하고 살아있다는 느낌이 들 것이다.

우리에겐 '준비'라는 희망적인 요소가 있다. '잘함'의 세계는 개인의 역량과 준비에 따라 '시냇물을 건널 때, 단단한 징검다리를 하나씩 딛고 나가는 기분'일 수도 있고, '거친 파도가 휘몰아치는 끝 모를 바다를 헤엄쳐서 나아가야 하는 기분'일 수도 있다. 어느 정도 수준의 도전을 하는 것이 좋을까? 어떤 '내용'의 도전을 하면 좋을까? 멘탈코칭 시간을 가지다 보면, 사람들은 다양한 차원에서 도전 내용을 떠올린다. 그들이 선택의 가능성과 자유를 인식했을 때, 누구보다도 자신의 도전 수준을 깨닫고, 괜찮은 선택을 하게 된다.

'잘함'과 '성장' 측면의 도전은 '움직이고 시도할 수 있는 범위'에서 가장 가혹한 도전을 하는 것이 효율과 효과 면에서 좋다. 가혹한 도전의 수준은 자신의 멘탈, 즉 생각, 감정, 태도, 의식 등을 꾸준히 인식하고 관리하는 만큼 정해질 것이다. 가혹함이 '해볼 만하다'로 느껴질 수도 있고, '힘들겠지만, 한 번 해보자'일 수도 있다. 도전자의 개성에 따라 다르겠지만, 중요한 것은 그 속에서 '움직일 수 있어야 한다'는 전제다. 너무 거칠고 임계치가 넘는 도전이라면, 그 속에서 멘탈을 인지하지도 못하고 한 발자국 옮기는 것도 힘겨워 말 그대로 가혹함만 남기고 만다. 시도 자체가 허용되는 움직임을 기준으로 삼아야 한다.

확실한 것은 세계 최고의 '잘함'을 실현해낸 사람들은 멘붕을 기꺼이 받아들인다. 멘붕이 기다리는 도전 속으로 뛰어들어 그 과업을 해내도록 자신을 관리한다. 그 세계에 도전하여 영광과 성취를 누릴 기회는 당신에게도 있다.

비전 상실 :
비전이 보이지 않아요

어렵게 공인중개사 시험에 합격하고, 드디어 실무에 들어갔는데… 이 업에서 비전이 보이지 않음을 느낄 때, 얼마나 막막하고 허무할까. 실제로 꿈과 희망을 안고 중개 일을 시작하는 사람들은 현실적인 실무의 벽에서 좌절감을 느낀다. 아주 많은 중개인들이 실제로 그렇게 느낀다. 초기에 진입 장벽이 높아 안정될 때까지 꽤 시간이 걸리는 직업의 특성상 도무지 비전이라고는 볼 시간과 여력이 없다. 당장 마주한 현실로 미래를 추론해보면 큰 수익이 날 가망성은 낮고, 생활은 팍팍하고, 여가는 점점 줄어드는 것 같아 암울한 상태에서 계획이나 목표를 긍정적으로 떠올려 보기도 어렵다. 성장하는 만큼 볼 수 있는 것이 중개인의 비전인데 그것이 참 힘겹다.

중개인이 비전을 바라보기 힘든 외부적인 원인도 있다. 바로 중개인에 대한 사회적 인식이다. 실제 활발한 부동산 거래 때문에 마케팅이나 홍보에 큰 노력을 기울이지 않아도 부동산을 찾는 고객들에게 편하게 방 보여주고 수수료나 받는 정도로 인식되는 경우가 많다. 또 누구에게나 익숙한 직업으로 시험만 패스하면 된다는 인식도 한몫을 한다. 현장에서도 전문성 없이 계약만 하면 된다는 중개인들의 태도는 중개인이라는 직업에 대한 나쁜 이미지를 만든다.

상황이 이렇다 보니, 처음 일을 시작하는 중개인들은 고객의 매너 없는 태도에 스트레스를 받아 2년 동안 공부를 하고도 직업을 포기하기도 한다. 하루하루 힘겹게 일을 이어가는 중개인 또한 고객에게 받은 스트레스로 다시 고객 탓을 하게 되는 악순환이 반복된다. 부동산 중개라는 것은 누구나 필요로 하는 서비스이고, 그 본질을 지킨다면 어떠한 중개인이라도 존중받을 수 있을 터인데 참 안타까운 현실이다.

문제가 개선되지 않는 이유는 비전의 특성 때문이다. 비전이라는 것은 다른 사람이 보여준다고 해서 볼 수 있는 것이 아니라, 스스로 영감을 받고 납득할 '미지의 가능성'인 것이다. 영감을 얻으려면 스스로 세상에 대해 열린 마음을 가져야만 한다. 어떤 것에 대해 '참신함, 새로움, 다른 점'을 보고 느꼈을 때 우리는 영감을 받았다고 표현한다. 이런 마음을 내 가슴 속에 품으려면 '자기 주도적'인 태도를 갖추어야 한다. 일에 대해서도 그렇지만 '세상을 살아가는 느낌'에서도 자기 주도적으로 인식할 수 있어야 한다. 비전에 이르기가 참 쉽지 않다.

안타까운 점은 비전을 찾을 기회를 직접 발로 차게 만드는 원인이 이 사회에 있다는 것이다. 비전을 찾으려면 꼭 필요한 것이 '새로움'에 민감하고, 자기가 하고 싶다고 느낄 만한 주제에 대해 확 달려들 수 있는 그런 태도이다. 이러한 태도는 대부분 청소년기까지의 생활 방식에 따라 달라지는데, 한국의 공교육에서는 '변별력'을 위해 학생들을 기성세대의 틀에 넣어 버렸다. 그 틀 속에서 우리 대부분은 영감이나 자기 주도성이라는 것을 느껴보기도 전에 사회로 던져졌다. 비전이라는 단어를 잊고 지낼 수밖에.

다행스러운 것은 '영업'이라는 생활 방식이 '틀'에서 빠져나오도록 해준다. 배우고, 변하고, 성장하지 않으면 살아남지 못하는 척박함 속에서 무엇이 달콤하고 의미 있는 것인지를 발견하게 만든다. 여러분은 지금 그런 세계에 발을 들였다. 다만, 확실히 마음을 끌어줄 만한 비전이 없다면, 하루하루가 힘겨울 것이다.

"코치님, 저는 요즘 제가 뭐 하고 사는 건지 모르겠어요. 막연히 돈을 벌어야겠다고 마음먹고 시작한 일인데, 손님을 만나기가 싫으면 어떡하죠? 제 자신을 알다가도 모르겠어요. 이런 말을 하는 지금도 너무 민망합니다. 얼마나 멍청하고 한심한지… 아니 스스로 마음껏 돈을 벌어보겠다고 온 직장에서 일하기 싫다며 이리저리 핑계를 대고 있는 모습이 우습지 않나요? 그런데 그런 핑계를 대고 있는 사실을 알면서도 움직이지 않는 제 모습에 또 화가 나요. 제가 왜 이런 걸까요?"

많은 중개인들은 자신이 해야 할 일을 분명히 알고, 어떻게 해야 할지 누구보다 잘 알지만, 위와 같은 질문을 한다. 이 질문을 할 때는 이미 많이 지친 상태다. 여러 이유가 있겠지만, 일단은 마음속 엔진을 돌릴 연료가 부족하다. 동기가 부족한 마음에서 비롯된 것이다. 이런 질문을 생각조차 해보지 않은 분들은 건강히 지낸다고 볼 수 있다. 반면 비전이 없을 때에는 현재뿐만 아니라 미래에 대해서도 '무기력'하게 인식한다. 생기가 없다.

"언제까지 이렇게 일해야 하는 걸까요? 매달 이렇게 방 보여주고, 욕먹고, 자잘한 것들에 대해 신경 써야 하고, 운전해야 하고… 이렇게 계속 지내는 것이 맞는 걸까요? 제 인생은 어떻게 되는 거죠? 이대로 시간이 가고 나이가 들면 너무 허무할 것 같아요. 이 일이 저와는 맞지 않는 일 아닐까요?"

중개인으로 잘 지내면서도 이런 질문을 한 번쯤 해보지 않았을까? 이 질문을 떠올릴 때 어떤 답이 떠오르는가? 아무리 긍정적인 상상을 하려고 해도, 마음으로 받아들이기는 어렵다. 질문에 전반적으로 '알 수 없음, 두려움'이라는 분위기가 깔려있다. 자기의 삶이, 하루의 시간이 어떻게 채워질지에 대해 전혀 그림을 그릴 수 없는 상태다. 좋고 싫음을 판단하기보다는 막연히 두려워하고 있지만, 그 막연함이 익숙해서 벗어나지는 않는 그런 느낌이다.

사실 이런 현상은 중개 일이 어느 정도 익숙해지는 단계에서 나타난다. 일이 몸에 익어 '이 일을 하는 나는 뭐지?'라는 생각을 할 여유가 생기면서 삶의 방향에 대해 막연한 걱정을 하게 된다. 이 단계에 들어서면 반드시 한 번의 절차를 밟을 필요가 있다. 가슴 속에 꼭꼭 눌러두고 숨겨두었던 뜨거운 욕구가 무엇인지 살피는 작업이다. 'OO 하면 좋겠다.', 'OOO이 이루어지면 좋겠다' 정도의 느낌과는 확연히 다르다. 아주 주관적이고, 개인적인 차원에서 심장이 뜨거워지는 그런 느낌을 흘려버리지 않고 잡아내는 작업, 그 작업이 필요하다. 그런 느낌은 아주 크고 위대한 것으로 느낄 수도 있고, 아주 작고 사소한 것으로 느낄 수 있다. 예를 들면 다음과 같은 이미지들이 있다.

'한국의 도널드 트럼프가 된다고 생각하면, 언제나 가슴이 벅차다.'
'뉴욕에 간판을 걸만한 부동산 브랜드를 만들겠어.'
'해저 도시를 건설해서, 토지라는 개념에 대해 새로운 관점을 펼쳐 보겠어.'
'지금까지 세상에 없던 어떤 것이든 내 이름 걸고 만들어보겠어.'
'오늘은 내 방에 맞는 디퓨저를 꼭 찾아서, 방을 향기로 채울 거야.'
'바다의 파도를 보는 것이 너무 좋으니, 파도를 언제나 볼 수 있는 곳에서 살겠어.'
'평행선이 잘 정렬된 것을 보면 너무 마음이 편안해져. 어디에서든 이 평화로움이 있으면 좋겠어.'
'아름다운 것을 볼 때마다 흥분되는 마음이 너무 좋아. 아름다움을 계속 찾고 싶어.'

세상에 남길 위대한 업적에서 코로 느끼는 작은 향기에까지 우리의 마음은 동요한다. 이렇게 우리 생활 속에서 떠올릴 수 있는 이미지들이 다양하다면 세상을 살아가는 시간이 얼마나 즐거울까. 이런 이미지들을 결합하면 결국 비전이 된다. 위대함에 설렌다면 우직하게 그 느낌을 좇으면 된다. 완벽주의 관점으로 자신을 비난하지만 않는다면 말이다. 문제는 현대인들이 작고 사소한 것으로부터 느끼는 마음의 동요를 모른 척하는 것이다. 분명, 자신이 원하는 향기에 행복감을 느끼면서도 말이다. 이런 동기들을 놓치지 말고 계속 그 욕구를 발전시켜야 한다.

'바다의 파도를 보는 것이 너무 좋으니, 파도를 언제나 볼 수 있는 곳에서 살겠어'라는 마음을 가진 중개인을 떠올려 보자. 욕구를 인식한 중개인의 마음을 좀 더 들여다보자.

'나는 파도 보는 것을 좋아할까? 파도 소리를 좋아할까? 바다의 시원함을 좋아할까?', '매일 보는 것이 좋을까? 일주일에 한 번이 좋을까? 한 달에 한 번이 좋을까?', '실내에서 보는 것을 좋아할까? 해안가에서 부는 바람을 맞으며 보는 것을 좋아할까?', '여가로써 좋은 것일까? 일로써 좋은 것일까?'

파도를 좋아한다는 사실에서 한 단계만 더 생각해도 복합적인 질문들을 이어볼 수 있다. 이 질문이 왜 중요할까? 바로 자신의 생활과 직결되기 때문이다. 중개인으로 일하고 있는 사람이 파도를 좋아한다. 파도를 일의 관점에서 바라보면 실타래가 풀리지 않는다. 여가의 관점으로 시선을 돌리고 채워주면 되는데, 중개인은 일주일에 한 번은 파도를 볼 수 있으면 좋겠다고 생각한다. 해변으로 직접 나가는 것보다는 테라

스가 있는 해안가 집에서 보길 원한다.

그 마음을 붙들어 실제로 그런 집에서 살 수 있는지 온라인으로 검색을 했다. 여러 지역에 있던 집의 시세를 볼 수 있었다. 펜션을 예약해서 매주 갈 수도 있지만, 어떤 외부적 의무가 없는 그런 공간을 원했다. 별장이 필요해 적당한 지역에 적절한 가격의 집을 알아봤다. 너무 마음에 드는 집을 발견했다. 언젠가는 그 집을 사든지 그런 집을 짓든지… 예상되는 비용을 산정해 법적인 절차도 찾아봤다. 비용과 기간을 따져 언제까지 어떤 식으로 일을 하면 좋을지 계획을 세웠다. 오늘 하루 어떤 준비를 마쳐야 다음 작업이 이루어질 수 있는지도 명확해졌다.

그러다 보니 이런 집을 어떤 사람에게 어떤 방식으로 소개하면 좋을지 청사진을 그릴 수 있게 되었다. 자신의 별장을 준비하면서 새로운 중개 카테고리를 확장한 것이다. 자신의 별장에서 마음껏 파도를 볼 수 있는 그 가능성을 절대 놓치고 싶지 않았다. 자신의 비전을 찾은 중개인은 무의미하게 하루를 보내고 싶지 않았다. 이것은 '파도를 보는 것이 너무 좋아'라는 아주 사소하고, 주관적이고, 개인적인 욕구로부터 그려진 작업에서 시작된 것이다.

직접 만나 3개월 동안 대화를 나누었던 중개인의 사례이다. 중개인은 아직 파도를 볼 수 있는 별장을 구매하진 못했다. 하지만 그 중개인의 하루는 말 그대로 생기가 느껴진다. 스스로 동기 부여된 사람들의 눈빛은 햇살이 파도에 부서질 때만큼 반짝인다.

중개인의 생활은 일이 익숙해지는 순간부터 무미건조해질 수 있다. 단순히 돈벌이로 중개 과정을 본다면, 여느 단순 반복업무처럼 재미없고 지루하게 느낄 수 있다. 이 단계를 벗어나기 위해서는 가슴 뛰는 비전이 필요하다. 그 비전은 스스로 납득할 수 있어야 한다. 위대함이나 사소함으로부터 느끼는 가슴 뜨거운 욕구에서 시작된다. 그 꿈을 놓지 말고 끈덕지게 붙들었을 때, 우리는 비전이라는 동력을 얻게 된다. 마음속 엔진이 돌아가기 시작하고, 실제로 매 순간 비전에 가까워진다.

자신만의 비전을 만드는 Tip

· 'OOO이면 좋겠어'와 가슴 뜨거워짐을 구분하기
· 사회적인 강요(윤리적 관점)로부터 잠시 멀어져 내 안의 욕구 느껴보기
· 개인적이고 원초적인 욕구 발견하고 따라가 보기(노트에 이어서 정리해보기, ex : 파도 사례)
· 발전된 욕구를 현재 여건과 이어보기(ex : 별장 구매 절차, 중개)
· 뜨거운 마음으로 생활하기

두려움 :
사람들의 짜증과 거절이
두려워요

중개업은 거의 모든 과정에서 사람과 상호작용을 한다. 그 사람들은 우리가 편하게 부르는 일반적인 명사가 아니다. 우리의 생존과 성과가 달린 다양성과 예측 불가능성을 한껏 안고 있는 그런 사람들이다. 이제껏 소통했던 사람들과는 전혀 다른 성격의 사람을 만나게 되고, 전혀 다른 방식으로 소통하게 될 것이다. 만약, 중개업을 '사람 만나서 방 보여주고 계약하면 끝인 거 아냐?'라고 생각하고 이 분야에 들어왔다면, 이 간단한 문장 안에 얼마나 많은 이슈가 포함되어 있는지 들여다보아야 한다. 세상 모든 관계에 예의와 윤리, 법이라는 틀이 적용되지 않는 상황도 있다. 언제든지 험한 관계를 맞이할 수 있고, 언제든지 예상 밖의 사람을 만날 수 있다. 중개인에 대한 사회적 인식 때문인지, 그런 관계를 마주할 때가 많다. 중개인은 업을 떠날 때까지 반복적으로 부딪쳐야 하는 일이다.

험하고 예측 불가능한 관계를 반복적으로 마주한다면 얼마나 힘들까. 만약 그 가능성을 조금이라도 통제할 수 있다면 얼마나 일이 수월해질까. 이 부분에서 중개인의 성장이 시작된다. 고객과의 관계에 대한 통제 역량이 갖추어질수록 베테랑의 경지에 진입하는 것이다. 실제 요령 있고 경험 많은 중개인들은 자신이 만나면 좋을 사람을 어느 정도 선별해서 만날 수 있다.

많은 중개인은 자신을 대하는 사람들의 짜증과 화를 직접적으로 경험한다. '아니, 왜 그걸 이제 말해주나요?', '이 내용 몰라요? 중개사 맞아요?', '됐고, 제가 보여달라는 것만 그냥 보여주세요', '아, 시간 안 맞으니까 그냥 다른 방 가봐', '아, 바쁘니까 그만 전화해' 더 이상 나열하면 중개사라는 직업을 포기할 수도 있겠다. 중개사의 권위는 저절로 만들어지는 것이 아니라 스스로 인지하고 관리해야만 확보할 수 있다. 이 역량을 얼마나 갖추느냐에 따라 건강한 중개사로 생활을 할 수 있다.

비일상적인 관계에서 소통을 해야만 하는 중개인은 감정적으로 당황, 분노, 절망 등 다양한 경험을 할 것이다. 그중에서도 지속적으로 일에 영향을 주는 감정은 두려움이다. 고객과 마주할 때 부정적인 이미지가 반복적으로 떠오른다면, 어느 순간에는 전화를 받기도 사람을 만나기도 문밖을 나서기도 두려워진다. 하지만, 우리는 문을 나서서 공간을 보러 다니고, 일부러 사람을 만나서 어떻게 변할지 모르는 대화를 나누어야만 일의 목적을 달성할 수 있다. 중개인이 두려움을 느낀다면, 바로 '슬럼프'의 신호이다. 이를 인지한다는 것은 두려움의 원인과 상황을 들여다보고 개선을 시작할 수 있다는 의미다.

두려움은 생존을 위해 우리 몸이 보내는 유용한 신호이다. 아주 본능적이고 단순한 신호이긴 하지만 우리는 이 신호를 구분해서 활용할 필요가 있다. 생존은 신체적, 생리적인 관점 외에 사회문화적인 측면에서도 생각해 볼 수 있다. 야생 동물이 갑자기 나타나거나 한밤중에 흉기를 든 강도를 만났을 때 신체적인 위협 상황에서 우리는 두려움을 느낀다. 그 상황에 직면한 우리는 도망가거나 싸우거나 행동을 취한다. 아드레날린의 왕성한 분비로 신체 반응도 빨라져 생존에 아주 적합한 형태로 신경계와 근육이 활동한다.

문제는 사회문화적 생존에서 일어난다. 지위나 권위를 잃는 것, 인간으로서 존중을 받지 못하는 것, 심각한 심리적 손상을 일으키는 여러 행위로부터 우리는 사회문화적 생존의 위협을 받는다. 이 문제를 해결할 때 필요한 것은 흥분이나 과격함이 아니라 침착함과 합리성인 경우가 많다. 아드레날린보다는 심호흡과 이성적인 논리가 필요하다. 그러나 야속하게도 우리 몸은 두려움을 인식하고 아드레날린을 뿜어내면서 다급함이라는 감정을 만들어낸다.

누군가와 말다툼이 생겼을 때를 상상해보자. 내용에 대해 천천히 논박하고, 의견 차이와 오해의 소지를 건강한 대화를 통해 해결해야 한다는 것이 얼마나 불가능하게 느껴지는지… 대부분 현실에서는 할 말이 떠오르지 않아 씩씩대다 화만 내고, 서로 답답해서 거친 말이 막 나가는 그런 상황에 봉착한다. 사회문화적 위협에 통제되지 못한 반응으로 대응하게 되고, 문제 해결에 실패했던 경험이 쌓이면 다시는 그 일을 하기 싫어진다. 중개인으로 일하면서 다른 사람과 갈등이 있었고, 흥분과 조급함으로 인해 원활하게 해결하지 못했던 상황들, 그 속에서 중개인은 자신감이 떨어지고 열정이 식어간다. 이런 중개인은 다른 사람과 싸울 것이 뻔히 예상되는 중개 현장으로 다시 돌아갈 수 있을까?

두려움은 '그 상황이 너랑 안 어울리니 빨리 벗어나'라고 우리 몸이 보내는 신호라고 해석할 수 있다. 이 문장 안에 우리가 두려움에 대처할 방법이 담겨 있다. 우선 두려움을 느낀 대상이다. 사실 두려움을 느끼는 순간에는 정확히 무엇이 두려운지 잘 분간되지 않는다. 그래서 '밤길은 무서워', '밖에 나가는 것은 위험해'라며 두려움을 일반화해버린다. 밤길이 무서운 점을 조금만 들여다보면 어둑한 골목을 밤에 걷는 것이 위험한 것이지, 밤에 길을 가는 것 전체가 위험한 것은 아니다. 이것을 일반화해버리면, 안전이 갖추어진 밤길에서 할 수 있는 긍정적인 활동들을 모두 차단된다. 월드컵 경기장에서 열린 국가대표 경기, 프로야구 경기 등의 이벤트는 보통 밤 10시 정도에 끝난다. 밤길이 무섭다며 모든 일을 차단한다면 희열, 함성, 열광적인 분위기 등의 긍정적 효과를 누리지 못하게 된다. 결국 두려움이 어떤 상황에 대한 감정인지 정확하게 인지해야 한다.

'두려움이 의미가 없다. 쓸모없는 것이다'라는 말이 아니다. 두렵다면 무엇이 두려운지 정확히 짚어 득이 되는 영역까지 포기하는 우를 범하지 말자는 것이다. 중개 영역에서도 그렇다. '고객과의 통화가 두렵다'라고 느꼈다면, 두려움이라는 감정은 그대로 수용하고 고객과의 통화에서 어떤 부분에 대해 두려운지를 명확히 인식해야 한다. '그냥 고객은 두렵다, 두려우니 피해야 한다, 고객을 피한다'라는 본능적인 흐름대로 놔두면, 문제는 절대 해결되지 않고 중개 과정은 일어나지 않으며, 매출은 발생하지 않는다.

두려움을 자세히 들여다보면 두 가지 차원이 나타난다. 중개인을 둘러싼 외부 요인과 중개인 자신 내부의 요인이다. 우선, 외부 요인을 먼저 살펴보겠다. 고객과의 통화에서 두려움을 느낀다면 '통화'와 '고객'이라는 것 두 가지 포인트를 짚고 넘어가야 할 것이다. 통화는 하나의 소통 수단이다. 통화라는 수단이 두렵다면, 얼굴을 직접 보지 못해 정확한 소통이 어렵다는 점 때문일 것이다. 또는 상대가 나를 인간적으로 존중하지 않는 것에 대해 두려울 수 있다. 전화로는 머릿속 생각을 정리하기 힘들어서 두려울 수 있다. 말이 길어지고, 여러 번 통화를 반복해야 해서 개인 시간이 침해받을까 두려울 수도 있다.

다양한 이유가 있겠지만, 정작 '통화'와 직결된 두려움이 아닐 수 있다. '정확하게 소통하고 싶은데 그러지 못할 것 같아', '존중받지 못할 것 같아', '전문가로 느껴지지 않을 것 같아' 등이 두려움의 이유가 된다. 이렇게 정리하고 나면 하나씩 대처할 수단을 마련할 수 있다. 소통을 위해 미리 준비를 하고, 그렇지 않을 때는 통화를 잠시 미루는 것, 존중받기 위해 내가 먼저 존중의 의사를 전하는 것, 정확한 정보가 있으려면 잠시 시간이 필요하니 곧 다시 연락드리겠다고 하고 끊는 것 등이 있겠다. 어쨌든 '통화를 두려워' 하고 있을 때보다는 확실히 나아감을 느낄 수 있다.

혹시 통화의 문제가 아니라 고객에게 원인이 있다면 그것 또한 일반화하지 않게 경계해야 한다. '모든 고객은 두려워'라고 말이다. 분명 두려워했던 고객에게는 그 특성이 있었을 것이다. 특정 고객과의 관계에서 감정적 소모를 심하게 해야 했거나, 시간을 많이 할애했거나, 언어적 폭력을 경험했거나 등의 이유일 것이다. 현장 중개인분들에게 가장 많이 들었던 이유는 감정적 소모였다. 윽박지르거나 일방적인 의견만 말하는 고객, 약속을 지키지 않는 고객, 의사결정을 하지 못하는 고객 등이 중개인에게 트라우마를 남긴다. 중개인을 평가하고 비난하는 고객도 이에 포함된다. 악의를 가진 고객을 만나 소통하는 데 애를 먹었다면 통화 때마다 두려울 수 있다.

한 가지 여러분에게 꼭 강조하고 싶다. '중개인은 고객으로부터 비난받으며 참고 있을 의무는 없다.' 여러분이 위협받고, 비난받는 통화를 계속할 의무는 없다. 물론 보복할 권한 또한 없다. 확실한 것은 통화는 언제든 끊어도 된다는 사실이다. 여러분과 인간 대 인간으로 소통할 수 있는 고객에게 집중할 자유 또한 여러분에게 있다. 원치 않은 환경에 놓일 때, 그 환경에 휩쓸릴 의무는 없고 통제할 자유는 있다는 뜻이다.

두려움과 관련된 중개인 내부의 요인은 무엇이 있을까? 자기효능감이라는 요소를 주로 설명한다. 자기효능감은 한 사람이 어떤 과제에 대해 얼마나 잘할 수 있는지 느끼는 정도를 표현하는 개념이다. 그렇다면 중개인이 고객과 통화하는 장면에서 과제로 여길 만한 것은 무엇이 있을까? '첫인상 남기기', '고객의 감정 받아주기', '매물 설명 잘하기', '고객의 니즈 파악하기', '테이블 미팅을 위해 설득하기', '절차에 대한 정보 브리핑하기' 등. 과제 하나하나에 대해 중개인이 스스로 부족하다고 느낀다면, 불안과 두려움이 형성될 수 있다. 반면 준비된 과제에 대해서는 자신 있게 임할 수 있다. 이 또한 중개인 스스로가 과업 자체를 세심히 들여다보아야만 발견할 수 있는 것들이다. 이 과업들이 모호하게 구분되어 있으면, 자신이 실제로 어떤 부분에서 불안과 두려움을 느끼는지 분간할 수 없고, 해결책도 고안할 수 없게 된다.

첫인상 남기기는 정리된 인사 멘트를 미리 작성해두는 것으로, 고객의 감정 받아주기는 존중을 연습하는 것으로, 매물 설명 잘하기는 미리 매물 공부를 충실히 해두고 그것을 정리해두는 것으로, 고객의 니즈 파악하기는 열린 질문을 많이 하는 것으로 극복할 수 있다. 여기서 중요한 것은 어떤 과업으로부터 오는 두려움에 대해 중개인 스스로 대처할 수 있고, 해결 가능하다는 사실이다. 성장과 함께 저절로 해결되는 두려움들이다. 문제는 과업이 아니라 중개인의 인식에서부터 발생하는 두려움이다.

중개인 중에 50대 남성 고객을 유난히 두려워하는 사람이 있었다. 어릴 적 아버지와의 갈등이 심했는데, 아버지는 강압적이고 권위적인 분이라 중개인은 자신을 지키기 위해 반항했다. 때로는 공격적인 태도로 아버지를 대하기도 했다. 결국 갈등은 잘 해결되지 않은 채로 관계가 단절되어 중개인은 아버지와 갈등을 건강하게 해결하는 경험을 하지 못했다. 학창 시절을 보내고, 다른 일을 하다가 부동산 중개업 분야로 들어왔다. 또래들과의 소통은 원활해 사람들을 이끄는 데에 소질이 있어서 중개영업직으로 잘 활동하고 있었다. 시간이 지나면서 고객과 갈등 상황이 종종 발생했다. 유독 50대 정도의 남자 고객들과 다툼이 잦았다. 중개인의 말을 들어보니 '고객이 일방적으로 지시하고, 자신의 말은 전혀 듣지 않았다'라는 내용이 반복되었다. 경험이 많은 중개인이라 이런 상황 또한 충분히 대처했었다. 그런데 50대 남자 고객에게서 갈등을 겪게 되면, 화가 나고, 답답하고, 짜증이 나는 자신을 보게 되었다고 한다. 그 이후로는 통화할 때 50대 정도의 남자분 목소리면 다른 중개인들에게 내용을 전달하고 고객을 연결시켰다. 강압적인 태도와 일방적인 소통을 항상 경계하던 중개인은 점점 고객과의 만남이 줄다가 슬럼프에 빠졌다.

중개라는 일은 참 민감한 것 같다. 한 사람의 과거 경험과 가치관에 따라 순식간에 성과가 바뀌기도 한다. 위 중개인의 경우, 강압과 지시라는 추상적인 대상에 대해 두려움이 자리 잡고 있었다. 그것이 '관계 단절'로 바로 이어진다고 생각했기 때문인데, 이 또한 자기 경험의 일반화로부터 나타난 두려움이다. 강압적인 태도와 지시적인 어투의 고객에게 어떤 형식의 대화를 이끌면 좋을지에 대해 이 중개인과 몇 회기의 시간을 가졌다. 다행스럽게도 두려움은 많이 없어졌다. 그 과정에서 이 책에서 설명한 많은 수단을 활용해야만 했다. 쉬운 작업은 아니었다.

중개인으로서 어떤 두려움에 사로잡힐 수 있다. 문제는 두려움이라는 감정 자체가 아니라, 두려움을 그대로 방치하는 것이다. 두려움은 그것을 들여다보았을 때, 일반화하지 않았을 때 해결이 시작된다. 많은 부분은 단기간의 대처로 해결될 수 있다. 이 가능성을 염두에 두고, 당장의 두려움이 여러분에게 들이닥쳤다고 해서 그대로 일을 포기하지 않았으면 좋겠다. 오히려 두려움 속에서 한 번 더 성장할 기회를 발견하기 바란다.

두려움에 대처하는 Tip

- 성급한 일반화 경계하기
- 두려운 감정이 찾아왔을 때, 인정하고 들여다보기
- 외부적 원인과 내부적 원인 구분하기
- 실천할 수 있는 개념으로 원인 다시 표현하기
- '내 감정은 내가 살필 수 있다', '기꺼이 위험을 감수할 수 있어' 등으로 확언하기
- 작은 것을 준비해서 잘해버리기

모호한 목표 :
아무리 목표를 세워도
마음이 잡히지 않아요

'월 1,000만 원'
'한 달에 20건 계약하기'
'부동산으로 돈 많이 벌기'

중개인들이 흔히 설정하는 목표들이다. 번거롭게 이런 목표를 왜 군이 설정할까? 단순하게 일하고 퇴근하고 여가를 즐기면 될 텐데 애써 문구를 만드는 이유가 무엇일까?

'지금보다 일을 더 열심히, 잘해보려고…'

크게 생각하지 않더라도 답이 나온다. 상식적으로 우리는 목표의 기능을 알고 있다. 스스로 목표를 세워보면 생각이 한곳에 모여 정리되고, 가슴이 일렁이며 성취 욕구가 일어난다. 이런 느낌을 기대하며 새로운 목표설정에 변화를 주기도 한다. 하지만 아무리 목표를 세우고 변화를 주어도 도저히 처음처럼 설레지 않는다. 일하러 가기 싫고, 일 생각은 하기도 귀찮아 그냥 시간을 때우다 얼른 일터를 벗어나 집으로 가고 싶다. 이런 생각과 느낌은 목표가 제대로 설정되지 못했을 때 나타나는 현상이다. '아니, 일하기 싫어하는 건 대부분 똑같이 느끼는 것 아니야?' 맞는 말이다. 대부분 그렇게 지낸다고 당연하게 여길 것이 아니라, 대부분 힘들게 살고 있으니 개선을 해야 한다. 실제로 중개인들의 목표설정에 대한 호소 사례가 많다.

"3개월 동안 일하면 금방 적응해서, 그 이후에는 적어도 월에 500만 원은 벌어갈 줄 알았어요. 저는 그런 중개사가 되고 싶었는데, 도저히 안 될 것 같아요. 저는 이 일이 맞지 않는 것 같습니다. 재능이 없는 것 같아요."

"코치님, 요즘 일하러 나와도 무엇을 해야 할지 모르겠어요. 일단 그냥 매물 보러 다니고, 다른 부동산도 돌아다니고 하는데, 이게 뭐 하는 짓인가 싶고…"

"하루에 임대인에게 20건 통화하기로 마음먹고 전화 돌리고 있는데… 실컷 다 끝내고 나서 하루를 돌아보면 무슨 의미가 있나 싶어요."

"지난달에는 분명 15건의 계약을 했었는데, 이번 달에는 10건밖에 못했어요. 제가 퇴보하고 있는 것 같아서 불안해요."

앞서 프레임에 대해 설명했다. 무엇을 어떻게 볼 것인가. 목표라는 것은 하루 생활과 성과에 대한 프레이밍이다. 중개인이 설정한 목표는 그 중개인이 일에 대해 어떻게 느끼는지 결정한다. 잘못 설정된 목표로 문제가 다른 문제로까지 번져나간 경우는 꽤 많다. '월 500만 원은 벌어야 하는데…'라는 목표를 설정한 중개인은 그 기준을 맞춰 매 순간 자신을 평가하게 된다. 실제 500만 원에 대해 현실적으로 목표를 세운 사람은 매 순간 확신을 더해 가겠지만, 막연하게 500만 원으로 설정한 사람은 매 순간이 걱정일 것이다. 이렇듯 설정한 목표에 따라 중개인의 느낌이 결정된다.

중요한 것은 일하고 싶은 마음이 드는 목표를 갖는 것이다. 문제가 되는 것은 일하기 싫은 느낌이다. 왜 귀찮고, 왜 일하기 싫은가. 인과론으로 따지고 들면 원인은 참 많다. 월급제 회사에 다닌다면 성실한 이미지를 포기할지언정 생계를 버리지는 않는다. 어떻게든 한 달만 지나면 월급은 나오니까. 그런데 중개인은 전혀 다른 맥락 속에 있다. 왜 귀찮은지를 따지고 즐길 여유가 없다. 움직이지 않으면 생계를 이어갈 수 없으니까.

누구에게나 분명한 것은 일에 대한 '생동감'을 가질 수 있다는 사실이다. 우리는 '나, 일 재미있어'라고 말할 수 있는 분위기를 별로 경험하지 못했다. 인간의 본능적인 욕구를 들여다보면 재미있게 일하고, 일 잘하는 것을 마음껏 뽐내는 것은 아주 자연스러운 현상이다. 억압된 그 욕구를 풀어내는 작업이 어렵고 낯설다 해서 '일이 재미있을 가능성'을 포기하는 것은 어리석은 결정이다.

실제 내가 일을 재미있게 여기고 있는지 확인하는 방법이 있을까?

중개인들에게 확인한 바로는 '지금 일이 어떤 느낌인지 잘 모르겠어요'라는 반응이 정말 많았다. 안타까운 마음에 중개인이 스스로를 평가할 수 있는 도구가 필요하겠다고 생각했다. 일에 대해서 어떻게 느끼는지 확인할 수 있어야 개선을 시도할 수 있다. 언제 어디서든 확인 가능한 도구는 사실 우리 모두가 가진 직관 능력이다. 일에 대한 자신의 '직관', 다음과 같은 구체적인 느낌이 있는지 떠올려 보자.

어떤 목표를 수립하고 난 후

① 아침에 눈 뜨는 것이 훨씬 수월해졌다.

② 가슴 속이 간질간질하다.

③ 눈이 시원해지고, 시야가 또렷해진다.

④ 머릿속이 잘 정돈된 느낌이다.

⑤ 달성했을 때 소리 지를 수 있을 것 같다.

⑥ 주먹을 쥐면 손에 힘이 꽉 들어간다.

⑦ 호흡에 막힘이 없다.

⑧ 성공 장면에서 어떤 느낌일지 생생하게 상상할 수 있다.

등의 느낌이 있으면 아주 이상적인 목표를 설정했다고 할 수 있다. 실제 자신의 몸에 변화가 없더라도 직관적으로 자신을 인식할 때 이런 느낌을 가질 수 있다. 위에 나열한 느낌은 자신의 미시적인 동기(사소한 동기)에 충족감을 느낄 때 경험하게 된다. 목표와 동기가 잘 정렬된 상태라는 뜻이다. 목표는 그 동기가 충족될 때를 상상하게 한다. 일이 즐거워질 수밖에 없다. 그런데 이런 느낌은 어떤 단편적인 문장 하나를 잘 찾았다 해서 운 좋게 만들어지는 것이 아니다. '월 500만 원 수입'이 라는 것이 실제 자신의 욕구와 동기에 어떻게 부합하고, 어떤 의미가 있는지를 면밀히 고려해야 한다.

아들이 있는 40대 남자 중개인이 있었다. 안타깝게도 아들에게 병이 있어 매달 병원비가 300만 원 정도가 들어가는 상황이다. 벌이가 신통 치 않았던 그는 하는 만큼 벌 수 있다는 기대를 안고 부동산 중개업에 뛰어들었다. 아들이 아픈 뒤로는 온 신경이 치료비에 쏠려 '월 500만 원을 꼭 벌어야 한다'라는 목표를 세웠다. 책임감과 부담감이 크지만, 아들의 건강한 모습을 상상만 해도 즐거웠다. 그는 목표를 위해 반드시 월 500만 원을 벌어야 했다.

또 다른 중개인은 어릴 때 아버지와 함께 자동차 박람회에서 보았던 스포츠카를 잊을 수가 없었다. 그 차를 평생에 한 번만이라도 소유해 볼 수 있다면 여한이 없겠다고 사람들에게 말하고 다녔다. 한번은 렌터 카 서비스를 이용해서 운전을 해보았다. 액셀에 발을 올릴 때의 느낌, 살짝 힘을 주면 곧장 튀어나갈 듯 으르렁대는 엔진, 상상 이상의 조작 감으로 그날의 시승은 마음에 불을 붙였다. '꼭 사고야 말겠다'는 목표 를 세웠다. '드림카를 살 때까지 중개 계약을 멈추지 않겠다'며 일 외에 다른 생각을 떠올리지 않겠다고 다짐을 했다. 이 중개인은 목표를 떠올 렸을 때 과연 무엇을 느낄까? 운전석에 올랐던 그 날의 느낌을 잊을 수 있을까?

주변 사람들이 부동산을 추천해서 입사하게 된 중개인의 사례다. '남부럽지 않게 살려면 월에 500만 원은 벌어야 하지 않겠어?' 친구들과 자주 대화를 나누며 막연하게 떠올렸다. '누구나 할 수 있는 일인데 뭐 그냥 하루하루 지내다 보면 500만 원은 벌 수 있지 않을까? 남들이 다 그렇게 말하는 것 보니 나도 벌 수 있겠지.' 그는 부동산 중개업을 시작하며 말했다. '저의 목표는 월 500만 원 벌기입니다.'

앞에 묘사한 두 사례에 비해 마지막 사례는 분명히 힘이 빠진다. 목표에는 동기와 맥락과 의미가 충분히 담겨 있어야만 한다. 세 번째 사례의 주인공이 과연 위에서 언급한 8개의 직관적인 느낌을 받았을까?

'가슴 뛰는' 목표를 만들려면 어떻게 해야 할까? 우선, 가슴 뛰는 이미지를 찾아야 한다. 야외 테라스에서 상하이 야경을 한 치의 걱정 없이 즐기는 것, 초대한 사람들 앞에서 준비한 곡을 피아노로 연주하는 것, 짬짬이 적어둔 나의 조각 글을 모아 한 권의 책을 내는 것, 일시불로 산 스포츠카를 타고 해변도로를 마음껏 드라이브하는 것, 아무런 방해도 없이 연인과 단둘이 춤추는 것 등 떠올리면 떠올릴수록 미소짓게 되고 황홀해져 당장이라도 그 속으로 빠져들 것 같은 그런 이미지를 찾아야 한다. 그 이미지 없이는 아무리 치밀하게 만든 목표라도 내 마음이 시원하게 움직이지 않는다.

이미지를 찾았다면 다음 작업들은 수월하다. 생활 수준을 올리는 것, 여가 시간을 확보하는 것, 환경을 변화시키는 것, 그 어떤 것이든 지금의 중개업에서 시도할 수 있기 때문이다. 내 삶의 가장 가까운 현장에서 시작 포인트를 찾으면 된다. 가슴 뛰는 하나의 장면이 생활 전반에 영향을 미친다. 좋아하는 곡을 피아노로 연주한다는 것은 생계를 위한 시간을 줄여 마음껏 피아노 연습을 하고, 커뮤니티 활동 등으로 조율할 수 있다. 확실한 스케줄 관리로 '일주일에 2건 계약하고, 나머지 시간은 일 생각 하지 않기'라는 목표를 설정할 수 있다. 명확하게 들어오지 않는가?

더 세분화하고, 숫자를 활용하여 구체적인 포인트에 집중하는 등 많은 것들을 고려할 수 있다. 다만, 가장 중요한 것은 자신의 가슴이 쿵쾅거릴 단 한 장면의 이미지가 중심을 잡고 있느냐이다. 이미지가 있다면, 단기적인 목표를 수정하기도 쉽고 과정에서 지켜야 할 방향성도 잃지 않는다. 단기, 중기, 장기 등 어떤 시간적인 차원에서도 목표를 스스로 정리할 수 있다. 그 이후에 '만다라트 목표설정'이든 '스마트 목표설정'이든 어떤 기법이라도 찾아서 실천하면 된다.

행운인 것은 중개업은 시간을 방해하지 않는다. 벌이를 방해하지 않는다. 인간관계를 방해하지 않는다. 오히려 모든 차원에서 기회를 제공한다. 안정감 하나를 위해 시간적 제약, 벌이의 제한, 만남의 제한을 감수하는 회사원, 공무원 생활을 떠올려 보라. 중개인으로 살 때, 꿈과 희망, 이미지라는 단어가 얼마나 현실과 닿아 있는지 느껴볼 수 있다. 헤매지 말고 꼭 생생한 이미지 하나를 붙들어보길 바란다.

목표설정 Tip

· 정말 사소하면서 가슴 떨릴 이미지 하나 찾기
· 보는 것, 말하는 것, 듣는 것, 향기, 맛, 촉감 그 어느 것에서라도 가슴 떨릴 포인트 하나 찾기
· 가슴으로 느낄 수 있는 '가치 단어' 찾기

경쟁 :
나만 뒤처지는 것 같아요

전 세계 국가 중 대한민국 국민이 유독 압도적인 기량을 보이는 곳이 있다. 기존 스포츠 종목을 비롯하여 새롭게 떠오르는 스포츠로 인정받는 게임 분야이다. 박지성, 김연아, 손흥민, 류현진 등의 스포츠 스타들과 프로게이머들의 스타 '페이커 이상혁'은 전 세계인들로부터 관심을 받고 있다. 유명 연예인보다 더 큰 영향력을 행사하고 있다. 우리는 그들을 보며 자부심을 느낀다.

올림픽이나 국가대항전을 보면서 마음졸이고, 눈물 흘리고, 환희에 차 서로를 부둥켜안는 사람들을 보면, 참 감동스럽다. 누군가에게 우리의 문화를 설명할 때, '경쟁'이라는 요소를 빠뜨릴 수 없다. 우리는 어려서부터 다른 사람과 비교와 변별을 위해 만들어진 사회문화적 시스템 속에서 살아왔다. 그러다 보니 대부분의 한국 사람들은 경쟁에서 살아남아야만 했다. 경쟁은 우리의 문화가 되었다. 이상한 자랑거리가 되었다고나 할까.

경쟁 상태에 놓인 우리는 여러 가지 심리적 현상들로 삶 곳곳에 스며 있는 경쟁이 마냥 즐겁지만은 않다. 격정적인 순간의 환희와 즐거움 이면에 불안과 긴장, 갈등이 존재한다. 그런 현상을 마치 당연하다는 듯이 받아들이는 우리들, 즐기는 경쟁보다 경쟁으로 인해 고통받는 우리의 모습을 조금 구체적으로 살펴보자.

OECD 국가 중 자살률 1위 국가 대한민국. 학력으로 자살률을 구분해서 봤을 때, 고졸 〉 대졸 〉 초 〉 중 / 무학 순으로 나타난다. 통계를 어떻게 해석하느냐에 따라 다른 의견을 낼 수 있겠지만, 나는 경쟁 시스템 속에서 많은 국민이 지쳐있다는 것을 염두에 두고 싶다. 경쟁이라는 시스템에 너무나 익숙해진 우리는 이런 사실을 스스로 알아채지 못한다. 지쳤다는 것도 모르고 지내다 문득 깨닫는 순간 '아, 무슨 의미가 있나'라며 극단적인 선택으로 이어지게 된다. 스스로 생을 마감하기도, 무기력 속에 자신을 놓아버리기도 한다. 욕심이나 강박을 놓아버리면 좋겠지만, 생과 삶에 대한 의지를 놓아버린다면… 늦지 않게 스스로를 돌아봐야 한다.

경쟁에서 밀린 느낌을 떠올릴 수 있나? 멘탈코치로서 만났던 이들 중에 가장 쉽지 않은 상황에 놓인 사람들이다. 특히, 많은 수가 스포츠 선수들 중에 있었다. 팀 내 경쟁에서 막 밀려나 벤치 멤버로 포지션이 바뀐 선수들이다. 열등감, 자존감 하락, 자존심, 분노, 억울함, 갑갑함, 조급함 등을 겪는다. 어디서부터 어떻게 한 걸음을 떼야 할지 막막한 이들, 경쟁에서 밀려나는 것은 이리도 무섭다.

중개업이라고 경쟁이 없을까? 여러분은 자유를 추구하고자 중개업을 찾았겠지만, 중개인도 경쟁에 시달린다. 내가 만난 많은 중개인들은 타인과 자신을 비교하면서 스스로를 괴롭히고 있었다. 아시다시피, 중개인은 여러 커뮤니티 속에 있다. 중개법인 소속으로 다른 직원들과 함께 일할 수도 있고, 작은 사무소를 창업해서 주변 부동산들과 소통할 수도 있다. 혹은 자격증을 준비하기 위해 같이 공부했던 사람들 또는 같은 차수의 중개사 합격자들과 소통할 수 있다. 이처럼 중개인들의 모임은 상당히 다양하고 많다. 그들은 서로 협력자, 협업자의 관계를 맺을 수도 있지만, 자신의 역량을 비교할 대상으로 여길 수도 있다. 서로 배우고 나누려고 모였는데, 마음속에 질투와 시기라는 묘한 그림자가 드리운다.

'옆 동네 누구는 이번 달에 15건 계약으로 돈을 꽤 벌었다는데, 나는 왜 5건을 겨우 할까? 무엇이 문제일까?'

5건 계약한 것이 왜 문제가 되어야 할까? 옆 동네 누구보다 적게 계약한 것에 대해서 왜 신경 써야 할까? 경쟁이 필요한 상황인가? 사실 경쟁이 필요한 사람도 있다. 마음 한구석에 열이 피어올라야만 행동할 수 있는 사람들도 있는 것이다. 투쟁심, 승부욕, 위기감 등을 활용하거나, 그것에 의존하는 사람들이다. 활용과 의존에는 큰 차이가 있다. 의도적으로 경쟁을 인식하는가에 따라 구분된다. 경쟁에서 자신의 역량이 극대화되고, 집중이 잘되는 사람이 있다. 스포츠 선수 중 최상위 그룹은 대부분 그 능력을 잘 활용한다. 문제는 의존이다. 당사자는 의도하지 않았는데, 어떤 상황을 경쟁적으로 인식하는 사람들, 그들이 경쟁의 피해자이다.

보통 'OO해야만 한다', '꼭 잘 해야 해', '못하면 어떡하지?' 등 강박이나 두려움에서 지내온 사람들은 경쟁에 민감해진다. 실패했을 때는 자신보다 외부를 탓하며 쉽게 지쳐버린다. 올림픽 금메달리스트도 경쟁 상태로는 몇 시즌 버티지 못한다. 경쟁에 대한 '불안감'은 그들조차도 극복하기 어려운 감정이다. 경쟁이 본질적으로 담고 있는 불안함이라는 요소를 얼마나 잘 다스리고, 운동 본래의 목적을 달성하는가가 메달의 색을 결정한다. 어느 정도의 경지에 달했을 때는 그저 자신의 어제와 경쟁할 뿐이다. 다른 사람과 자신을 비교할 때는 전술적인 고민을 하는 상황에서 객관적인 관점으로만 이루어진다. 정신력과 체력이 극에 달한 이들도 경쟁에 쓰일 에너지를 아끼는데, 일반인들이 끊임없이 자신을 경쟁 상황으로 몰아붙이면 얼마나 힘들까?

경쟁이 아닌 상황을 경쟁으로 인식하는 것 자체가 자신을 괴롭히는 일이다. 부동산 중개업에서는 원한 관계를 만들지 않는 한 경쟁 상황이 거의 발생하지 않는다. 물론, 어떤 고객을 상대로 여러 중개인이 영업을 펼 수 있겠지만, 그것은 경쟁이 아니라 준비된 자에게 돌아가는 '정해진 결과'다. 상대와 견주어 우월하려고 애쓰는 그런 장면은 아니다. 중개업에서는 그저 어제의 나보다 조금 더 준비된 나로 있는 것이 답이다. 누구보다 못하고, 누구보다 뒤처진다는 말은 의미가 없다. 자신을 움직이기 위해 '위기감'이라는 극약에 의존하지는 않았는지 돌이

켜보자. 위기감은 위기에서 벗어날 때나 쓰는 극약이다. 일상에서 계속 쓰기엔 독하다.

결국, 마음의 의지가 필요할 때는 다른 수단을 활용하면 된다. 자신도 모르게 경쟁에 의존했던 사람이라면 강박만이 유일한 수단은 아니란 점 꼭 떠올리길 바란다. 자신의 웃음, 사랑하는 사람의 미소, 인생 목표, 사명감 등 자신의 마음이 움직일 포인트는 아직 많다. 목표설정 편에서 다루었지만, 이 역시 가슴 뛰는 이미지가 있으면 해결될 문제다. 다른 사람과 비교하기엔 여러분의 순수한 의지가 너무 아깝다. 언제든 발견해서 꺼내기만 하면 될 생기 있는 의지를 찾는데 조금만 더 신경을 써보자.

경쟁을 활용하는 Tip

- 비교하던 대상과의 경쟁을 의도한 것인지, 의존한 것인지 자신에게 묻기
- 의도하지 않은 경쟁 놓아버리기
- 경쟁을 대할 때 유쾌하다면, 마음껏 활용하기
- 어제의 나보다 매물 한 개 더 알기
- 어제의 나보다 통화 1초 더 해보기

정체성 혼란 :
영업 스타일을
마음대로 못 정해요

한 사람으로 살면서 스타일에 대해 고민한다는 것은 여러 의미가 있다. 중개인들에게 스타일이 필요한 요소인지 의아할 수도 있다. 일에 무슨 스타일까지 다룰 필요가 있을까 싶지만, 학창 시절 진로에 대해 고민했을 때를 떠올려 보면 스타일의 중요성을 느껴볼 수 있다. 진로를 결정하고, 준비한다는 것은 삶의 모습과 방식을 그려보고 선택하는 것이다. 스타일을 한마디로 정의하려면 사랑을 정의하는 것만큼이나 어려울 것이다. 여러 분야의 스타일을 잠깐 살펴볼까 한다.

스타일이라는 단어를 들으면 어떤 것들이 떠오르는가? 나는 '퍼포먼스'에 상당히 몰두해있는 사람이라 퍼포먼스 측면에서 스타일을 다루어보려 한다. 우리가 잘 아는 축구 선수 중에 박지성과 손흥민의 스타일이 어떻게 다른지 생각해본 적이 있나? 박지성 선수는 체력을 바탕으로 한 성실함, 손흥민은 양발 슈팅이 자유로운 선수로 표현할 수 있다. 이제 그 단순한 표현이 그들의 축구 방식이나 모습과 어떻게 연결되는지 살펴보겠다.

 박지성 선수의 인터뷰는 주로 팀 내에서 자신의 역할과 기여도, 경기를 위해 준비했던 내용에 관한 표현이 많다. 대부분의 경기에서 공격수로 참여했음에도 불구하고, 수비 부분에서 아쉬웠던 점을 많이 표현한다. 이러한 인터뷰 내용은 경기 내내 운동장 구석구석에서 자신이 무슨 역할을 어떻게 해주는 것이 좋을지 명확하게 그리고 있음을 보여준다. 특정 포지션이 주로 활약하는 구역에 얽매이지 않고, 경기 내내 쉼 없이 위치를 바꾼다. 축구에서 선수의 부지런함은 팬과 감독, 동료 선수 모두 좋아할 요소다. 누구나 좋아하는 요소라 표현한 것은 부지런함이 기본적이고 일반적인 요소가 아닌 특별한 요소임을 의미한다.
 박지성 선수는 유럽 선수들에 비해 몸집이 작고, 기술적인 역량을 기를 수 있는 환경에서 축구를 한 것이 아니기에 스스로에게 부족함이 있음을 인정했다. 대신, 축구를 한다는 점에서 '잘함'을 추구할 때 다른 방식을 보여줄 수 있다는 사실 또한 인지하고 있었다. 그리고 가장 확실한 하나의 방식은 체력 훈련을 통해 다른 사람보다 더 많이 뛰고, 더 많이 활동한다는 점이었다. 박지성 선수는 그 점을 놓치지 않고, 자신의 특징으로 만들어냈고, 유럽의 여러 팀 내에서 '성실'을 기초로 한 플레이를 유감없이 펼쳤다. 유명한 공격수들만큼 득점과 어시스트가 많지는 않았지만, 감독과 팀원, 팬들의 사랑을 한몸에 받은 선수였다. 그의 성과는 슛이나 어시스트 같은 숫자로 표현되는 기록보다 주변 사람들이 받은 '영감'일 것이다. 은퇴 후에도 소속 구단이 이벤트를 할 때마다 찾는 레전드 선수가 되었다. 결국, 박지성 선수의 성실한 스타일은 그의 성과와 주변 사람의 인식, 축구에 대한 자신의 태도, 은퇴 후의 활동에도 밀접한 상호작용을 하고 있다. 한 사람의 스타일은 절대 가볍지도 않고, 쉽게 형성되지도 않는다.

손흥민 선수의 사례를 볼까? 그의 가장 큰 특징은 양발로 위협적인 슈팅이 가능하다는 것이다. 축구를 보는 팬의 입장에서 그가 페널티박스 근처에 있을 때는 흥분과 기대가 최고조로 올라간다. 손흥민 선수가 그 위치에서 공을 갖고 골대를 정면으로 볼 때, 골 기대감에 온몸이 짜릿해진다. 그 기대는 손에 땀을 쥐고 경기에 몰입하게 만든다.

그가 가진 하나의 특성 때문에 사람들은 다른 방식으로 상호작용을 하게 된다. 감독은 손흥민 선수가 그런 기회를 더 많이, 더 편하게 포착할 수 있도록 선수들의 역할과 포지션을 짠다. 팬들은 그가 공을 잡을 순간을 고대하며 경기를 지켜본다. 손흥민 선수의 성과는 숫자로 명확히 표현된다. 매 시즌 10골 이상의 골을 넣어 공격 지역에서 위협적인 활동으로 다른 동료 선수에게 더 많은 기회를 주고, 그만큼 어시스트 포인트도 얻어 간다. 이런 성과가 나올 수 있었던 이유는 의도적인 양발 슈팅을 꾸준히 훈련해왔던 배경에 있다. 자신의 장점을 차곡차곡 확보해서 그것을 바탕으로 다양한 플레이를 펼치게 된 것이다.

스타일이란 그런 것이다. 누구든 그 사람의 단순하고 일반적인 특징을 하나로 설명할 수 있다면, 그 사람은 스타일을 가진 것이다. 그런데 누가 보아도 바로 표현할 수 있는 그 특징 하나를 갖는 것은 상당히 험난하고 고된 과정이 필요하다. 박지성 선수와 손흥민 선수가 우리에게

감흥과 영감을 줄 수 있게 된 그 과정을 들여다본 적이 있는가? 십수 년 동안 공을 끼고 축구에 삶을 던졌을 때, 비로소 우리를 흥분시키는 경지에 이른다. 그들은 '나는 이런 스타일의 선수로 사람들에게 느껴질 거야'라고 정해놓고 그 시절을 보냈을까? 생각건대, 그들은 그럴 여유가 없었을 것이다. 당장 축구 인생을 계속 이어갈 수 있을지, 내일의 시합에서 뛸 수 있을지, 자신의 역할을 어떻게 완수할 수 있을지, 한 치의 미래도 생각대로 풀릴 것이라 확신할 수 없는 시간 속에서 어떻게든 위험 속으로 뛰어들다 보니 성장하고 완성에 가까워졌을 것이다. 스타일이라는 것은 절대 쉽게 만들어지는 것이 아니다.

자신의 스타일이 없다고 해서 당장 걱정할 바는 아니다. 만약 여러분이 중개인으로서 하나의 스타일을 갖춘 모습으로 있고 싶다면, 눈앞의 현장 속으로 꾸준히 뛰어드는 것이 필요하다. 그 현장에 뛰어들기 전까지 최선의 준비를 다하는 태도가 필요하다. 그 속에서 자신이 노력할 수 있는 포인트를 발견해 그것을 갖추려 시도하면 된다. 박지성 선수가 경쟁력을 갖추기 위해 '체력'이라는 포인트를 바라보고 노력했던 것처럼 말이다.

가장 큰 전제는 박지성 선수와 손흥민 선수는 '축구'라는 분야에서 자신이 계속 성장해야 함을 알고 있었다. 축구의 규칙이 무엇인지, 축구라는 세계가 어떤 곳인지, 축구에서 자신의 포지션이 어디인지, 자신이 어떤 수준에 있는지, 이 물음들에 대한 답을 모두 할 수 있을 정도로 축구라는 분야에 푹 빠져있었다는 것이다.

여러분도 그렇다. 부동산이라는 세상 속에서, 부동산 중개라는 분야 속에서 꼭 지켜야 할 규칙은 무엇이며, 중개라는 일이 무엇을 위한 일인지, 무엇을 제공하고, 무엇을 얻을 것인지, 어디에서 어떤 포지션으로 중개 일을 할 것인지, 자신은 어떤 수준에 있는지를 들여다볼 수 있어야 한다. 중개라는 분야에서 꾸준한 성장과 잘함을 추구해야 한다.

중개 실무를 접하는 멘탈 단계에서 다룬 기본에 관한 내용에서부터 스타일은 시작된다. 그 중개 장면에서 나타났던 자신의 장점 한 가지로부터 확장할 수 있다. 몇몇 중개인의 성장 사례를 소개한다.

A 중개인은 언변에 자신이 없었다. 말로써 누군가를 설득하고, 순발력 있게 대응하는 등 변수에 대처하는 능력이 부족했다. 대신 자신이 알고 있다고 확신하는 것에 대해서는 '당당함' 그 자체로 대응할 줄 알았다. 그래서 결심했다. 어떤 지역이든 그날의 에이스 매물 하나를 소개할 수 있도록 기억하자. 갑자기 걸려온 고객의 전화에도 에이스 매물을 바로 소개할 수 있으려면, 말 그대로 예상 지역의 매물을 몽땅 살펴보아야 했다. 매일 새벽같이 출근해서 밤늦게 퇴근하기 일쑤였다. 2개월 정도는 결과가 없었지만, 자신이 어떤 상태에서 일을 해야 성과가 나오는지 알고 있던 중개인은 포기하지 않았다. 기존에 쌓인 매물을 다 분석하고, 새로 나온 매물만 직접 가서 보는 정도의 수준이 되었을 때, 계약이 터지기 시작했다. 누가 언제 찾아와도 특정 가격의 물건을 문의하면, 지역에 상관없이 좋은 매물을 소개할 수 있었다. 당당할 수밖에. 고객이 원하는 조건에서 최고의 매물을 보여줄 수 있다는 '자기만의

확신'이 자신감과 당당함을 만들어주었다. 실제로 A 중개인이 정확한 정보를 다 알고 있지 않다고 하더라도, 그는 자신이 그럴만한 준비가 되었다고 확신을 가졌다. 그만큼 자신이 납득할 만한 준비를 했기 때문이다.

한편, 다른 중개인들은 A 중개인의 당당함을 부러워했다. 그 당당함을 흉내 내려고 시도한 중개인도 많았다. 말투, 옷차림, 목소리, 행동 등에 포인트를 두고 따라 하려고 시도했다. 그런데 당당한 모습을 아무리 좇아도 성과가 나오질 않았다. 고객들의 반응이 A 중개인의 그것과는 달랐다. 다른 중개인들은 A 중개인의 당당함이 어디에서 나오는지 볼 수 있는 눈이 없었다. 당당하다 여기는 스타일만 흉내 낸다고 해서 얻을 수 있는 것은 아니다. 자신의 내면을 탐색할 줄 알고, 어떤 점이 실현되어야만 하는지 이해할 수 있어야 그것이 스타일로 자리 잡게 된다. A 중개인의 당당함은 그런 과정을 거친 당당함이었다.

B 중개인은 자동차 영업 직원 출신이었다. 이 중개인은 고객이 언제, 무엇 때문에 망설이는지를 누구보다도 잘 파악할 수 있었다. 고객이 원하는 조건을 최대한 수용하되, 망설임 때문에 계약을 미루는 일을 예방하는 것에 목적을 두고 일했다. 이전까지 많은 실패 경험이 있었다. 실컷 방을 다 보고, 좋은 조건의 매물을 발견했음에도 불구하고 망설이다 계약을 못 하게 된 상황을 여러 번 겪었다. 때로는 B 중개인과 같이 매물을 보고 망설인 고객이 다음날 다른 중개인과 방문하여 계약한 허무맹랑한 상황도 있었다. 그러다 보니 B 중개인은 고객의 망설임을 미리

알아채고, 지금 결정할 수 있도록 돕는 것이 최선이라 생각했다. 중개인이 활용한 방법은 프레이밍이다. 고객이 원하던 조건이 현재 여기에 있음을 꾸준히 상기하도록 대화를 이끌었다.

"고객님, 우리가 내일 당장 어떤 매물이 나올지는 확신할 수 없습니다. 내일까지 방을 더 보실 수 있다면, 언제든 저에게 문의 주세요. 원하시는 조건으로 내일 새로운 매물이 나온다면 즉시 알려드릴 수 있습니다. 그런데 분명히 오늘 본 매물 중에서 이 방에 가장 호감을 보이셨어요. 오늘 본 이 방은 누가 봐도 끌릴 만한 방이라 내일까지 남아 있을지는 확신할 수 없습니다. 마음에 들지 않으셨다면 권하지도 않겠지만, 혹시나 하는 마음으로 내일을 기다리는 건 더 무모할 것 같아요. 오늘까지 나온 다른 방을 더 보셔야겠다면 제가 기꺼이 조건 맞춰서 찾아드릴 수 있습니다. 고객님의 지금 조건에서 더 열어볼 수 있는 것이 없다면, 이 방은 오늘의 최적입니다."

물론 이 멘트를 던지기 위해서 꾸준히 고객과 신뢰를 쌓아두어야 한다. 사소한 부분에서 신뢰를 잃게 된다면 '영업'으로 밖에 보이지 않는다. B 중개인은 수많은 실패를 경험하며, 신뢰를 쌓는 과정을 겪었다. 그런 과정에서 나온 순발력 있는 멘트에 신뢰가 가는 건 당연했다. 고객의 망설임을 예방하는 것. 그것이 B 중개인의 스타일이다. 이 또한 멘트만 흉내 낸다고 해서 같은 결과가 나올 리 없다. 영업직으로 근무하며 터득한 눈썰미와 실패에 대한 확신으로 다져진 의미 있는 멘트가 결과를 만든 것이다.

위의 사례처럼 자신을 표현할 수 있는 특징과 스타일을 갖춘다면, 박지성 선수나 손흥민 선수만큼의 인지도는 아니더라도, 우리 중개 분야에서 누구나 부러워할 만한 업적을 성취할 수 있을 것이다. 그 스타일을 통해 한 차원 더 높은 단계의 중개를 보일 수 있을 것이다.

그러나 아직 중개라는 분야에서 그런 매력이 공유되지는 못하고 있다. 경험 많고 역량이 큰 중개인분들도 많지만, 이 부분에 주목하려는 시도가 없는 편이다. 그럼에도 불구하고 스타일을 갖출 때까지 시도하고 노력하는 것은 가치가 있다. 누군가 시작하면 같이 상호작용하여 서로 더 나은 상태를 만끽할 수 있기 때문이다. 중개인으로서 자신의 정체성을 하나씩 발견하여 현장과 꾸준히 상호작용을 한다면, 어느 날 후배 중개인이 여러분에 대해 한마디로 표현해줄 것이다. 다음날 현장에서 어떤 경험을 하게 될지 아무도 모르는 분야지만, 그 현장을 위해 최선을 다해 보라. 스타일을 찾기 위한 가장 효율적이고 효과적인 방법이다.

스타일 형성 Tip

· 중개 과정에서 발견된 자신의 확실한 강점 한 가지 발견하기
· 강점이 성과로 이어지기 위한 조건 발견하기(ex : 확신을 위한 매물 준비)
· 강점과 기본 조건 충족을 위해 실천하기
· 한 단어로 자신의 스타일 정리하기(ex : 당당한 중개인)

윤리적 갈등 :
이게 옳은 걸까요?

정답이 없는 세계를 마주하는 것은 언제나 버겁다. 대부분의 사람들은 애매한 상황을 피하려 한다. '짜장면이 좋아? 짬뽕이 좋아?'라는 질문에 대해서도 쉬이 대답하지 못하는 우리들. 세상에는 양자택일보다 더 모호한 질문에 맞닥뜨릴 때가 많다. 개인의 욕구 수준에서도, 사회적 윤리 수준에서도 말이다.

여러분에게 누군가가 묻는다. 만약 당신이 대통령이라면 타국의 전쟁 난민이 입국을 요청해올 때 허락해줄 것인가. 치명적인 전염병에 걸린 외국인이 치료를 위해 입국 요청할 때, 입국을 허가할 것인가. 국민 투표가 진행되지 않는 이상 최종 결정은 대통령이 해야 한다. 다양한 의견 속에서 많은 것을 고려해 결정을 내려야만 한다. 당신은 어떤 결정을 내릴까? 우리가 나눌 내용은 여러분이 내린 답의 내용과는 관련이 없다. 중요한 것은 그 결정을 내리게 된 과정과 기준이다. 사회적, 국가적인 차원에서 나타날 수 있는 문제라 다른 세상의 일처럼 여겨질 수도 있겠다. 조금 더 우리 현실과 가까이 있는 사례를 살펴보자.

내가 사는 빌라 근처에는 길고양이가 많다. 지나가는 사람들에겐 반갑고 귀여운 존재일지도 모르겠지만, 세 들어 살고 있는 빌라의 건물주는 그렇지 않은 모양이다. 쓰레기 수거 장소에 내놓은 봉투가 밤만 되면 뜯어져, 주변에 쓰레기들이 너저분하게 널려있기 때문이다. 상황이 이러니, 건물주는 짜증이 난 상태로 아침을 시작했다. 길고양이들은 굶주림에 쓰레기봉투를 자꾸 뜯어대고… 나는 그런 분위기의 일상 속에 살고 있다. 어느 날, 짜장면이 너무 먹고 싶어 배달을 시켰다. 평소에는 일회용 그릇에 배달되어 용기는 깨끗이 씻어 재활용 쓰레기통에 버리면 깔끔하게 정리가 되었다. 그날따라 수거용 그릇에 배달되어 온 짜장면, 먹기는 잘 먹었는데 그릇을 적당히 헹구고 봉투에 담아 빌딩 문 앞에 내놓으러 나갔다. 슬리퍼를 신고 빌라 출입구까지 가서 그릇을 내려놓고 허리를 펴자마자 시야에 들어온 손글씨가 보였다.

'배달음식은 절대 빌라 입구에 두지 마시고, 배달 직원이 직접 호실에 방문하여 수거하도록 하십시오.'

그 문구를 본 내 마음에 잠깐 갈등이 일었다. '에이, 금방 와서 가져갈 건데 굳이 우리 집까지 계단을 오르내리게 할 필요가 있나?'라는 마음과 '행여나 고양이들이 그새 봉지를 뜯어버리면 입구가 난장판이 될 텐데…'라는 걱정이었다. 잠깐 멈칫하다 허리를 숙여 그릇 봉지를 주워드는 그 짧은 시간에 내 마음에는 파동이 일었다. 그 과정에서 결정을 내렸다. '남기지 않아도 될 찜찜함을 남기지 말자'라는 기준에서 말이다.

이런 생각을 한 것은 내가 매우 윤리적인 사람이라 그런 것이 아니다. 정말 윤리적인 사람이었다면 문구를 보자마자 즉시 봉투를 집어 들었을 것이다. 기준은 찜찜함이었다. 내 삶의 어느 포인트에서 그 찜찜함을 경험했었는지 기억은 나지 않는다. 대신 마음이 찜찜하면 너무 불편했다. 누군가에게 안 해도 될 비난을 하고 나면 마음 한구석이 씁쓸하고, 찜찜하던 그런 느낌… 이건 사람마다 각자 경험에 따라 다를 것이다. 중요한 것은 애매한 상황에서, 혹은 내적인 갈등이 있는 상황에서는 직관적이고 단순한 기준이 필요하다는 것이다.

이러한 갈등은 누구에게나 일어날 수 있다. 중개인에게도 마찬가지다. 고객들 사이에서 이것저것 조율해야 하는 중개의 입장에서는 일반인보다 더 자주 갈등을 겪을 수도 있겠다. 간단한 사례를 더 보자.

신혼부부가 신혼집으로 삼을만한 월세방을 구하러 당신을 찾아왔다. 상담에서 매물을 보여주는 과정까지 신의와 성실을 다해 안내했다. 말이 그렇지, 방을 15개 정도 보여줄 동안 당신도 꽤 지쳤다. 그런데 손님을 차에 태우고 다니다 보니 자꾸 코끝이 간질간질하고 콧물이 흘렀다. 고양이 털 알레르기가 있는 당신은 털이 조금만 날려도 재채기가 나고 눈물 콧물이 흘렀다. 당신은 분명히 그것이 고양이 털 때문이란 걸 알았다. 슬쩍 손님의 옷을 보니 분명 고양이 털이 보였다. 알레르기 때문에 아주 민감하게 털을 발견할 수 있었다. 어쩌겠는가, 그러려니 했다. 그렇게 힘겹게 방을 보러 다니다 드디어 신혼부부도, 임대인도 마음에 들어 계약하고 싶은 방을 발견했다. 이제 자잘한 몇 가지 요소에 대해서만 협의가 끝나면 하루의 힘든 일과를 마치고 달콤한 보상을 받을 수 있는 상황이었다. 그때 임대인이 한마디 했다.

"반려동물은 절대 안 됩니다. 다른 호실 세입자들이 하도 민원을 넣어서, 원래 있던 세입자도 방을 일찍 빼게 된 거예요."

이 상황, 마음이 철렁 내려앉는 당신. 손님들의 눈을 잠깐 보는데, 부부는 "걱정하지 마시라"고 말한다. '분명… 고양이 털 맞는데, 내 몸의 반응이 정확한데… 손님한테 한번 확인해야 할까?', '에이, 뭐… 본인들도 아니라 하고, 나도 오늘 너무 고생 많았는데 여기서 마무리하고 기분 좋게 집에 가자' 사이에서 마음의 갈등이 일어난다. 실제 이런 상황에 직면한다면 당신은 어떻게 할 것인가?

아주 사소하지만, 우리의 노력과 보상과 양심이 걸려 있는 문제다. 정답은 없다. 각자의 가치관에 달렸을 뿐이다. 사소해 보이는 갈등 사례 하나를 짚어 봤지만, 중개인의 가치관과 결정에 따라 달라질 수많은 요소가 중개 과정 곳곳에 있다.

이러한 윤리적 갈등이 문제가 되는 이유는 갈등에 대한 결정으로 인해 여러 가지 멘탈 관련 이슈들이 떠오르기 때문이다. 가치관이 명확하게 서지 않아 이러한 내적 갈등이 지속적으로 발생한다면, 그 중개인에게는 중개 일이 너무 버겁게 여겨진다. 애매한 상황에 처하는 것은 대부분의 사람이 피하고 싶은 일이다. 심리적으로 소모해야 할 에너지가 너무 많아 정작 써야 할 부분에 힘을 못 쓰게 된다. 매물을 조사하거나 임대인들과 친분을 다지거나 광고에 심혈을 기울이거나 손님들에게 한 번 더 연락해보는 등의 활동 말이다.

사람들은 이러한 윤리적인 갈등을 방지하기 위해, 덜 힘들기 위해 법이라는 것을 만들었는지도 모른다. 내가 고심하고, 방황하지 않아도 결정을 맡겨버릴 어떤 기준이 법이라는 이름으로 공표되어 있다. '법에 어긋나지만 않으면 뭐든 해도 상관없지 않아?'라는 말이 얼마나 속 편한 말일까. 실제로 우리들의 삶에서는 그런 방식으로 결정한 사례들이 많이 있다. 하지만 그 속 편함이 얼마나 매정하고 철없고 유치한 결정인지 마음 한편은 찝찝할 것이다.

결국 윤리적 갈등에 처하지 않을 능동적이고 자발적인 노력을 해야만 한다. 그 방법은 바로 '가치관 정립'에 있다. 아무리 사소하더라도 자신이 직접 설정하고 자신만이 따르는 그 기준을 정립해두었을 때, 이러한 윤리적 갈등 상황에서 단단해질 수 있다. 내적 갈등에서 시간을 보내는 힘겨움을 한번 겪어보면, 가치관을 정립하는 것이 효율성 측면에서 얼마나 세상 살기 편한 방법인지를 알게 될 것이다. 가치관 정립이라면 거창할 것 같지만 그리 어렵지는 않다. '남기지 않아도 될 찝찝함을 남기지 말자' 정도의 다짐이면 된다. 그리고 좀 더 재미있고, 생산적인 일을 하면 되는 것이다.

가치관 정리 Tip

· 일상에서 오픈마인드로 생활하기

· 편견이나 판단 없이 독서하기

· 직관적으로 떠오르는 '한 문장 신념' 만들기(ex : 남기지 않아도 될 찝찝
  함을 남기지 말자)

· 가치관을 반영한 의사결정 내리기

· 결과를 직면하고, 가치관에 반영하기(ex : 기존 가치관 유지 / 가치관 수정)

당황 :
예상치 못한 질문에
당황했어요

'머릿속이 하얘진다'라는 말을 얼마나 자주 쓰나? 생활이 규칙적인 사람은 그 빈도가 상당히 적을 것이다. 다만, 그 루틴이 강하게 흔들릴 정도의 상황에서는 아무런 의사 처리가 안 되는 상태를 경험하기도 한다. 일상에 변수가 많은 사람은 대처 방안을 빠르게 떠올릴 수 있겠지만, 마찬가지로 의사 처리가 잘되지 않는 상태를 경험한다. 당황스러움에 대해 느끼는 빈도와 강도는 사람마다 다르겠지만, 다들 경험한다. 당황스러움은 퍼포먼스에서 가장 경계하며, 겪지 않기 위해 많은 준비와 노력을 쏟는 대상이다.

모든 스포츠 종목의 최고 기량을 겨루는 대회에서는 잠시라도 당황하면 패배로 직결될 수 있다. 올림픽 종목 중 레슬링을 떠올려 보자. 단순하게 규칙을 표현하면, 상대 선수의 등 쪽 어깨선을 바닥에 닿도록 하면 이긴다.

결승전에서 양 선수는 일상에서 보기 어려운 자세로 대치하고 있다. 자신이 넘어질 만한 요소를 최대한 주지 않는 상태에서 상대 선수를 넘길 수 있는 요소를 찾아 낚아채려 힘겨루기 중이다. 기술 수준에 따라 선수들이 고려해야 할 경우의 수도 많아진다. 세계 최고의 레슬링 선수를 상대하는 입장에서는 얼마나 많은 공격 옵션을 염두에 두고 시합에 임해야 할까. 목을 잡혀도, 발목을 잡혀도, 무릎을 잡혀도, 손목을 잡혀도, 어깨를 잡혀도, 어떤 신체 부위를 잡혀도 넘어지고, 패배할 수 있는 그런 상황이다.

극도로 긴장하고 예민해진 상태에서 상대 선수의 작은 움직임을 보고 대처해야 한다. 머릿속은 반응을 준비하는 동시에 전략까지도 구상해야 하는 상당히 복잡하고 수고로운 정보처리가 일어난다. 그런 와중에 상대가 전혀 생각지 못한 움직임을 보인다. 대응법을 떠올릴 새도 없이 상대는 내 몸에 가까워졌다. 나는 온 마음, 온몸으로 이 순간을 해결하고 싶다는 욕구에도 불구하고, 머리가 도무지 굴러가질 않는다.

'어… 어?'

어느새 나의 시야는 천장으로 꽉 차 있고, 등에서 서늘한 느낌이 든다. 허무함과 억울함이 빠른 속도로 마음속을 잠식한다. 어떤 상황인지 의식적으로 파악하려고 눈동자를 굴려 주변을 본다. 심판은 손을 들어 올리고 상대 선수는 눈물을 흘리며 경기장을 날뛰고 있다. '아… 졌구나' 그제서야 패배를 인식한다. 금메달을 얻겠다고 노력했던 지난 인생과 치열하게 준비했던 4년이 머릿속을 스친다. 가슴이 턱 막히고, 울고

만 싶다. 그러나 찰나를 놓친 자신에 대한 분노와 가족, 지도자들의 기대와 실망이 한꺼번에 떠올라 눈물을 흘릴 새도 없다. 상대에게 인사를 하고, 퇴장하는데 문득 떠오른다. '아니, 왜 상대가 들어오는데 아무것도 못 한 걸까?'

국가대표 레슬링 선수에게 4년은 '경기 중에 당황하지 않는 것'이 최대 과제인 시간이다. 목표했던 성과를 달성하려는 사람에게 당혹감은 퍼포먼스의 성과 측면에서 아주 위험한 요소이다. 가상의 사례지만, 실제로 잠깐의 당황은 금메달을 눈앞에서 놓치게 만드는 요소이기 때문이다. 조금 더 분석해보면, 꼭 대응해야 할 외적인 자극에 대응하지 못하게 만드는 것이 당황이다. 사람의 인생을 볼 때 레슬링 한 경기는 찰나의 순간이다. 상대의 작은 움직임이 일어나는 찰나에 자신의 의식과 의사처리 능력이 멈춰버리는 것, 그것이 성과를 결정해버리는, 정말 잔혹한 세계가 아닌가?

당황은 역설적으로 당황을 대처하고, 얻고 싶은 것을 얻고자 하는 욕구 때문에 일어난다. 대부분의 당황은 예기치 못한 일이 발생했을 때 느끼게 된다. 선수들은 그 예상치 못한 일을 예방하고자 많은 준비를 한다. 자신이 마주할 수 있는 대부분의 상황에 대응하도록 자신의 상태를 만드는 것이다. 달성하고 싶은 목표와 그 성과에 대한 강한 집념이 움직이게 만든다. 올림픽 금메달을 획득하는 것, 우리에게는 평생에 한 번도 추구하기 힘든 목표다. 대신 그 명예와 영향력 또한 상상을 초월할 것이다.

4년 내내 이를 악물게 만들었던 그 가치. 만약 약간의 실수만으로 그 가치를 얻지 못한다 생각하고 경기에 임하면 어떤 느낌일까? 얼마나 떨리고 불안할까? 그런 심리적 상태도 당황에 빠지게 하는 원인이 된다. 이를 예방하기 위해 자신의 마음과 태도를 정리하고자 멘탈코칭을 활용하기도 한다. 결국, 당황의 원인은 준비와 욕구이다. 이 두 가지가 없는 상태에서 성취는 있을 수 없기에, 더욱 잘 준비할 수밖에 없는 것이 퍼포먼스의 세상이다.

　　중개인 역시 마찬가지이다. 중개인으로 중개 현장에서 활동하다 보면 '당황스러움'은 자주, 여러 번 직면하게 된다. 이 또한 준비와 욕구 때문에 일어난다. 여러 차원에서 발생하는 욕구는 자신의 능력을 확인하는 것, 고객의 만족스러운 표정을 보는 것, 수수료를 받는 것 등이 있겠다. 이러한 욕구를 만족시키기 위해서 준비 또한 여러 차원에서 한다. 많은 매물을 보고, 손님과의 상담에서 얻어야 할 정보를 파악하고, 이동할 동선을 기획하고, 머릿속으로 전체 과정을 시뮬레이션해보기도 하고. 이러한 노력은 성과를 만들어내는데 반드시 필요한 요소이다. 이런 준비 과정에서 전혀 고려하지 못한 요소가 발생했을 때 당황하게 된다. 예를 들면, 보증금과 월세를 협의하고 고객에게 계약 의사까지 받았는데, 갑자기 임대인이 월세를 더 올려받고 싶은 의사를 표현하거나, 방을 보는 과정에서 손님이 다른 부동산에서 걸려온 전화를 받고 그쪽으로 가버린다거나… 과연 중개인은 어떻게 인식하고 다스려야 할까?

당황스러운 그 순간의 임시 해결방법은 1분의 시간을 확보하는 것이다. 전화를 급하게 해야 한다던가, 화장실을 잠깐 다녀와서 이야기를 이어가자던가, 자리를 옮겨서 대화를 나누어야 할 것 같다던가, 다른 사람에게 더 확실히 알아보고 진행하는 것이 좋을 것 같다던가… 당황에서 벗어나 뇌가 다시 정보처리를 시작하도록 시간을 주는 것이 필요하다. 스포츠 상황에서는 거의 불가능한 대응이지만, 중개 장면에서는 얼마든지 가능하다. 상대가 패배시킬 목적으로 나를 만나는 것이 아니기 때문이다. 하지만 이 대응은 그 순간을 대처해 더 나은 의사결정을 하기 위한 임시방편일 뿐이다.

더 확실하고 본질적인 대응은 너무나 당연하게도 '준비'이다. 준비라 한다면 알지 못했던 지식을 갖추든지, 예상치 못한 질문을 받지 않아도 될 의사소통 흐름을 미리 만들든지, 구체적인 의사소통은 홈그라운드인 사무실에서 나눌 수 있도록 공지하든지… 이 또한 상황과 맥락에 맞게 다양하게 갖출 수 있다.

더 분명한 것은 '당황'은 여러분이 얼마나 성과를 만들어내기를 원하는지, 얼마나 더 갖추어 잘 해내려는 마음이 있는지를 증명해주는 감정이다. 퍼포먼스에서 일어나는 당황은 자신의 준비와 욕구로부터 만들어지는 것이다. 당황을 느꼈을 때는 자신이 당황했다는 사실을 분명히 인식해야 하며, 더불어 '아… 내가 이 일을 정말 소중히 여기고 있구나'라고 해석해주는 것이 필요하다. 중개업에서는 당황했다는 사실이 성과를 종결시켜버리는 것은 아니니까.

'당황'은 중개인이 언제든지 마주해야 할 감정이다. 언제 어떤 것에 당황할지는 통제할 수는 없지만, 당황스러운 순간 나의 행동적, 의식적 대처는 상대적으로 더 쉽게 준비할 수 있다. 혹여나 '욕구나 준비를 덜 하면 당황함을 덜 느끼겠구나'라고 해석하면 안 된다. 더 나은 성과를 만들어내는 가장 큰 두 요소를 포기하게 되기 때문이다. '구더기 무서워서 장 못 담근다'라는 말은 이런 상황을 경계하라고 있는 말 아닐까. '잘함'이라는 가치는 회피보다는 정면으로 마주하는 사람들이 더 쟁취할 수밖에 없다. 당황함에 정면으로 대처할 수 있으니 꼭 계약과 성과라는 장을 담그길 바란다.

관계 :
도움받을 곳이 없어서
외로워요

인간의 가장 기본적인 심리 욕구는 자율성, 유능감, 관계성이다. 자율성이나 유능감은 본인의 의지로 환경을 정리하면서 만족할 수 있지만, 욕구 차원의 만족을 위해 타인을 꼭 필요로 하는 것이 관계성이다. 혼자 있는 시간을 즐기고, 다른 사람의 간섭 없는 환경을 좋아하는 사람도 평생을 그렇게 살 수는 없다. 나라는 존재 외에 아무도 없는 세상에서는 허무와 무의미를 버티어내야만 하는데, 우리로서는 상상조차 할 수 없는 일이다.

다른 사람이 세상에 존재하지 않는다면 나의 삶은 무의미할까? 누구도 겪어보지 못한 경험이라 누구의 답도 정답이 될 수는 없다. 극도의 외로움 앞에서 삶의 가치를 마련할 기준을 찾기 어렵다. 지금 우리가 주변 사람들로부터 자신의 삶에 의미를 찾고 있는 사례를 떠올린다면 더욱 명확해질 것이다.

우리는 왜 일을 할까? 무거운 눈꺼풀을 힘겹게 들어 올려 일터로 가야 할 이유가 무엇인가? 오늘도 짜증과 화가 많은 고객을 만날까 노심초사하며, 잠깐 간절한 기도 한번을 하고서라도 출근하는 이유는 무엇일까? 생계를 유지해야 하니까, 자신을 바라보고 있는 가족들의 생계를 유지해야 하는 의무감에, 혼자 살아도 자신의 생계를 위해, 따로 사는 가족들에게 걱정을 끼치고 싶지 않아서 집을 나선다. 관계를 떠올릴 때 가장 먼저 떠오르는 사람은 아마 가족일 것이다. 가족과 관련된 삶의 의미는 정말 다양하겠지만 '같이 살아감'을 실현하기 위해서가 아닐까?

중개라는 작업을 일로만 본다면 절차를 문제없이 진행하고, 중개 수수료를 받으면 된다. 한 건의 일은 그렇게 끝나지만, 우리는 거기에 다른 욕구를 반영한다. '내가 잘하고 있는 건가?', '아, 중개 한 건 하는데 왜 이렇게 할 일이 많지?', '손님이랑 나눈 대화가 너무 즐거웠는데 다른 사람이랑 공유하고 싶어', '오늘 수수료 300만 원짜리 한 건 해서 자랑을 좀 하고 싶은데…' 다른 사람과의 소통을 통해서만 얻을 수 있는 욕구들이 있다. 욕구라는 것은 충족되지 않으면 스트레스로 돌아오기 마련인데 일을 하면서 매번 스트레스가 누적된다면 건강한 생활이라 할 수 없다. 간단한 사례만 봐도 사람 사이에 욕구를 끌어내는 관계는 중요하다. 관계로부터 얻는 것 또한 아주 다양하고 많다. 중개인으로서 다른 사람과의 관계를 통해 얻을 수 있는 것을 살펴보자.

중개인이 반드시 얻어야 할 정보는 매물 정보, 계약 여부, 권리 관계, 실무 관련 지식, 중개 과정에서 발생하는 문제들에 대한 해결 노하우 등 아주 다양하다. 이런 정보들은 인터넷 조사를 통해 얻을 수도 있지만, 오프라인으로 지역을 돌면서 수집해야 하는 것도 있다. 중개인이 직접 경험해야만 얻게 되는 것도 있다. 처음 중개 일을 접하면 중개 과정에서 일어나는 모든 실무적인 요소를 하나씩 해결해나가게 된다. 처음에는 막막하고, 사고가 날까 걱정이 되고, 불안한 느낌이 먼저 떠오른다. 인터넷에서 정보를 찾아가며 해결해보려 하지만, 결국에는 중개 건에 대한 책임과 부담을 자기 혼자 고스란히 떠안아야 함을 깨닫고는 '외로움'에 처하게 된다. 자유롭게, 개인적으로, 독립적으로 일을 할 수 있는 것이 중개인이라는 직업의 매력이지만, 동시에 절정의 '외로움'을 동반하기도 한다. 준비가 되지 않은 사람에게는 말이다.

관계성 욕구 측면에서도, 중개인으로서 자리를 잡는 과정에서도 '관계'는 중요한 요소다. 관계는 한 개인이 구성해 갈 수 있는 영역이다. 어떻게 관계를 구성하면 좋을까? 개인의 상황마다 다르겠지만 의도적으로 커뮤니티를 활용하는 방법이 있다. 현재 일과 관련된 공동체에 속해 있다면 그 영역을 더욱 적극적으로 인식하고, 그 속에서 본인이 '자신의 관계성 욕구를 어떻게 만족시키고 있는지' 들여다볼 필요가 있다.

중개인으로서 실무 노하우를 나누기 위해 활용할 수 있는 장(場)은 다양하다. 이미 잘 갖추어져 있는 중개법인이나 중개사무소의 직원으로 취직을 하는 것, 공인중개사협회에서 주최하는 여러 행사에 참여하는 것, 애플리케이션을 통해서 소모임을 만드는 것 등을 활용해봐도 좋다. 자신이 주로 활동하는 구역의 다른 중개사무소들을 일일이 방문하여 인사하는 것도 방법이다. 명함과 간단한 음료를 준비해서 자신을 소개하고 다닌다면 다른 중개사무소에서도 마다할 이유가 없다. 중개인들에게 관계는 항상 필요하고 도움이 되는 요소이기 때문이다.

내성적이고 소극적인 분들에게는 의도적인 참여가 부담스러울 수 있다. 관계는 필요한데 나서지는 못하겠고 참 답답할 테다. 하지만 중개인의 생활을 다짐했다면 사람을 만날 각오 정도는 해두었을 것이다. 많은 사람이 아닌 단 한 명을 만날 기회를 꾸준히 만들어가면 된다. 관심 지역의 건물을 하나씩 돌면서 건물주와 눈맞춤 인사를 하고, 임대인이 맡긴 매물을 공유 플랫폼에 올려서 다른 중개인이 자신을 찾게 만들어도 된다. 중개라는 과정은 일 대 일로 사람을 만나게 될 일이 많은데, 이 기회를 관계라는 측면으로 인식하고 구성해가는 것이다.

많은 중개인을 만나 여러 가지 이슈로 나눈 대화 중에 관계로 개선해야 할 문제들을 다루기도 했다. 예시를 모두 거론할 수는 없지만, 활용해볼 만한 유용한 질문이 하나 있다. 어떤 문제에 직면했을 때, '지금 이 문제가 관계에 관한 문제인가?'라는 질문을 스스로 떠올려 보라. 관계가 어려워 관계와 관련된 이슈를 다루기 힘들어 고립을 자처한 경험이 있기에 이 부분을 언급했지만, 다른 방식으로 해결할 수 있는 문제임에도 불구하고 관계와 엮어 생각해버려 스스로를 더 힘들게 하는 경우도 많다. 정말 관계에 관한 문제라 판단된다면 관계를 천천히 쉽게 형성하려 시도해야 한다.

인간으로서 느끼는 본질적인 외로움 외에 자신의 인식이나 환경에서 만들어지는 외로움은 관계를 통해 많은 시너지를 얻을 수 있다. 적어도 일터에서 외로움을 느끼는 시간은 많이 줄어들 것이다. 실무적으로 더 많은 매물과 더 많은 중개인, 더 많은 임대인을 나의 영역에 끌어들일 수 있다. 부동산 중개 시, 자신감과 안정감을 확보할 수 있는 가장 확실한 조건들이다. 매물, 임대인, 중개인 등 모든 조건을 '관계 구성'이라는 목적에 둠으로써 일터에서 더 당당하게, 더 자신 있게, 더 보람 있게 일을 할 수 있다. 심리적으로 안정적이고 균형 있는 상태를 유지해 배움과 성장 또한 진지하게 이루어진다. 중개인으로서 '잘함'을 추구할 수 있는 상태가 된다.

성장 :
열심히 움직이는데
성과가 나오지 않아요

우리는 숫자를 통해서 성장을 확인하는 것에 익숙해져 있다. 초중고 시절에 무수히 반복해왔던 방법이다. 그러다 보니 자신의 성장을 스스로 확인하는 많은 방법을 발견하지 못한 채 오랜 시간을 지내왔다. 성적이라는 또렷하고 명확한 성과가 번번이 확인되어 다른 방법을 발견할 필요가 없었다. 사회에서는 성과를 또렷이 보기 어려워 무엇이 성과인지 모른다. 그러니 자신의 성장을 확인할 수도 없다.

중개인은 열심히 움직이는데도 계약 건수나 수입이 생각만큼 늘지 않을 때 의심한다. '이렇게 열심히 하는데 왜 계약이 더 늘지 않지?', '나는 이 일이 맞지 않는 사람인가?', '지금 방법이 잘못된 것 아닌가?' 등의 질문을 자신에게 던진다. 중개는 성과를 확인할 숫자가 많지 않다. 내가 확인하고 싶을 때 바로 확인할 수 있는 그런 숫자가 아니라, 중개인은 자신의 성장을 의심하게 된다. 숫자가 만들어내는 성과가 아닌 스스로 설계한 변화에 주목한다면, 훨씬 보람되고 다음 성장을 위해 체계적인 계획을 세울 수 있을 것이다.

　야구의 배트 스윙을 한번 떠올려 보자. 나무 방망이를 손에 쥐고 허공에 휘두르는 행위 자체는 너무나 단순하다. 무게만 조정해주면 어린아이들도 해낼 수 있다. 이 행위의 성과만 보고 성장을 판단한다면, '할 수 있다, 할 수 없다' 수준에서만 평가하게 된다. 유아의 수행 수준을 판단할 목적이 아니라면 크게 의미가 없는 평가다.

　아무런 연습 없이 처음 배트를 휘두를 때를 가정해본다. 최대한 공을 잘 칠 수 있는 궤적으로 던져준 공을 '칠 수 있다, 칠 수 없다'라는 수준으로 평가한다면, 대학생 또래의 남녀 중에 공을 칠 수 있는 사람은 50% 정도에 불과하다. 성과 측면에서 좀 더 복잡하고, 많은 고려가 반영된 '맞힘'을 기대하기 때문에 단순히 맞힌다는 것은 크게 의미가 없다.

　야구에서 배트 스윙을 볼 때 우리는 안타, 홈런이라는 성과로 본다. 잘 정리된 기록 스포츠 중 하나라서 숫자로도 그 성과를 볼 수 있다. 우리는 야구에 열광하는 것은 성과를 올리기 힘든 종목이라 그렇다. 한 해에 프로 1군 무대에서 50개의 홈런을 치는 것이 누구에게나 쉬운 성과였다면 사람들이 열광할까? 우리나라 타자 중 최고 수준에 이르렀다는 선수가 몇 년에 한 번 겨우 해낼 수 있을 만한 성과이다. 그런 선수에게 우리는 찬사를 보낸다. 자신의 성장을 단순히 성과만으로 평가했다면, 절대 박병호와 같은 선수는 나타나지 못했을 것이다. 50개 이상의 홈런을 쳐내는 타자지만, 그런 기록을 만들기까지 프로 무대에서 9년이라는 시간을 버텨야 했다. 그중 7년은 타율 2할을 넘겨본 시즌이 3

회밖에 되지 않는다. 그가 성과로 성장을 확인했다면 십중팔구는 은퇴했을 기록이다. 성장과 성취를 느끼기 어려운 그 시간 속에서 어떻게 스스로에 대한 의심 없이 지낼 수 있었을까?

추론컨대, 사명감이나 집중력, 뚝심 등 많은 요소가 그를 지탱했을 것이다. 그 요소 중에 '스스로 성장을 확인하는' 요소가 있었을 것이다. 어린이의 스윙부터 박병호의 스윙까지 조금 극단적인 사례를 예로 들었지만, 어떤 점에서 성장이 이루어졌을지 추측할 수 있을 것이다.

성과는 성장을 확인하는 유용한 요소지만, 그것이 성장을 온전히 표현해주는 것은 아니다. 중개인의 영역 또한 마찬가지다. 중개인의 성과를 설명하기 위해서는 무수히 복잡한 요소들을 고려해야 한다. 중개 과정을 간단히 살펴보면 단편적인 요소가 많이 드러난다. 중개인은 연결 가능한 '매물'을 소개하고, 전화 상담을 받고, 테이블 미팅을 하며, 동행하여 방을 실제로 살펴보고, 여러 가지 사항에 대해 협의를 도출하며, 권리 관계를 분석하고, 금전적 절차를 진행한다. 그리고 이사와 입주 절차까지 마무리하게 된다. '매물'을 확보하는 것, 상담을 통해 의중을 파악하는 것, 테이블 미팅에서 생활 컨설팅 능력을 발휘하는 것, 방의 디테일과 협의 사안을 드러내는 것, 권리 관계의 법적 판례를 숙지하고 설명하는 것, 정확하게 정보를 고지하는 것, 금전적 절차를 매끄럽게 이행할 정보를 수집하고 설명할 줄 아는 것 등 단편적인 과정에서 도출된 역량 요소는 무궁무진하다. 이외에도 하루 동안의 걸음 수, 광고를 위한 사진 찍기, 외우고 있는 편의점 수, 학군 정보, 개발 계획 정보에 대한 꾸준한 관심 등 중개 절차 외에도 중개인의 성장을 고려할 만한 요소는 너무도 많다. 이 모든 요소에서 여러분은 스스로의 성장을 확인할 수 있다. 확인하고자 시도를 한다면 말이다.

성장은 선형적으로 이루어지기도 하지만 복잡성이 맞아떨어져 순식간에 일어나기도 한다. 연락할 수 있는 매물의 수, 관리하는 고객의 수, 임대인 연락처의 수, 공동중개를 할 수 있는 부동산의 수 등 이런 숫자가 쌓일수록 성과가 일어나는 요소는 분명히 존재한다. 이런 영역은 부지런히 활동할수록 확실한 보람을 느낄 수 있는 요소이다. 숫자로 표현하기에 확인도 쉽다. 성과로 이어지기까지는 다른 역량이 더 필요하겠지만 자신에게 역동을 불어넣을 수 있는 단순하고 유용한 숫자들이다.

한편, 고객의 니즈를 정확하게 파악하는 것, 친절히 응대하는 것, 까다로운 조건을 협의를 통해 계약으로 만들어내는 것, 매물을 보자마자 시세를 떠올리는 것 등의 역량은 한 번에 갖추어지지 않는다. 해당 요소를 들여다보고 관련 경험을 위한 여건을 어떻게 조성해야 하는지, 반복적으로 그 경험에 노출되기 위해 자신은 어떤 상태로 있어야 하는지 등 치밀하게 고려해야 한다. 의심과 걱정 없이 도전에 뛰어들어야 한다. 이런 시도로 얻을 수 있는 역량은 분명히 존재한다.

성과가 나지 않아 마음이 술렁이는 느낌은 좋은 현상이다. 변화와 도전의 필요성을 확인할 수 있는 증거이기 때문이다. 막연한 걱정이라도 좋다. 그 느낌에 주목하는 사람은 그 상태를 그대로 두지 않는다. 위험한 것은 이러한 신호를 확인했을 때 절망하는 것이다. 자신의 성장이 어떠한 요소에서 일어날 수 있는지 보지 못한 채 절망에 빠지고 힘을 잃는 것이다. 그 위험에 대한 대응은 너무도 명확하다. 중개인으로 지낸 그 시간 동안, 위에서 말한 요소들을 발견하고 자신의 초창기 모습과 현재의 자신을 비교할 수 있어야 한다. 무궁무진한 요소들 속에 분명히 변화와 성장의 길이 있다. 그것을 발판 삼아 다음, 다음의 성장을 도모해야 한다. 성과는 여러분이 그런 과정을 거쳐오기를 기다리고 있다.

여가 :
워라밸을 즐길 수가
없어요

우리의 시간 속에는 '여가'가 들어있다. '나는 여가를 가져본 적이 없는 것 같아'라고 생각하는 사람도 사실은 일하지 않는 시간이 있다. 그 시간을 어떻게 채울지에 대한 욕구는 누구나 있다. 여가는 어떤 특별한 행위나 활동, 의미가 반영되어야만 성립되는 시간이 아니라, 일하지 않으면서 자신이 자유롭게 쓸 수 있는 시간을 뜻한다. '집에 와서 씻고 바로 누워 자요'라는 것도 '휴식'으로 여가를 보내는 것이다.

워라밸(work and life balance)은 일과 삶의 균형을 맞추고 싶다는 뜻인데, '워라밸을 즐길 수 없다'는 현상이 나타난다. 일, 삶, 균형이라는 가치는 사람마다 다르다. 일에서 무엇을 기대하는지, 삶에서는 무엇을 기대하는지, 왜 균형을 가지고 싶은지에 따라 다르게 인식된다. 처음 중개인 생활을 시작하게 되면 어떤 측면에서는 워라밸이 아주 좋은 상태라 할 수도 있고, 어떤 측면에서는 아주 엉망인 상태라 표현할 수도 있다. 바로 기대 때문이다.

일하는 시간이라 함은 중개를 위한 모든 시간을 포함한다. 여러분은 무엇을 위해 그 시간을 쓰고 있는가? 단순하게는 돈과 생계 때문에, 더 잘해서 좋은 성과를 얻고 싶은 마음… 중개인 중에는 '대한민국의 중개 분야에서 주먹구구식, 눈 가리고 아웅 하는 식의 중개 행위를 싹 없애고, 누구 앞에서나 떳떳하게 중개사로 일할 수 있도록 인식을 개선하고 싶다'라며 중개 분야에 가치를 두는 사람도 있다. 돈부터 성장, 대의까지 다차원적이다. 워라밸에서는 삶(Life)이라고 표현되었지만, 실제적으로는 여가를 표현하는 것이다. '여가'라는 영역에 대해 좀 더 살펴볼까?

인간은 여가에서 무엇을 기대할까? 단순히 말하면 우리가 일 외에 하는 모든 활동을 기대한다. 예를 들어, 편히 쉴 수 있는 시간, 친구들과 술 한잔하는 시간, 아무 걱정 없이 마음껏 운동하는 시간, 평소에 못 본 자연 풍경을 보러 가는 시간, 노래하는 시간, 미술관 가는 시간 등 다양한 활동이 모두 포함된다. 생계를 걱정하지 않아도 된다면, 어떤 활동에 시간을 쓰게 될까? 어떤 주제로 당신의 삶을 채울 것인가? 워라밸을 하기 위해서는 시간에 대한 정리가 필요하다. 현재 자신의 하루 혹은 일주일 시간이 어떻게 채워지고 있는지, 어떤 활동으로 시간을 채우고 싶은지에 대해 고민해봐야 한다.

중개인들은 일하는 시간이 일정하지 않아 워라밸에 대해 고민이 많다. 중개 일은 직장인들의 퇴근 시간이 오히려 피크타임이기도 하다. 고객들도 회사 일을 끝내야 개인적인 일을 처리할 수 있을 테니. 그러다 보니 여가 생활을 향유 하기가 쉽지 않다. 생활의 중심을 일에 두고 활동하는 중개인들은 일반 직장인들이 누리는 저녁 시간을 여가로 활용하기가 쉽지 않다. 레슨을 받거나 피트니스 센터에 가는 그런 활동은 시간상 제약이 따른다. 중개라는 일의 구조적 특성 때문에 여가에 대한 불만이 조금씩 쌓이게 된다.

이런 특성 외에 여가를 즐기지 못하는 또 다른 요소가 있다. 바로 중개인의 머릿속이다. 부동산 중개라는 일은 신경 쓰고 확인해야 할 것들이 많다. 한마디로 완전히 며칠 쉬기로 작정하지 않는 한, 머리를 비울 수 없다는 것이다. 기껏 시간을 내 여가 활동을 하러 가도 몸은 그 장소에 있지만, 마음은 확인해야 할 업무에 자꾸 쏠린다. 일 생각에서 떠날 수가 없다.

'혹여나 나도 모르게 고객이 만족할 만한 다른 방이 나오지 않았을까?', '내일 계약하기로 한 손님이 준비는 다 해두었을까?', '문자로 안내한 내용 중에 빠뜨린 것은 없을까?', '내일도 고객을 만나지 못한다면 나는 무엇을 준비해야 하지?', '며칠간 계약이 없었는데 도대체 문제가 뭘까?'

대개는 걱정 하나에 작업이 하나씩 걸려 있다. 해야 할 일을 하고, 그 일이 익숙해지면 자연스레 이런 걱정은 사라진다. 일에 익숙해지려는 중개인의 의지에 따라 정리하는데 걸리는 시간이 좀 길어질 수도 있다. 중개인으로 생활하는 내내 이런 걱정을 달고 살지는 않겠지만, 어쨌든 중개인에게 걱정은 일상이다. 맘 편히 여가를 즐길 수 있을까?

또 한 가지 요소는 물리적인 시간이다. 정말로 시간이 부족할 때는 여가라는 단어를 생각할 겨를도 없지만, '시간을 정리할 가능성'은 나에게 있다. 먼저 매일 시간을 어떻게 썼는지 일주일 동안 노트에 적어보자. 그것을 근거로 시간별로 해야 할 일들을 효율적으로 처리했는지 판단해보자. 확보할 수 있는 여분의 시간은 '시간을 만들겠다는 의지'를 가져야만 보인다. 시간을 확보하는 방법은 아침에 일어나기로 한 시간에 벌떡 일어나는 것이다. 평소 일어나면 가장 먼저 하게 되는 일을 의도적으로 확실하게 해보자. 예를 들어, 아침에 양치부터 하는 사람은 잠에서 깨자마자 '아무런 판단과 고민 없이' 칫솔을 입에 넣어버리는 것이다. 물부터 한잔 마시는 사람은 물을 마셔버린다. 뇌가 다른 생각을 하기 전에 말이다. 그렇게 하루를 시작하면 시간을 확보하는 습관이 잡힐 것이다.

워라밸은 여가에서 느끼는 만족감에 달렸다. 여가에 대한 만족감을 고려할 때, 세 가지 요소를 떠올릴 수 있다. 여가를 즐길 '동기'가 있는지, 참여할 '기력'이 남았는지, 즐기는 '방법'을 알고 있는지. 이 요소 중 충족되지 못하는 부분이 있다면, 불만이 생기고, 일과 여가의 균형이 깨졌다고 느낀다.

'동기'는 자신이 어떤 활동에 끌리는지 열린 마음으로 찾아야 한다. 단순히 '이게 재미있는 활동이라는데 왜 나는 재미가 없을까', '다른 사람들이 재밌어 하니까 해봐야지'라기보다 직접 해보고 자신에게 맞는지 확인하면 된다. SNS를 통해 많은 활동, 다양한 사람들을 보며 여가 활동 목록을 만들어보는 것도 좋다. 흥미로운 여가를 즐길 가능성을 만들어 두어야 한다.

기력은 체력과 정신력을 모두 포함한 개념이다. 매물 조사 때문에 너무 많이 걸어 다닌 날, 고객과 20개의 매물을 보고 힘든데도 운동이 좋다고 운동을 하러 간다면 만족감이 있을까? 온종일 고객과의 상담에 지쳐 더 이상 쓸 에너지가 없는데, 여가를 즐긴다며 컴퓨터게임을 한다면… 이런 날은 풀과 나무, 꽃이 가득한 자연 속을 천천히 산책하면 어떨까? 혹은 사우나에 가서 묵은 피로를 푸는 것도 좋다. 여가의 방식을 선택할 때는 반드시 자신의 기력에 맞춰서 즐기는 것이 좋다.

마지막으로 여가를 즐기는 '방법'이다. 방법이라면 무엇을 어떻게 해야 하는지 안다는 뜻이다. 최근 캠핑을 가는 사람들이 늘어나고 있다. 그런데 무턱대고 캠핑장에 가면 그것만큼 번거롭고 고된 것이 없다. 누워서 쉬기만 하는 것이라면 집 안 거실의 쇼파가 좋을 텐데 굳이 온갖 장비를 챙기고, 망치를 두드리며, 누울 곳을 세팅해야 하는 걸까? 캠핑은 갈 날을 미리 계획하고 짐을 챙기는 것부터 시작된다. 용도를 생각하며 여러 가지 장비를 적절하게 담고, 먹을 음식과 물을 챙기고, 텐트 설치 방법을 미리 공부하고, 더 필요한 장비는 없는지 탐색하는 등 캠핑장에 가서 눕기 전까지의 모든 과정이 캠핑을 즐기는 방법이다. 여가 활동에서 어떤 행동을 어떻게 즐겨야 하는지 아는 것이 만족감에 굉장히 중요하다.

야구를 즐겨도 그렇다. 단순히 야구장에 가서 공 한번 치는 재미가 아니다. 장비를 마련해 손에 익을 때까지 연습하고, 오래 쓸 수 있도록 관리를 하고, 적절한 때에 쓸 수 있도록 정리하고, 팀원들과 같이 그날의 계획을 세우는… 야구 한번 즐기는 데에도 방법이 있다.

이 세 가지 요소에서 만족스럽지 못한 요소가 생기면 시간을 내서 여가를 진행해도 썩 개운하지가 않다. 괜히 에너지만 쓰다가 피로감만 더 쌓일 수도 있다. 워라밸은 고사하고 다음 날 일이 버거울 수도 있다.

결국, 워라밸 또한 다른 가치들과 마찬가지로 얼마나 자기 자신을 이해하느냐에 달렸다. 내가 생기 있는 시간, 내가 즐거운 시간, 내가 행복한 시간. 그것을 스스로 이해할 때 워라밸은 완벽해진다. 단순히 일의 많고 적음, 시간이 많고 적음이 워라밸을 이루어주지는 않는다. 기력이 충만한 날 여러 가지 활동에 도전해보고, 자신의 흥미도 정리해보기 바란다.

워라밸 Tip

- 일의 즐거움 또한 워라밸의 중요한 요소임을 알기
- 오픈 마인드로 사람들이 즐기는 활동 알아보기
- 자신의 흥미 포인트 찾기
- 기력 수준에 맞는 여가 활동 정리해두기
- 아침에 일어나자마자 칫솔 물기
- 한 가지 활동이라도 확실히 즐기는 방법 숙지하기

번아웃 :
모두 소진된 느낌,
무기력해요

'하얗게 불태웠다'라는 표현을 많이 쓴다. 비슷한 뉘앙스의 '번아웃'은 조금 더 부정적인 현상을 뜻한다. '하얗게 불태웠다'라는 말을 들었을 때 어떤 느낌인가? 미련 없다, 아쉬움 없다, 개운하다, 상쾌하다, 가볍다, 기분 좋다, 미래가 기대된다, 희망적이다. 이런 느낌이 떠오르지 않는가? 어떤 과제를 미련이 없을 정도로 열정과 최선을 다해 마치고 난 후의 느낌을 표현할 때 우리는 '하얗게 불태웠다'라는 표현을 쓴다. 삶에서 이런 경험은 참 필요하지 않을까? 순수하게 열정을 불태울 수 있는 경험, 이런 기회가 있다는 것도 행운인 것 같다.

'하얗게 불태움'은 해당 경험 이후 약간의 휴식으로 기운을 회복하고 '다른 활동을 또 해보고 싶다'라는 마음이 들 정도의 상태이다. 반면에 번아웃을 경험하면 그 이후 어떠한 활동도 할 마음이 없어진다. '아무것도 하고 싶지 않다'라는 생각조차 떠올리기 힘들다. 번아웃이라 표현하지만, 우리말로 '탈진'이다. 보통 극한의 환경에서 체력으로 버텨야 하는 운동선수들이나 단식 투쟁을 하던 사람이 쓰러질 때쯤의 상태를 표현할 때 쓴다. 있는 힘 없는 힘 다 끌어모아 최선을 다해 쏟아부었는데, 하고자 했던 목표를 채우지 못했을 때 나타나는 무기력 상태이다. '다 쏟았어'라고 표현하지도 못하고, 아쉬움과 허무함이 남을 때의 상태가 바로 번아웃이다.

'하얗게 불태움'과 번아웃의 차이점은 뭘까? 분명 둘 다 자신이 가진 것을 다 쏟아낸 후의 상태를 표현하는 것인데 말이다. 짐작하겠지만 바로 성취 때문에 둘은 구분된다. 성취라고 하면 성과를 떠올리는 사람이 많을 텐데, 성취와 성과는 다르다. 성과는 과업의 결과물로 이해하면 된다. 열심히 중개 과정을 거쳐 안정적으로 계약을 한 건 진행했을 때, 성과는 '안정적인 계약 한 건'이다. 이 과정의 성취를 떠올려 보면 '내가 한 건의 계약을 해낼 수 있구나', '중계 과정을 온전히 해내었구나' 하는 느낌으로 이해할 수 있다. 스포츠에서 '졌지만 성과는 있었다'라는 표현을 많이 쓴다. 시합에서 졌지만, 다음 과업에서 활용할 수 있는 재목을 발견한 상황에서 쓸 수 있는 말이다. 눈에 보이는 결과를 얻긴 얻었다는 뜻이다. 또 이런 표현도 있다. '졌지만 잘 싸웠다(졌잘싸)' 해당 게임에서 만족스러운 수준으로 싸웠다는 뜻이다. 얻어낸 결과와 상관없이 좋은 경험을 했다는 것이다. '하얗게 불태웠다'는 자신의 모든 것을 쏟아내고 그 속에서 성취를 얻었을 때를 의미한다. 반면에, 번아웃은 아무리 노력해도 만족스러움을 느끼지 못할 때 찾아오는 것이다. 성취감를 경험하지 못했다는 것과 연결되는 것은 바로 개인의 '기대감'이다. 자신이 행하고 있는 일련의 행위들로 무엇을 얻고 싶은지에 따라 성취감의 여부가 달렸다.

프로야구 선수를 꿈꾸는 초등학생 선수의 사례다. 투수로서 멋지게 성공하는 모습을 그리며 훈련에 임했다. 하루는 롱토스라고 표현하는 멀리 던지기 훈련을 하게 되었다. 가볍게 캐치볼 할 때의 거리보다 훨씬 먼 거리에서 공을 주고받는 연습이다. 공을 주고받는 상대가 초면일 때에는 경쟁심이 일어나기도 한다. 여러분이 만약 이 훈련을 한다면 어떤 점에 주목하고 싶은가? 60m를 던지던 학생은 65m에 도전해보려고 기를 쓰고 던졌다. 한계를 넘어보겠다는 도전에 의미를 둔 것이다. 초등학생 선수는 30분 넘게 롱토스 훈련을 했다. 65m를 꼭 기록해보겠다며 있는 힘을 다해 던졌지만, 최종적으로 가장 멀리 던진 기록은 60m 그대로였다. 지난번에 던졌을 때보다 거리가 늘지 않아 자신을 한탄하고, 절망감을 느꼈다. '최선을 다해 던지는데 왜 거리가 늘지 않는 거지? 나는 투수로서 재능이 없나?' 많은 사람이 같은 경험을 하게 되면 비슷한 생각을 할 것이다. 거리가 늘어나는 만큼 투수로서 무언가 더 좋아질 것이라고 기대하기 때문이다. 시간과 노력을 쏟았는데 그 기대에 한 발도 가까워지지 않았다면 훈련 후 어떤 느낌일지 상상이 될 것이다.

롱토스의 목적은 '거리 늘리기'가 아니다. 자신의 몸에 부담이 가지 않는 선에서 최대한 일관적인 자세로 힘을 발휘하여, 일정한 거리를 정확하게 던지는 것에 훈련의 의미가 있다. 큰 힘을 쓰면서 균형감을 잃지 않는 느낌을 체득하는 것이 목적이다. 그런 균형감이 잡히면 잡힐수록 더 편안하고 안정된 느낌으로 더 먼 거리를 던지게 된다. 목적을 정확하게 인지하고 연습했을 때에 저절로 비거리가 늘어나게 되어 있다. 비거리 자체를 추구하지 않았더라도 말이다.

이전의 장면으로 돌아가서, 초등학생 선수는 롱토스의 목적을 인지하고 밸런스 유지에 심혈을 기울이면서 30분 동안 훈련에 임했다. 훈련이 끝날 때까지 60m보다 더 먼 거리를 던지지 못했다. 그런데 마음은 뿌듯했다. 왜일까? 30분 동안 자신의 힘을 마음껏 다 활용해서 정확하게 던졌기 때문이다. 훈련을 끝냈는데 몸이 아프거나 기분 나쁜 느낌 없이 잘 마무리한 기분이다.

'이 정도 폼으로 던져도 큰 무리가 없구나. 다음엔 조금 더 터프하게 던져봐야지.'

자신의 몸 상태를 확인하여 큰 힘을 써보는 경험을 온전히 체험한 것이다. 기대한 바를 확인한 것이고, 그에 따른 성취감을 경험한 것이다. 60m라는 성과는 이 선수의 기분에 아무런 영향을 주지 않는다. 다음 훈련이 기대된다. 사례에서 중요한 것은 지금 하는 행위에 대한 나의 기대감이다. 하고 있는 일의 목적을 정확히 인지하여 설정하고 외적인 성과 대신 개인의 경험에 초점을 맞추면 번아웃을 경험할 일은 많이 줄어들 것이다.

중개인으로 지낸다는 것은 오랜 기간 최선을 다해 중개 과정에 임하는 것을 의미한다. 중개라는 일을 한다는 것이 중개인의 정체성이라 무수히 많은 중개 과정을 반복할 것이다. 매번 중개 과정에서 기대하는 바도 달라질 것이다. 어떤 날은 원룸 월세 건을 다루고, 어떤 날에는 10층짜리 1,000평의 사무실 건을, 또 1,000억 원 빌딩 매매 건을 다루기도 할 것이다. 이런 건마다 중개인은 다른 기대를 하게 된다. 중개 과정의 성격과 구성이 달라지기 때문이다. 중개 수수료 10억 원 규모의 고객을 다룰 때 머릿속에서 그 수수료 액수를 지울 수 있을까? 성취보다 성과에 초점을 맞추어 일하지 않을까? 어렵다. 그래서 번아웃이 찾아온다. 성취를 발견하지 못한 경험을 한두 번 겪는 것은 괜찮다. 성취의 중요성을 인지하지 못한 채 반복적인 성취의 실패를 겪다 보면 빠지는 것이 번아웃이다. 그런 상황에 쉽게 빠지는 사람들이 '완벽주의자', '강박증이 있는 사람'들이다. 내면의 신호를 느끼지 못한 채 과업이 주는 신호에만 집중하기 때문이다. 집중해서 모든 것을 쏟아버리기 때문에 위험한 것이다.

슬럼프에 빠지더라도 한걸음 뗄 힘이라도 남았다면, 실천 가능한 요소에 다가가 변화를 시작할 수 있다. 번아웃이 무서운 이유는 변화를 만들 기력조차 없다는 것이다. 그런 상태에서는 변화의 씨앗조차 심지 못한다. 다음 중개를 위해 고객과 전화 한 통이라도 해야 하는데, 대화를 나눌 힘조차 없다면 중개라는 과정을 다시 시작할 수 있을까?

번아웃에 필요한 것은 휴식과 의미 정리이다. 멘탈코치나 심리상담사 혹은 멘토나 대화가 잘 통하는 사람의 도움을 받거나, 여의치 않으면 지금 하는 일의 의미를 천천히 살펴보아야 한다. 강박과 조급증으로 지냈던 시간에서 벗어나 자신을 돌보면서, 내면에서 어떤 신호를 보내고 있었는지 알아채야 한다. 성취라는 에너지가 어디에 있었는지 찾아내야 한다. 원래 하던 일에서 기대했던 성과를 벗어나, 현재 자신이 얻을 수 있는 아주 작은 성취가 어디에 있는지 발견한다면, 한걸음 내디딜 수 있는 원동력을 찾게 된 것이다. 거기서부터 성취를 따라가다 보면 어느새 65m를 던지고 있는 스스로를 발견할 수 있다. 너무나 보람차게 말이다.

번아웃을 예방하는 것도 같은 맥락이다. 하루의 일을 마치거나, 다음 일을 계획하면서 자신이 얻고자 한 것이 무엇인지, 외적인 것인지 내적인 것인지를 판단하고 느끼면 된다. 60m를 30분 동안 즐겁고 보람있게 최선을 다해 던져낸 초등학생 선수의 균형을 염두에 두면 된다. 그러고 나면 한마디 할 수 있다.

'오늘도 하얗게 불태웠다.'

제 5 장

멘탈코치가 꼽는 성공적인 중개인 멘탈

자아인식 :
조급함을 인식하다

"제가 왜 이렇게 정신없이 지냈는지 모르겠습니다."
"마음이 너무 급했던 것 같아요."
"지금 제가 너무 욕심내고 있는 걸까요?"
"고객들과 말이 안 통하는 것이 느껴져요."

중개인들은 종종 나에게 이런 말을 터놓는다. 그런데 위와 같은 말들은 대부분 코칭의 중간 단계에서 떠올린다. 대화를 나누다 보니 중개인 본인이 자각하게 된 것으로 이 경험을 한 대부분의 중개인은 자신의 패턴을 바꾼다. 일을 하는 와중에 자신의 상태를 인지하고 하루를 들여다보고 자각한다. 어떤 순간에서 느낀 자신의 조급했던 마음을.

조급함을 인식한다는 것은 여러 가지 의미가 있다. 자신이 어떠한 욕구 때문에 급하게 움직였는지, 외적으로 어떤 압박과 권유가 있었는지, 자신에게 어떤 기대를 했었는지를 떠올려 볼 기회다. 중개 장면뿐만 아니라, 삶에서도 그런 장면들이 분명 존재한다. 누구나 한 번쯤은 '시간이 어떻게 지나갔는지 모르겠다'라고 표현할 때가 있다. 우리 대부분은 그렇게 급박한 느낌을 안고 살아간다. 중개인 또한 그렇게 지내고 있다.

중개라는 일을 처음 시작한 분이라면, 자신에게 **여유를 제공**할 줄 알아야 한다. 부동산 중개라는 분야에서 살아남을 수 있는 조건들을 정리할 시간이 필요하기 때문이다. 일을 하는데 무슨 정리를 할 시간까지 필요한지 의문이 생길 수 있다. 중개업의 본질을 생각해보면 관련 요소를 두루 살피는 것이 중요하다.

중개 과정을 완성시키기 위해서는 임대인과 고객(예비 임차인)을 이어주어야 한다. 잇는다는 것은 마음으로, 법적으로, 금전적으로 잇는다는 뜻이다. 중개인은 그 중간에 있다. '잇는다'라는 작업을 하는 중개인이 그 과정에서 놓치지 말아야 할 1순위 정보는 임대인과 임차인의 인간적인 니즈와 변화이다. 이것은 주의를 기울여야만 얻을 수 있는 정보이다. 고객의 표정과 어투의 변화, 임대인이 내세우는 협의 조건 등 그런 정보들이 의미하는 바가 무엇인지를 객관적, 현실적으로 해석할 수있어야 한다. 사소한 의견 차이가 생기면 며칠간의 노력이 헛수고가 될수도 있다. 노련한 중개인들은 그런 상황을 만들지 않기 위해 세세한 정보를 놓치지 않는다.

문제는 중개인이 맞이하는 상황마다 친절하게 정보가 제공되지 않는다는 것이다. 자판기에 음료수가 나오듯 쉽게 정보를 획득할 수 있다면 정보에 대한 민감성이 크게 이슈화되지 않을 것이다. 우리가 상대하는 대상은 '사람'이다. 사람은 그렇게 객관적이고 뚜렷한 정보나 피드백을 주지 않는다. 그들에게 정보를 얻으려면, 항상 추론과 해석이 필요하다. 특히나 세밀한 변화를 낚아채려면 말이다. 중개인은 중개 과정의 매 순간마다 이런 정보를 수집해야 할 환경에 놓여있다. 앞서 살펴보았듯이 전화 응대, 상담, 컨설팅, 매물지 방문, 협의, 계약서 작성 등의 중개 과정에서 꼭 완수해야 할 각 단계에서도 임차인과 임대인의 인간적인 신호를 파악할 수 있어야 한다.

많은 중개인이 자신의 조급함 때문에 이런 정보들에 둔감해지는 것을 인지하지 못한다. 사실 사소한 정보들을 잡아낼 수 있으려면 그만큼 여유 있는 상태로 자신과 주변 환경을 바라볼 수 있어야 한다. 그런 여유는 현대인의 삶에서 흔히 겪을 수 있는 상태는 아니다. 아주 간단한 예를 들어보겠다.

'지금 살고 있는 집의 천장 벽지가 어떤 무늬인지 살펴본 적이 있는가?'
'그 무늬의 패턴과 간격은 어떠하며, 그 무늬에 대해 무엇을 느끼나?'

이 질문에 답을 하지 못한다면 왜 그럴까? 이 질문이 지금의 맥락에서 왜 나온 것일까? 질문에 대한 답이 어렵다면, '집을 살피는 관점에서 여유가 없다'는 뜻이다. 어떤 일에 성공하려면 그 정도의 여유와 자각이 필요하다. 자신이 당연하게 여기고 지나간 정보들이 실제로 자신에게 어떤 느낌과 의미를 주는지 해석할 줄 알아야 한다. 주변에 성공한 중개인들은 실제로 그러했다. 천장 무늬를 들여다보고 그 무늬가 나에게 어떤 느낌을 주는지, 집에서 느끼고 싶은 그런 종류의 기분인지 파악해볼 수 있다. 현대인은 변화무쌍한 하루를 끝내고 집에 돌아와 침대에 누웠을 때, 정돈된 상태로 휴식을 취하고 싶어 한다. 천장의 벽지가 복잡하고 일관성 없는 무늬라면 휴식을 취하려고 누운 자리에서 마음이 더욱 복잡해질 수 있다.

중개인의 업무에서 이 정도의 디테일한 부분까지 챙길 수 있어야 한다. 그 대상이 천장과 벽지뿐만 아니라 사람의 표정, 생각, 감정이라 쉽지 않겠지만 말이다. 이러한 업무 중에서 조급함은 천장 벽지를 알아채지 못하는 여러분의 일상과 같다. 임대인과 임차인이 무의식적으로 보내는 디테일한 정보들을 무시하고, '나는 이 계약을 꼭 성사시켜서 돈을 벌어야지', '이 방 계약하고 나서 오랜만에 술 한잔해야지', '퇴근 시간 임박했는데 왜 빨리 결정하지 않는 거지?' 등의 조급함에 갇혀버린다면 중개 성사 확률도, 개인의 성취도 놓치게 된다. 하나의 중개 과정에서 얻을 수 있는 것은 '천장의 무늬'를 들여다보듯 빈틈없는 준비에 따라 달라질 수도 있다.

'지금 만난 손님은 이 방으로 꼭 계약하게 만들어야 돼', '오늘 꼭 100만 원 매출을 벌어가겠어', '오늘 반드시 3건의 계약을 하고 돌아가야 해', '사무소 월세를 메꾸려면 지금 이 사람을 꼭 붙들고 계약시켜야 돼' 등의 다짐을 했다면, 그 다짐 때문에 놓칠 '임대인의 신뢰', '고객의 미소', '임대인과 고객이 소개해 줄 지인들', '인간적인 여유'를 떠올릴 수 있어야 한다. 한 달 운영하고 끝낼 사무소가 아니라면 더더욱 중개 과정에서 만나는 사람들의 '인간적인 만족감'에 민감해져야 한다. 그러기 위해서는 스스로 조급한 상태를 만들지 않아야 한다.

한 달 매출액이 중개인의 역량을 평가하지는 못한다. 대신 중개인의 삶의 만족도에는 분명히 영향을 미친다. 중개인이 한 달 매출액을 만드는 과정에서는 무수히 많은 고객과 임대인, 다른 부동산들과 소통할 수밖에 없다. 그에 따라 그들이 보내는 인간적인 신호를 민감하게 받아들일 수 있어야 한다. 중개업을 어디에서 어떤 규모로 누구를 만나서 하는지에 따라 다르겠지만, 월 1,000만 원은 중개인에게 꽤 큰 매출액이다. 월 1,000만 원의 매출을 꾸준히 하기는 쉽지 않다. 내가 만났던 월 1,000만 원의 중개인들은 절대 조급해하지 않는다. 그들은 조급함 때문에 놓치게 될 많은 이익을 분명히 인식하고 있다.

자신의 조급함을 인식한다는 것은 전문가로 나서는 첫걸음이다. 만약 조급한 상황에서 중개 일을 시작해야만 한다면 반드시 처음의 목표는 이것으로 잡아야 한다.

'중개 일을 하면서 절대 조급해하지 않을 상태로 여건을 만들자.'

여유 :
고객의 멘탈을 느끼다

"전화 상담만 해도 고객에게 무슨 방을 추천해야 할지 머릿속에 나열할 수 있어요."

"머릿속 지도에서 어떤 동선으로 어떤 포인트를 짚어서 대화를 이어 갈지에 대한 그림이 그려진 상태로 고객을 만났어요."

"고객의 단어 선택, 목소리, 표정 변화 하나하나가 저에게 어떤 신호를 줘요. 어떤 점에서 만족하는지, 어떤 점에서 불편감을 느끼고 조건을 조정하고 싶은지 너무 잘 느껴져요."

위의 말들은 실제로 중개인이 여유 속에서 중개 과정을 진행할 때 느낌을 표현한 것이다. 일하는 과정이 얼마나 즐겁고, 기분이 좋을까. 저 말 속에서 중개인의 여유가 느껴지는가?

중개 분야를 이제 막 시작하는 분들은 참 부러울 만한 내용이다. 항상 정신없고, 배울 것 가득하고, 머릿속이 꽉 차 있어 하루가 어떻게 지나갔는지도 모른 채 잠자리에 누울 경우가 많은데. 여유 있게 사소한 정보들까지 파악할 수 있는 수준이라니… 꿈만 같은 일이 아닐까. 사람을 대함에 있어 재능 있는 사람들이 분명 있다. 다른 사람과의 상호작용 중에 일어나는 여러 변수들을 자신만의 방식으로 천천히 대응할 줄 안다면 훨씬 여유 있는 상태로 중개 과정을 진행할 수 있다. 대부분은 익숙지 않은 일을 수행하면서 다른 사람과 상호작용을 원활하게 하는 것이 절대 쉽지만은 않다. 이번에는 중개인의 '여유'에 대해서 나눠볼까 한다.

여유라 하면 상당히 많은 차원에서 의미가 있다. 경제적인 측면에서는 개인이 활용할 수 있는 많은 자산으로 먹고 싶은 음식이 있을 때 먹고, 여행 가고 싶을 때 여행 가고, 사고 싶은 옷이 있을 때 마음껏 살 수 있는 그런 여유를 들 수 있다. 시간적인 측면에서는 해야 할 일로 가득찬 하루가 아닌, 아무것도 하지 않아도 되는 시간 속에서 자신의 모습을 고민하고 찬찬히 살피는 그런 여유일 것이다.

여기서는 멘탈적인 여유에 대해 한번 짚어보자. 경제적 여건, 시간적 여건, 업무적 여건 속에서도 자신의 멘탈을 살필 수 있고, 다른 사람의 멘탈을 살필 수 있는 상태라고 말할 수 있다. 멘탈을 들여다볼 수 있는 여유, 무엇을 본다는 것일까? 이 책의 앞부분에서 멘탈이라 할 때 고려할 여러 가지 요소를 설명한 바 있다. 생각, 감정, 태도, 신념, 행동 등이 있었다. 자신의 상태를 살피는 것을 넘어서 나와 상호작용하는 다른 사람의 생각과 감정 등이 느껴진다면 한층 더 여유를 가졌다고 볼 수 있다. 한 번 더 나아가 나와 너, 우리가 있는 '맥락'이 느껴진다면 최상의 멘탈적 여유를 갖추었다고 표현할 수 있다.

가끔 바르셀로나 팀의 메시를 보면서, 세계 최고 수준의 여유를 간접적으로나마 느껴보곤 한다. 11 대 11로 축구를 해보면 체력이 달려서 변수를 만들어내지 못해 그렇지, 사실 멘탈적인 여유는 있다. 90분을 꽉 채워 경기장 이곳저곳에서 변수를 끊임없이 만들어내는 축구 선수들의 체력이 참 경이롭다. 그런데 그런 변수는 경기 수준이 올라갈수록 많아지며, 세계 최고의 무대인 영국 프리미어리그 또는 스페인 라리가 등에서 치러지는 경기들은 찰나의 시간도 방심할 수 없다.

메시는 특히나 상대 팀 수비의 밀착 견제를 항상 받고 있어 패스가 오면 0.5초의 시간도 허투루 쓸 수 없다. 그런데 메시는 그 찰나의 순간에 상대 수비수의 심리를 훤히 꿰뚫고 있다. 여유를 만드는 요소는 여러 가지가 있지만, 메시가 그동안 축구를 하며 보여준 능력이 바로 많은 여유를 만들어준다. 메시를 막는 수비수는 한 번에 공을 뺏으려고 발을 뻗을 수 없다. 발을 뻗으면 바로 골을 허용할 정도로 메시의 드리블 능력은 뛰어나기 때문이다. 메시는 그 사실을 인지하고 활용한다. 상대 선수가 쉽게 발을 못 낸다는 사실을 알기 때문에 더 많은 생각을 할 수 있다. 우리 선수의 위치, 상대 선수의 위치, 지금의 움직임을 볼 때 1초 뒤에 있을 선수들의 위치들까지… 그러다 보니 패스를 해도 중요한 변화를 만들어내고, 슛을 차도 위협적이게 된다. 자신이 어느 지점에 위치하는가에 따라서 상대 수비수들의 포지션도 어떻게 형성되는지, 그로 인해 우리 선수들이 어떤 공간을 활용할 수 있는지. 그런 주제에 대해 정보처리를 아주 편하게 그리고 쉽게 해낸다. 축구장 위에서 멘탈적 여유를 마음껏 실감하고 활용하는 것이다.

중개인의 입장에서 활용할 수 있는 여유가 있다면 어떻게 하는 것이 좋을까? 당연히 중개의 본질에서부터 대상을 찾는 것이 성과 측면에서도 효과적일 것이다. 중개는 결국 사람과 사람을 계약 관계로 만들어주는 일이다. 다른 사람을 더 들여다보고 느낄 수 있으면 중개의 질과 효율은 분명히 좋아진다. 중개인이 여유를 갖추었을 때, 고객과 임대인의 심경 변화와 니즈, 그들의 맥락이 보이기 시작한다. 그런 정보들은 중개인에겐 변화를 만들고 조율할 가장 기본적인 재료들이다. 그 가운데 있는 자신의 태도와 감정 변화 등에도 의식을 열어 두어야 한다.

단순한 예로, 고객이 방에 들어가자마자 눈빛을 반짝인다. 표정에 생기가 돌며, 조금 더 작은 포인트들을 보기 위해 이곳저곳 부지런하게 살핀다. 중개인은 알고 있다. 이 방이 고객이 예상하던 임대료보다 조금 비싼 방이다. 미리 비싼 방이라고 알리기보다 우선 임대인의 의사를 파악해보기로 한다. 중개인은 임대인에게 전화를 걸어서 고객이 방에 호감이 있음을 설명한다. 그리고 임대료 협의를 위해 어떤 정보를 제공하고 얻으면 좋을지 직관적으로 떠올린다. 그러다 문득 임대인이 내놓을 다른 방이 있음을 생각하고 계약이 되었는지를 묻는다. 동료 중개인의 고객 중에 연결할 수 있는 조건의 고객이 있음을 상기하고 소개를 제안한다. 동시에 조건 하나를 슬며시 제시한다.

"이 손님이 임대료 ○○만 원 수준에서 방을 찾고 있다가 이 방을 마음에 들어해요. 가격 조율해주시면 바로 계약하고 나서, 다른 방에 들어갈 만한 고객들 모셔올게요. 이 방, 저 방 공실로 남아 걱정 좀 되실 텐데 비슷한 시기에 같이 싹 정리 한번 해보면 어떨까요?"

성사 여부는 임대인의 결정에 따라 달라질 것이다. 이러한 사고를 하기 위해서는 그에 맞는 정보들을 차곡차곡 확보해야 한다. 그 정보들이란 고객과 임대인의 니즈, 그들의 맥락이다. 만약 고객의 만족스러운 눈치를 제때 알아채지 못했다면, 임대인의 현 상태가 어떤지를 떠올릴 수 없었다면 저런 협의 시도는 한참의 시간을 더 써야 이루어졌을 것이다. 멘탈적으로 여유가 있다면, 그로 인해 얻을 수 있는 정보들과 활용해서 만들어낼 성과들이 분명 달라질 것이다.

여유의 반대가 앞서 살펴본 조급함이다. '이 계약 꼭 해내고 말 거야', '손님을 어떻게든 이 방으로 계약시키겠어'라는 형태의 강박이 자신을 채우고 있다면, 머릿속에는 유기적이고 생생한 정보를 받아들일 만한 여백이 없다. 자신에게 여백이 생기도록 여러 가지 여건을 조정해야 한다. 기회가 될 때마다 리그의 수비수들에게 드리블의 위력을 보여주었던 메시처럼, 중개 과정에서 자신의 장점을 활용하여 여유를 가질 수 있도록 준비해야 한다. 중개인도 축구 선수만큼이나 미리 준비해두면 좋을 것들이 많다. 부지런함이 장점인 중개인은 고객과 첫 통화를 마치자마자 예상할 수 있는 모든 매물을 미리 준비해두고, 임대인들과도 미리 소통을 한다. 이런 종류의 정보는 쌓이면 쌓일수록 찰나의 순간에 여유가 생기기 마련이다.

상담이 장점인 중개인은 상담 자리에 앉기까지의 과정을 철저히 준비하는 것이 좋다. 상담 자리에서 활용할 PC와 플랫폼, 고객이 사무실까지 오는 길을 안내하거나 픽업하는 것, 걸으면서 주변 지역에 대해 설명을 하고, 소개할 방을 고려해 미리 준비한다. 고객과 만나서 그런 것들을 고려하고 통제하기에 시간이 부족할 수도 있다.

준비가 충분한지 판단해보고 싶을 때는 찰나를 상상해보면 된다. 축구 선수처럼 찰나의 순간에도 직관적으로 대처하고, 그 대처가 효과적일 수 있는지 떠올린다. 찰나의 순간에 여유 있는 멘탈을 유지했다면 준비는 철저했고, 자신의 장점을 잘 활용했다는 뜻이다. 실패했더라도 다음에 무엇을 준비해둬야만 여유를 확보할 수 있는지 알 수 있다. 그렇게 중개 분야의 메시가 될 수 있다면 중개인으로서 '잘함'을 만끽할 수 있을 것이다.

존중 :
존중의 힘을 알다

존중이란 단어는 흔히 접할 수 있는 단어다. 흔한 그 단어가 계속 등장하는 이유는 우리가 그만큼 존중을 경험하지 못하고 있기 때문이 아닐까 싶다. 상투적인 단어 '존중'이 중개인에게 왜 필요한 것일까? 중개인에게 존중이란 무엇일까?

"차를 타고 가면서 고객과 이런저런 얘기를 나누다 보니, 어느새 고객의 개인사에 관한 대화를 나누고 있더군요. 그러다가 고객이 부인과 사별한 이야기를 듣게 되었습니다. 그런데 지금 마침 그 사별한 부인의 묘가 있는 지역을 지나고 있다고 하더군요. 무엇이 그분으로 하여금 속사정까지 말하게 했는지 모르겠지만 정말 최선을 다해서 그분의 삶에 도움을 드리고 싶었습니다. 마음에 드는 곳을 찾을 때까지 온 열정을 다 쏟았던 것 같아요."

친구도 친지도 아닌 사람에게 속사정을 얘기한다는 것이 얼마나 어려운 일인지 여러분은 알 것이다. 어쩌다 중개인으로 만난 사람에게 그런 속사정까지 터놓을 수 있었을까? 그는 사람을 존중할 줄 아는, 존중감을 느끼게 해주는 중개인이다. 그는 자기도 모르게 사람들로부터 받은 정을 신뢰로 보답하는 방식으로 일하고 있었다. 인간적으로 믿고 큰 결정이 필요한 사안에 대해 의견을 묻는 것, 고객들은 항상 그런 믿음으로 이 중개인을 대했다. 당연히 큰돈이 걸려 있는 계약에 대해서는 이 중개인에게 맡겼다.

존중이란 무엇일까? 아주 단순하게, 쉽게 표현하면 '당신, 이 세상에 그대로 있어도 됩니다'를 표현하고 느끼게 해주는 것이다. 말로는 너무 쉽지만 실제 받아들이고 실천하기가 이것만큼 어려운 것이 없다. 그래서 이 세상에 존중이 실현되는 장면을 보기 힘들고, 사람들도 원하고 있나 보다. '지금 여기에 있는 당신'이라는 존재를 있는 그대로 존중해주는 것. 단어 하나로는 표현하기 힘든 개념인 것 같다.

존중은 다양한 대상에게 적용된다. '의견을 존중합니다', '감정을 존중합니다', '입장을 존중합니다', '실력을 존중합니다', '표현을 존중합니다' 등이 있다. 이러한 존중은 특징이 하나 있다. 바로 '해석이나 비판'이 없다는 것이다. 대상 자체에 대한 어떠한 편견 없이, 의미부여 없이 정말 말 그대로, 있는 그대로 인정하는 것을 우리는 존중이라 표현한다.

스포츠 종목 중 투기 종목에서는 유독 상대에 대한 존중을 표현하는 장면이 자주 등장한다. 15라운드의 험난한 싸움을 끝내고, 심판은 점수를 듣다가 한 선수의 팔을 번쩍 들어 올린다. 관중의 환호 소리와 함께 코칭스태프가 링에서 선수와 얼싸안으며 기쁨의 눈물을 흘린다. 선수는 다급하게 코칭스태프들과 잠깐 눈을 맞추고 발걸음을 옮긴다. 다른 사람의 가벼운 위로를 받으며 천천히 링 밖으로 내려가려고 하는 상대 선수. 15라운드를 치열하게 치고받았던 그 선수의 팔을 잠깐 붙잡는다. 한마디 말을 건네고 이내 그 선수의 한 팔을 번쩍 치켜들어 올리며 감격스럽지만 절제된 표정으로 관중들을 돌아본다. 관중들도 아낌없는 박수를 보내며 뭐라고 한마디씩 외친다. 승자가 승리의 순간에 가장 귀중하게 다룬 한 명의 사람이 바로 그 경기의 패자이다.

규칙 안에서 모든 수단과 방법을 활용해서 상대를 기어코 이겼는데, 왜 그 순간에 승자는 패자를 챙길까? 아마도 승자에게 패자는 전 세계 70억 명의 사람이 있어도, 유일하게 자신과 같은 세상에 있던 단 한 사람이었을 것이다. 그 세계에서 주고받았던 수많은 의미를 과연 누가 이해할 수 있을까. 주먹 한 방 한 방에 실린 땀과 노력, 그에 걸맞게 모든 것을 쏟아낼 수 있었던 세계. 상대 선수가 없었다면 그런 경험은 있을 수 없고 그 세계는 없는 곳이었을 것이다. 승자는 상대 선수가 패배자로 느껴지기보다 그 순간에 자신이 존중받고, 존중할 수 있는 유일한 사람으로 여겨졌을 것이다. 스포츠 경기에서 거친 승부가 끝나고 포옹하며 서로 눈물을 흘리는 장면이 종종 나오는 이유가 거기에 있다.

존중은 그런 것이다. 자신의 눈앞에 있는 존재가 '그저 온전히 사람으로 지금 여기에 있다는 것'을 인정하는 것이다. 존엄한 존재인 인간으로서 그것을 그대로 귀중하게 대하는 것이다. 세상을 살고 있는 사람들에게는 자신도, 그리고 타인도 그렇게 귀중한 존재로 있다. 이 당연한 사실을 사람들은 아주 쉽게, 종종 잊어버리고 살아간다.

중개인이 존중을 실현해냈을 때 좋은 점이 무엇일까? 우선 중개인이 존중을 실현할 수 있는 대상이 누구일까? 방을 구하러 온 고객과 방을 내놓는 임대인이 존중의 대상이 된다. 존중을 실현한다는 것은 무엇일까? 그들의 삶의 맥락을 있는 그대로 보는 것이다. 그것을 보고 이해하고 그대로 표현하는 것이다.

"아니, 방을 구하러 온 사람에게 방을 보여주고 계약만 해내면 되지. 무슨 그 사람 삶의 맥락을 본다는 소리를 하는 건가? 오지랖 아닌가?"

이렇게 반문한 중개인들도 참 많았다. 본질을 들여다보면 여러분은 존중을 실천할 수밖에 없다. 왜냐면 공간을 탐색하고, 활용할 수 있게 해준다는 것은 그 사람의 삶을 해석하고 도움을 준다는 뜻이니까. 계약과 방이라는 아주 단순한 요소를 다루는 것 속에 삶이 담겼음을 고객이 느낀다면, 그것만큼 중개인의 신뢰를 확보하기 좋은 수단도 없다. 공간에 대해 고려할 수 있는 기준이 충분하지 않아 그런 고민을 해보지 못한 사람에게는 공간과 관련된 삶을 봐주고 기준을 제공해줄 수 있는 사람이 필요하다. 그런 과정에서 자신의 삶이 평가받고 해석 당한다고 느끼게 되면 절대 좋은 감정을 느낄 수가 없다. 온전히 있는 그대로의 삶을 표현하고 좋은 선택을 할 수 있도록 돕는 중개인을 만난다면 의심 없이 따를 것이다. 결국, 존중을 실현해낼 수 있는 중개인은 고객과 임대인에게 신뢰를 얻는다. 계약 절차에 대한 걱정과 번거로움을 해소하려는 욕구에서 출발한 직업군 중개업, 신뢰는 중개업의 본질이다. 그것을 확보할 수 있는 가장 직관적인 수단이 바로 존중이다.

그렇다면 존중을 실현하기 위한 가장 좋은 방법은 무엇일까? 엉뚱한 답처럼 들릴 수도 있지만, '존중받는 것'이다. 존중을 경험한 사람은 어떤 지식이나 방법을 공부해서 존중을 만들어낼 필요가 없다. 존중은 직관적으로 물 흐르듯이 느낄 수 있는 것이다. 존중받는 느낌이 어떤지를 체험한다면, 수단과 방법에 관계없이 그 느낌을 상대가 느끼도록 할 수 있다. 우리가 사는 세계는 존중이 드물고 귀하여, 실제 존중받고 있어도 그것이 존중인 줄 의식하지도 못하고 흘려버릴 때가 많다. 어떤 문제가 일어나도 그것이 '존중의 부재' 때문에 일어난 현상이란 것도 모를 수밖에 없다.

결국, 존중받는 것을 알아채는 것이 중요하다. 특별한 비판이나 해석 없이 여러분을 있는 그대로 대해주는 사람. 그 사람에게서 느끼는 그것이 바로 '존중'이다. 그 느낌을 상대에게 돌려주는 것이 바로 '존중'이다.

고객이나 임대인이 여러분을 찾아왔을 때, '계약이 나오기 힘든 사람이네', '타투 새긴 것을 보니 성격이 나쁠 것 같아', '엉뚱한 요구만 자꾸 해대고, 계약할 마음이 있는 건가?' 등의 편견이나 해석이 떠오를 때 그것을 내려놓을 줄 알면 된다. 고객의 삶의 맥락을 그대로 두고 천천히 탐색해볼 때, 그 사람은 존중을 느끼고 존중을 실천할 것이다. 그렇게 사람으로서 신뢰를 얻을 것이다. 이 과정을 익숙하게 실현할 수 있게 되면, 부동산 중개라는 세상이 얼마나 많은 삶과 관계로 이어지는지 실감할 것이다. 맥락과 맥락을 잇는 그 작업이 얼마나 즐거운지도 알게 된다.

통제감 :
통제감을 기준으로
문제를 분별하다

"임대인이 중개에서 어떤 것을 중요하게 여기는지를 저는 분명히 알고 있었죠. 한 6개월 동안은 거의 임대인과 같이 생활했던 것 같습니다. 임대인 집안에 일이 생겼는데 도울 것이 있으면 돕고, 의논할 내용이 있으면 같이 나누고, 부동산 정보에 대해서도 서로 아는 것을 얘기하고. 그렇게 임대인과 관계를 꾸준히 형성하다 보니 임대인과의 신뢰가 두터워졌던 것이죠. 저는 물론 그렇게 되길 희망하며 임대인에게 신뢰를 얻으려고 했지만요. 그 임대인과 신뢰를 쌓는 과정에서 무엇이 필요한지를 저는 분명히 알고 있었어요. 제가 해줄 수 있는 것이 무엇인지도 알 수 있었죠. 그렇게 빌딩을 통째로 저에게 맡겨주셔서 빌딩 통임대라는 계약도 시작하게 되었죠."

중개업에서 '일반적'이라고 할 수 있는 상황은 아니다. 이 중개인은 자신이 처한 환경 속에서 통제할 수 있는 요소가 무엇인지를 맥락 속에서 찾아내 그것을 붙들 수 있는 시도를 했다. 아주 달콤한 성과도 얻어냈다. 이렇게 통제감을 느낄 수 있는 영역이 있다면 중개는 훨씬 다채롭게, 짜릿하게 진행될 수 있다. 이번에는 조금 더 일반적인 중개 장면에서의 통제감을 살펴보자.

"저는 알아요. 제가 신혼부부에게 약하다는 것을. 특히, 신혼부부가 방을 구하러 찾아왔을 때 여자분과 소통하는 것이 참 힘들다는 것을 분명히 느꼈어요. 지금 중개하고 있는 패턴에서는 최선의 노력을 다하고 있기에, 신혼부부 중 여자 손님에게 더 잘 맞춰주고 더 원활하게 소통하려고는 못하겠어요. 그래서 잠시 포기했어요. 언젠가는 신혼부부들이 신혼집을 구하는 과정에서 고려해야 할 것들을 저만의 카테고리로 하나 더 늘릴 수 있겠지만, 지금은 그러고 싶지 않아요. 지금 저와 너무 소통이 잘되고 있는 고객들도 분명히 있으니까 그분들에게 더 좋은 중개를 해드리고 싶어요. 신혼부부 계약을 못 하니까 한동안은 신경 쓰여 스트레스를 받았었는데, 제가 알 수도 없는 원인을 찾아내려고 다른 고객들에게 소홀하게 될 생각을 하니까 굳이 그럴 필요가 없더군요. 아직은 제 영역이 아니었던 거죠, 뭐."

중개를 하다 보면 정말 다양한 사람을 만나게 된다. 그중에는 자신과 잘 맞는 사람도 있고 그렇지 않은 사람도 있다. 잘 맞는 사람들을 온전히 대하면서 잘 맞지 않는 사람을 점점 자신의 영역으로 들여놓을 수 있다면, 그것만큼 이상적인 것은 없다. 그런데 위 사례처럼 그 시도가 쉽지 않아 문제다. 시도하는 동안 많은 것을 포기해야 할 수도 있다. 이런 상황에서 어떻게 대처하는 것이 좋을까?

여기서 통제감이라 표현하는 이 개념은 아주 주관적인 개념이다. 여러분이 어떤 상황에 있을 때, '통제 가능한가?' vs '불가능한가?'를 떠올려 가능하다면 '어떻게 통제할 것인가?', 불가능하다면 '불가능한 요소를 어떻게 다룰 것인가?'를 판단할 수 있다. 그런 판단을 할 때의 느낌, 나는 그것을 통제감이라 부른다. 질문을 떠올려 보면 주관적일 수밖에 없다는 것이 느껴질 것이다.

예를 들어보자. 들어 올리기 쉽게 손잡이가 달린 무게 200kg의 물건이 있다. 이 물건을 허리 높이까지 들어올려야 한다면 통제감을 느끼는가? 국내 최고의 보디빌더는 같은 조건에서 어떻게 느낄까? 아주 단순한 과제이지만 통제감을 느끼는 수준은 분명 다를 것이다. 사람들은 각자 전혀 다른 문제를 마주하며 인생을 살아간다. 결국, 그 당사자와 삶의 맥락, 직면한 문제 상황 등 모든 요소에 의해 통제감은 달라질 수 있다. '통제감'이라는 것을 우리는 왜 다루어야 할까? 그것이 여러분의 멘탈과 일, 삶에 직접적인 영향을 미치고 있기 때문이다.

부동산 정책이 바뀌었다. 다주택 보유자는 세금을 더 내라고 한다. 당장 오피스텔을 구매하려고 마음먹고 찾아온 손님 5명을 관리하고 있었던 중개인은 이번 정책이 야속하기 그지없다. 이들은 모두 갭투자를 한창 하면서 추가로 매입할 사람들이었는데, 구매 의사를 모두 철회하고 말았다. 그들이 떠난 원인은 정책이다. 당신은 정책에 대해서 즉시 통제할 수 있나? 시행된 정책을 다시 무를 수 있나? '정책 때문에 매매 손님이 더 이상 찾아오지 않을 텐데, 국가는 왜 이런 정책을 낸 거야. 중개인들은 무얼 먹고 살라는 건지…' 중개인의 고민이 깊어지는 시점이다. 통제할 수 없으니 포기해야 할까? 이런 장면에서 통제감을 떠올려 보는 것이 중요하다.

이상적인 질문은 이런 것이다. '부동산 정책의 변화로 내가 무엇을 하는 것이 좋을까?', '내가 통제할 수 있는 것은 중개인으로서 활동하는 것이다. 오피스텔 매매를 포기한 고객들에게 시도해볼 수 있는 것은 무엇인가?' 이렇게 통제감을 기준으로 되묻다 보면 실제로 대처할 방법이 떠오른다. 가령 갭투자 목적으로 구매하려던 고객 중에 이미 다량의 오피스텔을 보유하고 있어서, 세금 관리를 위한 목적으로 매도 의사가 있을 수도 있다. 정책 변화에 따른 자산 구조를 변경해보려 고민할 수도 있다. 이런 변화 상황에 놓인 고객에게 질문을 던지고 대화를 나누는 것이 여러분의 통제 영역 안에 있는 활동이다. 그 활동을 통해 기존과는 다른 부동산 거래 가능성을 직접 발견해낼 수도 있다.

이상적이고 긍정적인 사례를 예로 들었지만, 어떤 현안에 대해 의식적으로 통제감을 떠올리면 '의미 없는 걱정과 스트레스'로부터 확실히 벗어날 수 있다. 나는 많은 중개인이 이런 고민을 걱정과 불안으로 하나씩 엮어가다 결국엔 이 업을 떠나게 되는 사례를 너무도 많이 봐왔다. 많은 수의 사례가 자신이 통제할 수 있는 영역이 분명히 존재한다는 것을 깨닫지도 못하고, 생산적이고 흥미로운 시도를 실천해보지도 못한 채 이 분야를 떠나는 것이 안타깝다. 막연히 통제 불가능하다며 자신이 할 수 있는 것이 없다고 판단해버리는 상황 앞에서 한 번 더 상기했으면 한다.

'통제 불가능한 영역이 있다면, 통제 가능한 영역이 있음을!'

그렇다면 어떻게 통제감을 갖출 수 있을까? 그것은 생각보다 쉽다. 통제감이란 것은 의식만 하면 갖추어진다. '지금 상황에서 내가 통제할 수 있는 것은 무엇이고, 통제하지 못하는 것은 무엇인가?'라는 질문을 머릿속에 떠올리며, 하나씩 적어보자. 문제의 구조를 바꿀 무언가가 당신이 움직일 수 있는 무언가가 보일 것이다.

통제감을 갖추게 되면 활용 방안은 무궁무진하다. 특히, 여러분의 성장에 활용했을 때 효과가 아주 좋을 것이다. 방을 찾는 고객에게서 연락을 받은 지 2주가 넘었을 때, 아무것도 시도하지 못한 채 '2주 안에 누군가 전화가 오겠지'라며 막연히 기다리고 있는 상태. '일단 걸어 다닐 수는 있으니, 홍보할 만한 방이라도 찾아보자'라고 생각하는 상태를 떠올려 보자. 실제로 통제감을 활용하는 사람들은 이상적인 결정을 하고 움직인다. 무수히 많은 중개인을 만났지만, 중개에서 '잘함'을 실현해내기 위해서는 꼭 필요한 습관이다.

'아직은 나에게 해볼 만한 일이 있고, 그것이 작든 크든 간에 무엇이든 바꿀 수 있어'라고 생각하는 순간이 하루 중 한 번이라도 있다면, 그런 하루를 사는 당신을 어떻게 평가하고 싶은가? '세포 하나하나가 살아있음'을 느끼지 않는가? 그 생기가 여러분을 다시 살게 한다.

성장 :
1초 뒤의 나는
지금의 나와 다르다

중개인으로서의 '완벽함'을 떠올린다면 어떤 모습일까? 여러분은 그 모습을 구체적으로 표현할 수 있을까? 모든 것이 다 갖추어진 중개인. 그런 중개인은 무엇을 채운 상태일까? 중개 분야에서 완벽함이 과연 존재할까?

"아직 멀었습니다. 알면 알수록 공부할 것이 더 생겨요. 알면 알수록 제가 배워야 할 것이 많다는 걸 알게 됩니다. 끝이 없어요. 그래서 재미있는 것 같아요."

중개 대상물을 가리지 않고, 무엇이든 최선을 다해 준비하고 계약시키려는 중개인의 말이다. 중개 실무의 '교과서'로 여기고 싶을 정도로 모범적인 중개인이다. 월 2,000만 원의 중개 수수료 매출을 어렵지 않게 해낸다. 그러면서도 더 성장하려는 욕구가 철철 흘러넘치도록 성실하게 일한다. 무엇이 이 사람을 열정 넘치도록 만들었을까?

성장이라면 '에이, 뭐. 다 굳었는데 나아질 게 있겠어?', '사람은 바꿔 쓰는 게 아니야', '잘하는 사람이 잘하는 거지. 변화는 없어' 등의 말을 평소에 쓰고 있는가? 지금 하는 일에서 크게 달라질 것이 없다고 여기는가? '나는 정말 영업 능력이 안 늘어'라고 생각하는 그 순간에도 여러분의 세포 하나하나는 '영업'이라는 영역에 대해 느끼고 있다. 성장을 위한 가장 기본적인 전제는 그 영역을 인식했다는 것이다.

만약 여러분이 '숨을 더 잘 쉬어라'는 과제를 받았을 때 어떤 생각이 떠오르는가? '무슨 엉뚱한 소리야. 숨을 더 잘 쉰다는 게 무슨 뜻이야? 더 잘 쉰다는 게 많이 쉰다는 거야, 적은 산소를 효율적으로 쓴다는 거야?'라는 생각할 수도 있다. 이 질문을 떠올리는 순간에 '숨'에 대한 이미지가 떠오르지 않나? 숨이란 영역 속에서 뭔가 통제하고 조절해봐야 하는 것으로 '숨'을 여기게 되지 않았나? 그런 인식 속에 들여놓는 것이 성장의 첫걸음이다. 인식 속에 들여놓을 수 있는 대상이 무한한 것처럼 우리의 변화와 성장을 이룰 가능성도 무궁무진하다.

성장의 전제는 의식 속에 들여놓는 것이다. 성장하고 싶은 분야에 대해 마음을 접어버리거나, 노력하지 않는다면 성장은 없다. 앞서 설명한 중개인은 '고객 앞에서 당당한 중개인으로 있기', '최대한 많은 매물 알기', '적극적으로 설명하고 설득하기', '안전하지 않은 대상물은 최대한 피하기', '빌라, 오피스텔, 아파트, 사무실, 상가, 고급빌라 등 대상물 가리지 않고 모두 익숙해지기' 등 자신의 성장 영역을 끊임없이 그려낸다. 인식 속에 포함시킨 분야가 늘어날수록 배움의 시간이 부족하다 여겨 온종일 행복하게 배움을 갈구한다. 성과가 나오지 않을 수가 없다.

실제로 성장하려면 어떻게 하면 될까? 잘하고 싶은 마음을 먹으면 된다고 하지만 의지만으로는 그런 상태를 유지하기가 참 어렵다. 일상에서 '자기 자신을 납득시킨다'는 표현을 많이 쓰는데 불편한 상황에 대한 '자기합리화'가 대표적이다.

자기 성찰을 위해 일기를 쓰는 장면을 떠올려 보자. 자신을 위해 일기 쓰기를 시작했지만, 솔직히 좀 귀찮아졌다. '오늘은 쓸 내용이 없으니까 의미 없는 작업이 될 거야. 의미 없는 일을 하느니, 차라리 오늘만 하지 말자.' 일기 쓰기의 효과는 내용이 아니라 하루를 되돌아보는 의미임을 알면서도 그런 선택을 했다. 우리는 하기 싫은 일에 대해서는 '합리성'을 핑계로 참 쉽게 자신을 납득시킨다. 잘하려는 대상에 대한 납득의 노력은 힘들다. 그래서 '동기', '흥미', '목표'와 같은 개념을 심리학 분야에서 연구하게 되었다.

중개 분야에서 성장해야 할 이유가 있는가? 성장이란 말을 떠올렸을 때 바로 고개를 끄덕일 수 있는 상태가 되어야 한다. 성장 가능성에 대한 부정적인 사고를 일단 내려놓아야 한다. '사람은 안 변해', '변화는 없어' 등의 사고를 하나씩 내려놓을 수 있어야 한다. 우리는 언제나 스스로의 변화를 기대하고 산다. '더 똑똑해지면 좋을 텐데…', '더 예뻐지면 좋을 텐데…', '지금 누리는 이 여유가 잘 유지되었으면 좋겠어' 스스로에 대한 변화를 기대하지 않더라도 주변 환경은 끊임없이 변한다. 그 속에서 삶을 유지하려면 어떻게든 변화에 대처해야만 한다. 변화를 원하는 뚜렷한 분야가 없어도 삶은 자체적으로 원하는 바를 이루려 꾸준히 변화를 모색하고 있다. 당신은 끊임없이 변화하고 있다.

변화를 받아들였으면 이제는 방향 설정을 하면 된다. 분야를 찾는 것이 힘들다면, 해야 할 일에서 작은 포인트를 찾아도 된다. 걱정이나 불만 속에 묻어 두었던 '잘하고 싶은 욕구'를 하나씩 다시 떠올려 보자. '더 많은 고객 만나기', '더 많은 매물 알기', '더 많은 인맥 쌓기', '더 많이 계약하기', '더 많이 벌기', '성공한 중개인 되기', '나만의 중개 사업 해보기', '새로운 프로세스 만들기', '직접 임대업 하기', '거래 차익 만들기', '앉아서 돈 벌기', '평일에 놀고 주말에만 돈 벌기', '골프 치면서 일하기', '중개 시장 바꿔 버리기' 이 중에서 무엇이든 해도 된다. 더 많은 것을 원해도 된다.

세속적인 욕구부터 시대적인 사명감까지 지금 상태에서 다른 상태로 변화시키고 싶다는 그 마음을 그대로 존중해주자. 조금 더 여유가 된다면, 작은 부분에서 일어난 변화와 성장을 들여다보고 성취를 느끼자. 새로운 손님을 만났다면 이미 '더 많은 고객 만나기'에 한걸음 나아간 것이다. 그것은 고객과 닿을 기회를 놓치지 않고 꾸준히 관리했다는 뜻이다. 괜찮은 방을 보고 임대인에게 요청하여 사진을 찍었다. 1초 전에는 갖지 못했던 정보를 사진을 찍는 찰나에 얻게 되었다. 1초 전의 당신과 1초 후의 당신은 변화가 있다. 더 많은 것을 알고 있는 상태로 말이다.

'1초 뒤의 당신은 현재의 당신과 또 다른 상태에 있을 것입니다.'

의미 :
의미 차원에서
자신의 생애 이해하기

모든 사람은 순간을 살고 있다. 그 순간 속에는 깨알 같은 의미들이 항상 녹아들고 있다. 그렇게 언제나 우리 생은 의미로 채워지고 있다. 중개라는 일과 꾸준히 상호작용하고 있는 그 삶 속에는 어떤 의미들이 들어차고 있을까?

"삶의 밑바닥부터 황홀한 도전까지 모두 겪어볼 수 있는 분야 아닐까요. 저는 그렇습니다. 공간을 구하는 사람들을 만나다 보니, 그 사람의 삶까지 느껴졌습니다. 험난한 인생을 살면서 어떻게든 버텨보려고 방을 찾는 사람부터 사업을 확장하기 위해 빌딩을 통으로 빌리려는 사업체 대표까지 만나게 되었죠. 그리고 그 사람들이 끝까지 계약을 마무리할 수 있도록 돕는 과정에서 중개사고 직전까지 갔다가 무릎 꿇고 인사드리며, 겨우 대안을 마련해 극복한 경험, 운 좋게 만난 임대인으로부터 빌딩을 받는 것까지. 매일 일하러 나간다는 사실은 같은데, 그날그날 준비하는 마음은 매일 다른 것 같습니다. 저는 이런 다이내믹함이 너무 좋아요. 최선을 다해도 예측하지 못했던 일이 발생하고는 해요. 특정 순간을 기억해내서 떠올리기보다는 이 알 수 없는 세계에 계속 있을 수 있다는 것이 저에게 생기를 주는 것 같습니다. 가공되지 않은 날 것의 삶. 그런 표현으로 중개인의 삶을 표현하고 싶어요."

"중개인이라고 하면… 자신을 마음껏 브랜딩할 수 있는 일? 제가 만들어내는 업적으로 제 이미지를 만들 수 있잖아요. 저는 기업가들에게 관심이 많았어요. 단순히 관심만 있기보다는 직접 그들과 일을 벌이고 싶었죠. 막연하게 중개라는 일을 떠올렸을 때 딱 하나만 봤어요. '회장들과 만나고 싶다' 부동산 중개라는 일은 언제든지 그 가능성이 있는 일이잖아요. 많은 사람을 만나게 되고, 건물주를 만나게 되고, 빌딩 주인을 만나게 되고, 사업체 대표를 만나게 되고… 신나는 일 아닌가요? 물론 처음에는 원룸 임대인, 원룸 고객부터 만나기 시작하겠죠. 그 작업에서 신뢰를 쌓아야 저에 대한 이미지도 만들어질 것이고요. 그러다 보니 매일 만나는 고객들을 '회장님'처럼 대하고 있습니다. 실제로 고객 중에 저를 좋게 봐주셔서, 회사 대표님을 소개해주시기도 했고요. 사무실 계약까지 잘 마무리해서 좋은 인연으로 지금도 잘 지내고 있습니다. 하루하루가 즐겁고 기대됩니다. 어떤 사람을 만날지, 어떤 물건을 다루어야 내가 원하는 사람을 만날 수 있는지… 그런 고민을 해보는 것 자체가 즐거워요. 재미있게 살고 있습니다."

어떤 일을 하든 자신의 일에서 의미를 찾을 수 있겠지만, 중개인의 일은 특히 재미있는 것 같다. 사람을 만나 원하는 바를 듣고, 그것을 이루기 위해 같이 움직이는 과정을 매번 겪게 된다. 이 과정에서 인연이 깊어질 가능성은 무궁무진하다. 사람과의 인연을 만드는 일. 이런 의미로 부동산 중개라는 일을 보았을 때, 하루가 다채로울 것 같다. 모든 장면 속에서 '들뜸', '희망'이 느껴지지 않을까?

의미 차원에서 산다는 것은 자신이 살고 있는 시간을 단순히 생물적인 생존으로 해석하지 않는 것이다. 그 안에서 만들어내는 경험은 자신에게 어떤 의미가 있는지, '살아있다'는 느낌을 위해 무엇을 해야 하는지를 마음에 담은 채 생존하는 것이다. '오늘 벌어서 잘 먹고, 잘 자고, 안전하게 가족들이랑 지내면 그것으로 된 것 아니냐?' 할 수도 있다. 오늘 하루 중개 일을 잘 해냈다는 것은 가족들과 맛있는 저녁 식사를 하고, 편히 자고, 건강과 안전 등에 투자하도록 해주는 기본 조건이다. 중개 계약 한 건이라는 것을 의미 차원에서 바라보면 절대 소홀히, 대충 할 수 없을 것이다.

"당장 계약을 해서 먹고 사는 것도 문제이긴 하지만⋯ 제가 중개를 한다는 것은 좀 다른 차원의 문제인 것 같아요. 제 절친은 의사입니다. 성공한 의사예요. 어릴 때부터 친구인데 대화가 잘 통해서 요즘에도 틈만 나면 만납니다. 그런데 그 만남에서 느끼는 감정이 조금씩 변해가더군요. 어릴 때는 친구 덕에 맛있는 음식 마음껏 먹고 좋았는데, 나이가 들면서 제 자신을 돌아보게 되었어요. 자신의 분야에서 성공하여 달리고 있는 친구를 보고, 그 친구가 만나는 다른 사람들을 보니, 제가 참 초라해 보이더군요. 그때까지는 제가 어디 한군데 자리 잡지 못하고 시간을 마냥 보내던 때였어요. 제 친구 옆에는 의사, 변호사, 임대사업자, 건설기업 임원 등 각 분야에서 사업을 벌이는 사람들이 모여있었죠. 그 사람들과 소통을 하다 보니 저도 확실한 저만의 분야가 필요했습니다. 그리고 그들이 언제나 필요로 할 그런 주제로 일을 하고 싶었죠. 성공한 사람들이 관심을 가지고, 꼭 필요한 서비스라고 여기는 것, 그것은 부동산이었습니다. 부동산에서 제대로 자리 잡고 성공한다는 것은 의사와 변호사, 기업가 지인들의 삶에 당당히 도움을 줄 수 있다는 것을 뜻하죠. 저에게 부동산 중개업이라는 건 그렇습니다. 계약 한 건, 한 건이 소중하기도 하지만, 그 계약을 하는 과정에서 얻는 경험 자체가 저에겐 너무 귀중했어요. 죽을 때까지 지인들과 떳떳이 삶을 누릴 기회, 부동산 중개를 통해서 이루어 낼 수 있었죠."

멘탈코치로서 수년간 활동해오고 있지만, 이처럼 의미 차원에서 자신의 삶이 정리되는 아주 효과적인 동기부여는 보지 못했다. 중개라는 일이 '소중한 지인들 속에서 떳떳할 수 있는 수단'이라니. 그 어떤 어려움이 있어도 부동산 중개라는 분야에서 성장할 것이다. 실제 이 중개인은 다룰 수 있는 매물 카테고리를 하나하나 정복해가면서 기업 대표들과 당당히 대화하고, 컨설팅하는 수준에 이르러 멋진 커리어를 다지고 있다.

앞서 한차례 소개했던 시대적 사명감으로 부동산 중개를 시작한 사례도 살펴볼까?

"공인중개사, 부동산 중개인이라는 직업이 이 사회에서 떳떳하게 대우받았으면 좋겠습니다. 제가 좋아서 시작한 공부인데, 실제 일터로 나가보니 분통이 터졌죠. 허위 매물에 허덕이며, 고객에게 굽신대야만 하고, 전문가로서 권위를 갖지 못하는 중개인들을 보며 너무 안타까웠습니다. 물론, 중개인들도 스스로 권위를 만들지 못했고, 사회도 편견과 불신으로 중개인을 대하다 보니 악순환이 계속 이어지게 된 것이죠. 저는 이 고리를 끊고, 사회에 건강한 부동산 중개 문화 시스템을 정착시키고자 합니다. 중개 수수료를 아까워하는 고객이 직접 계약서를 쓰다가 문제가 발생하는 사례, 서로의 허위 매물을 신고하며 파괴적인 경쟁 구도로 치닫는 사례, 알려야 할 정보를 알리지 않아 터지는 사고들, 다른 중개인의 고객을 유혹해서 자신의 계약으로 만드는 사례들. 전혀 건강하지 않고, 떳떳하지 못한 이 사례들이 없어질 때까지 저는 단단하고 깨끗한 중개 문화를 만들고자 노력할 것입니다. 이런 중개 서비스를 한번 겪어본 고객들은 절대 어설픈 서비스를 받지 않을 겁니다. 저는 불신으로 가득 찬 이 분야를 정화할 겁니다."

'부동산 중개 분야의 불신을 걷어 내겠다.'

이런 사명감을 품은 중개인을 만난 고객들과 임대인들, 주변 부동산 중개인들은 무슨 생각을 할까? 다음 중개에 이 사람을 먼저 찾으려고 하지 않을까? 재계약은 물론 주변 지인들에게 소개는 당연하지 않을까? 중개인 선호도의 1위 대상에 오르지 않을까?

의미 차원의 중개인들. 먼 세상 얘기 같지만, 실제 여러분의 주변에 있다. 태어날 때부터 그럴 사람들이다? 내가 보기엔 그렇지 않다. 각자의 삶에서 절대 버릴 수 없는 의미 하나를 발견했을 뿐이다. '다이내믹함이 좋아서', '회장을 만나는 삶', '주변 지인들과 떳떳하게 지내는 것', '불신을 없애는 것' 사실 들여다보면 개인적인 의미이다. 복잡하고 어렵고 위대한 작업을 떠올린 것이 아니라, 지금 그리고 여기에 있는 의미 하나를 가슴에 품었을 뿐이다. 그들의 시작은 원대한 꿈으로부터 나온 것이 아니라, 자신의 주변에서 비롯된 것이다. 불편함을 없애기 위해 단순히 좋았던 것, 그냥 쉽게 꿈꿔보았던 것을 놓치지 않고 부동산 중개라는 일까지 의미 고리를 이어붙인 것이다.

이 글을 읽고 있는 여러분도 가능하다. 의미라는 차원, 여러분 주변의 가장 단순하고 가장 가까이 있는 것에서부터 시작해보자.

맥락 :
맥락을 알고 활용하기

맥락이라는 단어, 평소에 종종 사용하는 듯하면서도 언제 활용하는지, 그 개념을 어떻게 설명하는지는 고려해보지 않은 애매한 단어이다. 이 개념은 중개 전문가로 거듭나기 위해서는 필수적으로 갖추어야 할 요소이다. 이것 없이는 일의 효율성도 떨어질 뿐만 아니라 일하는 동기나 보람도 찾기 어렵다. 중개업에서 지내는 시간이 무의미하게 흘러갈 수도 있다. 반대로 맥락에 대해 고려하고 상상할 수 있다면, 중개 분야에서 지내는 동안 성취와 보람을 찾고, 계약률과 성과 수준이 좋아진다. 마법 같은 요소, 맥락이라는 개념에 대해 살펴보자.

"어쨌든 고객에게 많은 이야기를 들을수록 제가 활용할 수 있는 정보는 많아집니다. 그 내용이 고객의 회사 일이나 연인과의 에피소드, 친구들과 놀던 이야기, 진로 고민 등과 같이 공간에 관한 것이 아니더라도 모두 유용한 정보가 됩니다. 방을 보러 걸어가는 중에도, 운전하면서도 고객이 어떤 인생을 살아왔으며, 지금 생활이 어떤지에 대한 정보를 끊임없이 수집하죠. 방을 보면서 고객이 이 방에서 지낸다면 어떤 모습일지 바로바로 상상할 수 있습니다. 고객 또한 계속 그런 내용으로 대화를 하면서 오다 보니 방을 보자마자 자신의 속내를 숨길 새도 없이 반응하게 되죠. 그다음에 제가 어떤 제안을 하면 좋을지, 어떤 대화를 나눌지 편하게 떠올릴 수 있게 됩니다. 꼭 지금 방을 본 고객이 만족하지 않더라도 저의 마음이 급해지지 않죠. 분명 저와 방에 관해서 진솔한 대화를 할 수 있을 테니까요."

"요즘에 저는 일기를 써보고 있어요. 뭔가 정신없이 흘러가는 시간 속에서 많은 것을 놓치고 있다는 생각이 들었거든요. 어떻게든 하루를 살고 내가 뭘 얻었는지 부여잡고 싶었어요. 그런데 일기를 쓰다 보니 제가 멘탈이 흔들리고 짜증 냈었던 장면들이 떠올랐어요. 내가 왜 그렇게 짜증을 냈었지? 그게 그렇게 짜증을 낼 만한 일이었나? 하고 되짚어보게 되더군요. 그리고 곰곰이 생각해봤어요. 짜증 때문에 잃었던 것, 짜증을 내지 않았다면 어떻게 했을지, 나는 왜 그 장면에서 짜증이 났었는지. 제가 하는 말을 잘 듣지 않고, 자기 속내도 드러내지 않는 고집스러운 아저씨들과 대화할 때 너무 답답했어요. 답답하다고 그냥 짜증을 내니까 방을 구해주겠다는 좋은 마음으로 나갔다가 기분만 나빠지고, 성과 없이 돌아오게 되었죠. 제가 보통 그 연령대의 남자분들에게 좀 반감이 있었나 봐요. 제 아버지나 친척 어른들에게도 답답해 짜증 냈었던 기억이 있어요. 제가 설명하는 것을 번거롭게 생각하고, 무언가 막힐 것 같은 상황에서는 이미 짜증이 난 상태로 말을 하고 있었어요. 저한테 왜 그런 습관이 생기게 되었는지는 모르겠지만 앞으로 이 일을 할 때 많은 기회를 잃겠구나 싶었어요. 그래서 일단 짜증이 나더라도 천천히 설명하는 것을 한번 시도해보려고 합니다."

첫 번째 사례는 다른 사람의 맥락을 활용했던 중개인의 말이고, 두 번째는 중개 장면에서 자신이 어떤 모습으로 있었는지 떠올리며, 자신의 맥락을 그려본 중개인의 말이다. 친숙하지 않은 단어였던 맥락이 사실은 생활사, 인생사에 관한 것이다. 그 인생사를 지금 상황에 맞추어 연결지으면 맥락 정보가 된다. 그것을 잘 활용한다면 두 중개인처럼 일과 인생에서 나아갈 방향을 정리할 수 있다.

첫 번째 사례에서 다음 계획을 세우고 대화를 나눈다는 것은 무슨 뜻일까? 공간을 구한다는 것은 그 사람이 그 공간에서 어떤 생활을 하게 될지를 결정한다는 뜻이다. 공간과 관련된 삶, 그것에 대해 계속 정보를 제공할 수 있게 된다. 고객이 연인과 서로 직장 위치가 달라서 최근 조금 다투었다는 내용을 중개인이 들었다면? 일단 중개인은 질문을 던진다.

"서로 직장 위치가 어디인가요? 같이 지내신다면 조금 해결될 수 있는 문제일까요?"

물론 이런 질문은 두 사람이 형성한 공감대에 따라서 실례일지 컨설팅일지 구분될 것이다. 맥락 정보를 알려면 공감대 형성도 중요한 조건이다. 어쨌든 그렇게 질문을 던지니 고객이 이렇게 답한다.

"사실 결혼 얘기가 오가고 있기는 한데 어디에 살지 명확하게 결정하지 못하다 보니 서로 좀 눈치 보는 것 같아요."

"그럼 오늘 여러 가지 선택할 수 있는 상황을 좀 구성해놓고 여자친구분과 논의해보시겠어요? 예산이나 활용할 수 있는 월세 폭도 조금 정해두면 결정하시기 편할 것 같아요."

조금은 이상적이지만 이런 흐름으로 대화가 진행되었을 때 중개인이 얻는 것은 무엇일까? 가장 좋은 것은 '고객과의 공감대 형성', '고객의 신뢰'이다. 고객은 자신의 삶과 고민이 중개인에게 고스란히 존중받고 이해받는 경험을 하게 된다. 이런 중개인에게 컨설팅을 받고, 계약까지 진행하고 싶지 않을까? 중개인은 추후 준비해야 할 매물 정보와 협의 사항들을 머릿속에 명확히 떠올릴 수 있다. 한 건의 계약뿐만 아니라 관련 정보들도 수집하게 된다. 일에 대해 계획하고 더 진지하게 중개라는 영역에 임할 수 있다. 중개인으로서 지내는 시간에 의미가 생긴 것이다. 맥락 정보를 수집하는 과정에서 중개인의 의미와 보람이 느껴지는가?

두 번째 사례를 보자. 짜증 때문에 고객과 살짝 다툼이 있었다. 이 중개인은 '아, 짜증 나네. 정말 못해 먹겠다' 하고 끝낸 것이 아니다. 자신의 생활에서 그 짜증과 관련된 맥을 짚었다. 50~60대 정도의 남자 어른을 상대할 때 느껴지는 그 감정을 떠올리게 되었다. 이런 맥락을 조금 더 구체적이고 잘 짚을 수 있었다면 '자신의 내부에서 어떤 해석이 있길래 그런 대상들을 만날 때마다 짜증이 일어나는지'를 파악해볼 수도 있다. 물론 이런 정도의 해석이 되려면 배경지식이 있어야겠다. 대부분은 심리학적 지식이지만, 관련 공부를 하다 보면 실제로 자신의 맥락을 해석할 기준들이 많이 생긴다. 현실에 적용할 수 있는 것들이 많다. 이 중개인은 자신의 짜증이라는 감정이 외부 조건에서만 야기되는 것이 아니라 자신의 내부적인 이유로 발생하고, 그것이 퍼포먼스에도 영향을 미침을 알고 있다. 그러다 보니 자신의 성과를 위해서라도 변화를 시도해야 한다고 해석하였다. 다음에는 어떻게 행동을 해야 짜증으로 마무리되지 않고, 50~60대 남자 고객들과 대화를 이어나갈 수 있는지 터득할 것이다. 자신의 약점 대상이었던 사람을 요령 있게 대하면서 계약을 더 만들어낼 수 있다. 자신의 맥락을 이해하는 것에서 노력과 성장 과정의 맥락까지 느낄 수 있을 것이다.

이런 맥락 정보를 민감하게 인식하고 수집하려면 세상에 대한 '겸손'이 필요하다. '나는 이 손님이 무엇을 원하는지 알고 있어', '이 방이면 끝이야, 무조건 계약이야', '이렇게 좋은 방을 거절하면 이 사람은 절대 방 못 구해', '나는 내가 제일 잘 알아', '일 좀 하려는데 왜 이렇게들 방해하는 거지?' 등의 생각들은 접어두고 '맥락'이라는 단어를 떠올리자. 맥락이라는 단어가 아직 좀 모호하다면, 고객의 '요즘 생활'에 대해 떠올려 보자. 고객의 '요즘 생활'을 머릿속에 스토리로 혹은 장면으로 그릴 수 있을 정도로 질문을 시작해야 한다. '혹시 왜 이 지역으로 이사를 하고 싶으신 건가요?', '직장이 이 근처이신가요?', '가족 구성원이 어떻게 되나요?', '쉬는 시간은 어떻게 보내세요? 산책 같은 활동이 필요하신가요?' 등 여러 가지 질문이 있다. 그런데 이 질문이 혹여나 '심문'처럼 여겨지면 부작용이 생기니 아주 편하고 일상적인 내용의 대화로 라포(공감대)를 형성해야 한다. 이러한 질문의 기준은 언제나 한 사람이 살아가는 '생활에 대한 질문'이다.

맥락을 떠올려 보는 연습을 하는 동안 그 대상이 항상 타인일 필요는 없다. 스스로에게 위와 같은 질문을 해봐도 좋다. 여러분이 살고 있는 그 집을 선택한 이유, 그곳에서의 생활, 출근길, 여가 생활을 즐기는 방식, 가족들과의 생활 등 공간과 관련된 여러 가지 질문을 던지다 보면 현재 자신을 둘러싼 맥락이 하나하나 떠오르게 될 것이다.

맥락 정보를 잘 활용하게 되면 계약 확률은 확실히 올라간다. 중개인의 덕목인 신뢰와 전문성(지식)이 고객에게 전달될 수 있는 가장 좋은 방법이다. 앞으로 어떤 방향으로 더 정보를 얻고 활동해야 하는지 느낄 수도 있다. 중개인으로서 성장하는 '맥락' 자체를 즐기게 될 것이다. 한 번 시도해보라. 일 속에서 살아 숨 쉬는 자신을 발견하게 될 것이다.

집중력 :
퍼포먼스에 오롯이 집중하기

중개인에게 집중력이 필요할까? 언제 그것이 발휘되어야 할까? 집중하고 싶다고 집중이 되는 건가? 집중력이란 것이 실제로 있는가?

집중력이라는 단어는 우리가 일상적으로 쓰는 말이지만, 이것만큼 느끼기 힘든 것도 없다. 여러분 '집중'이라는 단어에 집중해보자. 어떤 시도를 하게 되나? 눈에 힘을 주고, 미간을 찌푸리며, 호흡을 참고, 생각을 차단하고, 주변 소리도 닫게 되는 그런 느낌을 받았나? 이 현상 자체를 집중이라고 표현할 수도 있다. 그런데 그 상태를 얼마나 유지할 수 있을까? 10초만 지나도 눈물이 나올 것 같고, 머리는 묵직해지고, 숨을 쉬려니 집중이 흐트러지는 것 같고… 정작 이것이 집중이라고 한들, 중개인으로서 이 현상을 어떻게 적용해야 할까? 고객을 응대할 때 집중해야 한다. '집중'이라는 단어에 집중할 때처럼 고객의 눈을 뚫어지게 쳐다봐야 할까? 눈을 감고 고객의 목소리에 떨림이 있는지 귀 기울여 듣는 것일까? 내가 지금 바른 자세를 취하고 있는지 온몸의 감각을 느껴봐야 할까? 조금만 들여다봐도 얼마나 모호한 개념인지…

사실, '집중한다'라는 표현보다 집중을 위해 '분산되지 않는 상태를 만든다'라고 표현하는 것이 훨씬 적절하다. 집중은 순간의 의지로만 하는 게 아니다. 학창 시절 다른 생각을 하다가 '다시 집중해야지' 하며 책으로 눈을 돌리지만, 5초도 안 되어 잡념이 떠오른 경험이 다들 있을 것이다. 우리는 그런 상태를 '집중했다'라고 표현하지 않는다. 'OO야, 공부에 집중 좀 해', '지금 난 집중해야 해' 등 이런 표현과 생각들로는 해결되지 않는다. 집중력은 그 자체로 표현되기보다 여러 복합적인 요소들이 반영된 '결과물'이라 보는 것이 좋다.

중개인이 중개 일에 집중한다고 해보자. 매물 조사, 광고, 고객과의 통화, 테이블 미팅, 매물 답사, 설득, 권리 관계 확인, 법적 고지, 계약서 작성, 입주 협의 등 한 번의 과정 중에서도 해야 할 업무가 많다. 계약 건수에 따라 여러 고객에 대한 중개 과정을 동시에 복합적으로 진행할 수도 있다. 그 업무 하나하나에 충분히 신경을 써야 사고 없이 안전하게 계약을 마무리할 수 있다. 중개인이 중개 일에 집중한다는 것은 중개 과정에 온전히 자신의 시간과 노력을 쏟는 것이다.

당연한 말이지만 우리는 담배도 피워야 하고, 커피도 마셔야 하고, 어제 본 드라마 얘기도 나눠야 하고, 애인과 싸웠는데 어떻게 화해해야 할지 고민해야 하고, SNS에 달린 댓글에 답글도 달아야 하고, 야구 스코어도 확인해야 하고, 새로 올라온 영상은 바로 봐줘야 하고, 밥 먹었으니 한숨 자야 소화도 잘되고….

업무에 집중해야 돈도 벌고, 성취감도 있다는 것을 알고 있음에도 우리는 위와 같은 행동을 한다. 그렇게 하는 자신을 내버려 둔다. 이런 의사결정과 행동이 나쁘다는 것은 아니다. 다만, 집중되지 못한 상태이다. 우리는 언제든 이런 상태에 있을 수 있고, 이런 상태를 벗어날 수도 있다. 다시 말하면, 집중하고 싶을 때 집중하고, 집중하지 않아도 될 때 집중하지 않아도 된다. 원할 때 원하는 상태로 있는 것이 능력이다. 집중된 상태를 만들고 싶을 때는 집중된 상태를 만들 수 있어야 한다.

중개 업무를 할 때 유용한 활동 중 하나로 부동산 정책과 관련된 뉴스를 꾸준히 보는 것이다. 한 중개인은 부동산 정책을 꼼꼼히 챙겨보려는데 정작 출근해서 책상 앞에만 앉으면 뉴스 페이지를 켤 생각을 못 했다. 사무실에 들어가 의자에 앉으면 중개 업무를 처리하느라 정신이 없었다. 그러다 여러 번 뉴스를 놓치게 되었고, 여러 가지 계약 기회 또한 놓치게 되었다. 도저히 안 되겠다 싶어 집을 이사해버렸다. 지하철만 타면 스마트폰으로 쉬지 않고 뉴스를 볼 수 있기 때문이다. 이전 집은 사무실 근처라 지하철 탈 일이 없었는데, 볼일이 있어 다른 곳으로 가려고 지하철을 타보니 집중이 잘됐다. 매일 뉴스 보는 시간을 만들기 위해 일부러 이사 가는 중개인, 미련한 건가?

'한 시간 일찍 준비해서 집에서 스마트폰으로 뉴스를 보면 되지 않나?', '컴퓨터 켜고 바로 뉴스가 뜰 수 있도록 설정해두면 될 텐데, 굳이 이사까지 가야 하나?', '그냥 스마트폰이든, 컴퓨터든 바로 뉴스를 보면 되는 거 아닌가?'

무슨 뉴스를 보려고 이사까지 하나? 개인적으론 이 중개인이 '집중된 상태로 있어야 할 때, 그 상태를 만들기' 위한 장치를 잘 마련했다고 생각한다. 이 중개인은 갖은 수를 다 써봤지만 정말로 뉴스에 집중된 상태를 만들 수 없었다. 우연히 자신이 뉴스에 집중하던 그 순간, 원하던 그 느낌을 기회로 삼고 싶었다.

지하철이라는 공간과 출근이라는 시간이 참 특수한 상황이긴 하다. 스스로 선택했지만, 그 시공간 속에 들어가면 어쩔 수 없는 그런 상황. 출근길 지하철에서 할 수 있는 일이 무엇일까? 스마트폰을 보거나, 책을 보거나, 멍하게 창을 바라보거나, 그냥 서 있거나. 무언가를 '한다'는 측면에서는 정말 많은 것이 제약되어 있다. 어쩔 수 없이 주어진 시간일 때, 할 수 있는 일이 제한되어 있을 때, '뉴스'라는 것이 떠올랐고, 그것이 지금 할 수 있는 일 중에 가장 흥미로운 일임을 알게 된다면 집중할 수밖에. 효율성이나 합리성과는 동떨어진 결정이지만, 그것으로 집중된 상태를 만들 수 있다면 시도해볼 수 있다.

집중된 상태는 하려는 작업이 얼마나 동기 부여된 작업이며, 어떤 것이 방해 요소인지, 자연스러운 상태로 있는 자신의 의식이 어디로 흐르는지를 따지고 들어야 통제할 수 있다. 예를 들어, 매물 조사에서 의식의 흐름을 살펴보자. 매물 조사는 보통 컴퓨터로 하게 된다. 매물 조사를 하기로 마음먹었을 때 바로 컴퓨터 앞에 앉는지, 담배를 한 대 피우러 가는지, 컴퓨터에 앉았다면 바로 매물 관련 사이트를 탐색하는지, 스포츠 뉴스 탭을 클릭해서 기사를 몇 건 보는지, 고객에게 들었던 조건들을 머릿속에 떠올릴 수 있는지, 매물 사이트로 가서 무작정 보이는 매물을 클릭하게 되는지 등 아주 자연스러운 흐름을 한번 쭉 훑어볼 필요가 있다. 그리고 적절성, 효율성을 기준으로 평가해볼 수 있다.

동기 부여된 상태에서는 집중이 어렵지 않다. 얼마나 유지를 할 수 있느냐가 관건이다. 집중된 상태가 얼마나 유지될 수 있는지는 주변 환경에 달렸다. 가장 확실한 방해물은 스마트폰이다. 완전히 배터리가 꺼지거나 절대 볼 수 없는 여건이 아닌 이상 스마트폰은 쉽게 우리의 의식을 빼앗는다. 세상에 이것만큼 재미있는 것이 또 있을까. 방해 요소는 스마트폰 외에도 '담배 한 대 피자'는 주변 동료, 생계 걱정, 가족 걱정, 불안감 등 다양하다. 이런 방해 요소는 자신의 의식 흐름을 객관화해서 보게 될 때 드러난다. 모니터 옆에 읽다 만 책이 놓여있으면 괜히 한번 들춰보게 되고, 버리지 않은 쓰레기, 뚜껑을 열어놓은 펜 등 사소한 곳에 신경을 쓰고 의식을 빼앗긴다. 작업 공간에 내 의식을 빼앗을 만한 것들을 싹 치워버리는 것이 집중을 유지하는 방법이다.

'매물 조사'라는 중개 과정의 한 단계만 살펴보았다. 중개 과정은 여러 단계가 있고, 우리는 중개인으로서 각 단계마다 집중을 유지할 수 있어야 한다. 중개인으로서 더 나은 성과를 만들기 위해서는 각 단계에서 자신이 얼마나 동기 부여되어 있으며, 의식은 어떻게 흐르고, 어떤 대상에 빼앗기는지를 탐색하고 정리해야 한다. 이 작업이 원활히 이루어지면, 업무 시간이 알차고 보람될 것이다. '정신 차리고 제대로 집중해서 일 좀 하자' 보다도 '오늘 제대로 집중했다'라며 하루를 마무리했을 때 얼마나 기분 좋을까? 집중은 하는 것이 아니라 집중된 상태로 나와 주변을 정리하는 것임을 잊지 말자.

성취감 :
하이파이브

    중개인으로서 기본기를 갖추면 갖출수록, 중개의 품격이 올라가면 올라갈수록 사소함의 중요성은 커진다. 고객과의 관계에서 한순간 삐끗한다면, 다시 신뢰를 회복하기는 처음보다 몇 배의 시간과 노력을 들여야 한다. 관계가 이어지고 있다면 그나마 다행인 것으로 대개는 훌쩍 떠나버린다. 고객 입장에서는 대안이 많다. 성공한 중개인들은 그런 걱정을 하지 않는다. 왜냐하면 고객과 쌓은 사소함으로 자신이 훨씬 좋은 중개인임을 보여주었기에 고객이 떠날 수 없다는 것을 잘 알고 있다.

    사소함은 말 그대로 별 것 아닌 것들이다. 어떤 고객과 연락이 잘 안 되는데, 저녁 8시만 되면 연락이 된다. 중개인은 그 점을 기억해 고객에게 자신이 그 점을 기억하고 있다는 것을 한 번 더 인식시킨다.

    "고객님, 낮에는 연락이 좀 부담스러우신가 보네요. 혹시 8시쯤 매물 정보를 꾸준히 보내드리면 어떨까요?"

정보를 받는 입장에서는 준비되지 않은 시간에 예상치 못한 정보들이 쏟아지면 상당히 불쾌감을 느낀다. 요즘 사람들은 각자의 맥락 속에 아주 바쁜 생활을 하고 있어서 맥락 외의 정보가 들어오는 것을 부담스러워한다. 그런 부담감에 관심을 주고 구체적인 시간에 대해 질문을 던지면, 고객 입장에서도 마음의 준비를 할 수 있다. 자신의 맥락에 방해를 받는다고 생각하지 않을 것이다. 이 사소한 배려 한 번이 고객과 중개인의 신뢰 고리를 아주 단단하게 만들어준다. 사소함을 챙기는 것은 정말 쉽지 않다. 사소함을 챙기려면 사소함이 보여야 하는데 매번 성장할 때마다 사소한 정보들이 더 확실히 보인다. 그러다 보니 중개 베테랑 중에는 정말 엉뚱한 포인트에서 웃음 짓기도 한다.

"코치님, 오늘 저 청소하고 왔습니다. 너무 기분 좋아요."
"청소를 어떻게 하셨길래 이렇게 기분이 좋아요? 10년 미뤄둔 화장실 청소한 느낌만큼 개운한 건가요?"
"아뇨, 빌딩 3채 갖고 있는 임대인이 드디어 저한테 부탁을 했습니다. 처음으로 빌딩 들어갔어요."
"무슨 의미인가요?"
"아유, 임대인이 저를 믿기 시작했다는 뜻이죠."

황당하다. 청소 한번 했다고 임대인이 자신을 믿는다니… 그런데 조금 더 들어보면 굵직한 맥락이 있다. 평소 중개 서비스에 불만이 많았던 임대인은 중개인들과 마찰이 많았다. 감정적으로 대응하기 버거웠던 중개인들은 그 임대인의 건물에 공실이 생겨도 계약하기를 꺼려했다. 거래 조건도 좋지 않았다. 그런데 이 중개인은 끈덕지게 임대인과 그냥 관계가 아니라 신뢰 관계를 만들고자 했다. 부담 가지 않는 선에서 임대인이 관심 가질 만한 정보와 의견을 계속 전달하고, 사회적인 이슈에 관한 대화를 시도하고, 세상 사는 얘기나 조언도 구하면서 관계를 형성하려고 노력했다.

빌딩 청소관리를 고민하고 있던 임대인이 부탁을 한 것이다. 중개인은 직접 가서 상황을 보고, 알고 있는 청소 업체와 연결해주었다. 첫 물꼬가 트인 것이다. 그 포인트를 놓치지 않고 계속 신뢰 관계를 만들어 결국에는 빌딩 3채에 대한 전속 임대 계약을 하게 되었다. 빌딩 통임대도 성공했다.

결과만 보면 이 중개인은 빌딩의 중개 계약 권리를 가진 운 좋은 사람으로 비치겠지만, 그 과정을 들여다보면 사소함을 놓치지 않고 계속 확보했던 노력파이다. 사소함을 강조하다 보니 이 사례를 소개하게 되었는데, 여기서 중요한 것은 중개인의 '희열'이었다. 청소 한번 했다고 나를 찾아와 기분 좋게 자랑하는 그 모습. 이야기를 듣고 나서는 가볍게 하이파이브를 했었다. 그날의 기분을 잊을 수가 없다.

누군가와 하이파이브 할 때의 느낌. 그것이 바로 성취감이다. 대단한 업적을 세우고, 큰 보상을 받아야만 성취감을 얻는 것이 아니다. 어떻게 될지 모르겠지만, '청소'라는 작은 과정 하나가 이루어졌을 때 느끼는 희열. 거기에 성취감이 있다. 부동산 중개인으로 완전히 자리 잡기 위해서는 일 곳곳에 숨어있는 작은 성취들을 볼 줄 알아야 한다. 매물 조사를 하러 갔다가 우연히 맛집을 발견했을 때 주먹 꽉 쥐고 '럭키'를 마음속으로 외칠 수 있어야 하고, 임대인과의 끈질긴 협상을 통해 월세 1,000만 원을 995만 원으로 깎았을 때도 희열을 느낄 수 있어야 한다. 중개인으로 지내며 당연히 해야 할 일이라고 여겨지는 모든 것들에 대해 한 건씩 처리할 때마다 그 성취를 들여다볼 수 있어야 한다. 한 번의 성취에 한 번의 웃음이 깃들면, 수만 가지의 행복 변수들이 펼쳐질 것이다.

성취감은 주변을 밝게 만든다. 작은 성공 하나에는 여러 의미가 있다. 주변 동료들에게 자랑할 만한 소재 하나가 생겼다는 것, 중개인 자신이 웃을 여유가 하나 늘었다는 것, 행복한 미래를 상상할 디딤돌이 생겼다는 것, 누군가와 하이파이브를 할 거리가 생겼다는 것, 밥 한번 살 이유가 생겼다는 것, 자신만의 역사 한 페이지가 쓰였다는 것 등 상상할수록 즐거운 의미가 차고 넘친다. 성취감으로 충만한 중개인을 다른 사람들이 보았을 때 어떨까? 주변에 생기가 돌아 같이 일을 해보고 싶고, 믿음이 가 중개를 맡기고픈 그런 마음이 들지 않을까? 중개인의 성취감은 그래서 중요하다. 사람이 모일수록 기회가 모이고, 기회가 많아질수록 중개인의 성과도 높아지는 것은 당연하다.

조금 더 자주 성취감을 느낄 방법은 사소한 작업을 미리 평가하고 판단하지 않는 태도다. 어떤 작업과 성취에 대해 미리 평가하게 되면 사고와 경험의 확장성을 차단하게 된다. 앞서 소개한 중개인의 '청소'

를 떠올려 보자. 임대인이 청소를 문의했을 때, 중개인이 이렇게 사고한다면?

'아, 청소 업체는 인터넷 검색만 해도 나올 텐데 그 시간이 아까워서 나한테 묻는 건가?', '청소 소개 한 번 해주면 나에게 소개 수수료 일부를 주실 건가?', '시간 아까운데… 내가 지금 계약하러 나가기만 해도 30만 원은 벌 텐데 이걸 붙들고 해결해야 하나?'

청소 문의에 대한 답을 주기도 전에 엄청 '비효율적인' 일이 되어버리지 않는가? 5만 원도 못 벌 일을 굳이 하는 게 맞나? 내키지 않아도, 억지로라도 이 문의에 대해 친절히 응대하는 게 좋다. 대부분은 미리 평가하고 판단해버려 '언제 어떻게 올지 모를 기회'까지 차단하게 된다. 빌딩 3채 전속 계약은커녕 작은 성취감도 느끼지 못할 것이다. 안타까운 것은 많은 사람들이 이런 사고 체계에 갇혀 있다. 성취가 없어 웃음기는 빠지고, 주변은 삭막하고, 성과는 나오지 않고. 피로 사회라는 말이 괜히 나온 것이 아니다. 편견과 판단을 보류한다는 것, 중개인에게도 우리 사회에도 너무 필요한 요소이다.

편견과 판단을 잠시 내려놓으면, 성취감을 더 자주 느낄 수 있다. 하루 동안 일어나는 일들은 너무나 많고, 자신이 만들어내는 업적들도 끊임없이 나타난다. 핑계를 대며 미뤄둔 설거지를 끝내고 '청결함'을 얻은 것, 일기를 쓰고 자신의 역사를 남기는 것, 안부 전화로 어머니의 건강을 확인하는 것, 가벼운 산책으로 다음 날 컨디션을 확보하는 것 등 사소한 성취들이 계속 쌓인다. 성취 속에서 느끼는 가벼운 생기는 삶을 기쁘게 한다. 사회 속의 일원으로 자신의 일을 즐긴다는 느낌이 하루 중 수차례 든다면 얼마나 행복한 삶이 될까.

자신의 틀을 걷어 내고 상황을 객관적으로 바라본다면, 그로 인해 영향받은 주변과의 관계, 자신의 말과 행동, 성취감으로 최상의 멘탈 상태가 될 것이다. 이런 느낌과 감정을 성취감이라는 중요한 단어 하나에 담아 보았다.

의식 :
탁월함에 감탄하다

중개인으로서 어떤 단계에 이르렀을 때, 더 이상 계약 건수나 매출에 자신의 감정이나 생각을 메어 두지 않게 된다. 대신 '완성도'라는 측면에서 중개라는 일을 보기 시작한다. 우리가 익숙하게 알고 있는 매슬로우 욕구 단계 차원에서 이해해볼 수도 있다. 중개인으로 성장했다는 것은 생계유지나 관계 문제 등 기초적인 욕구를 해결할 수 있다는 뜻이다. 그런데 당장 생계가 힘들어져도 중개의 완성도를 추구하는 사람들이 보인다. 걱정으로 조급해하느니 자신의 직업적 본질에 충실히 임하는 것이다.

"당장 계약을 많이 한다고 즐겁지 않더군요. 결국엔 다 같이 잘 살자고 하는 일인데 정신없고, 인상 찌푸리고, 언성 높이고… 욕심부리다 보니 제가 주변을 다 괴롭히고 있었어요. 문득 떠오르더군요. 오늘 만나는 고객이 충분히 만족해하며 떠나고, 오늘 만난 임대인이 고맙다고 다음에도 잘 부탁한다고 인사하고, 오늘 만난 사장님이 필요한 것은 없나며 한창 부동산 주제로 대화하고… 그 사람들이 각자 원하는 것을 잘 이루어가는 걸 보는 게 더 좋았어요. 제가 더 잘 이해하고, 더 많은 것을 알고, 더 다양한 물건을 다룰 수 있다면, 제가 움직이는 곳곳에 기분 좋은 느낌을 선사할 수 있지 않을까 싶어요. 한 건, 한 건 잘 완성하는 게 제 삶의 낙입니다."

　　돈 때문에 일하지 않아도 되는 삶. 대부분 원하지 않나? 핵심은 일하지 않는다는 것이 아니라, 돈이 내 생각과 생활을 좌지우지하는 것이 싫은 것이다. '오늘 점심은 굶어야 할까?', '어디에 더 싸고 배부른 음식이 있을까?', '이번 달에도 옷 구매는 참아야지', '다음 주 카드값을 위해서는 이번 주에 꼭 3건 이상 계약해야 해' 막 부동산 중개 일을 시작한 사람들, 특히 아무 자본 없이 뛰어들어 생계를 유지하려는 청년들에게는 하루 중 꼭 한 번쯤은 떠올릴 생각들이다. 이 시기를 거치지 않는 사람은 거의 없다. 어떤 분야에서나 만반의 준비를 다 해두지 못한 채 시작하는 경우가 많다. 이 시기는 중개인으로 성장하는 것, 생활비를 아끼는 것. 시시각각 찾아오는 식욕, 물욕, 쉬고 싶은 유혹 등 해결해야 할 것들이 산적해 있다. 그러다 보면, 그 수준의 문제를 해결하고도 의식은 거기에 머물러기도 한다. 월에 500만 원을 벌면 대부분 먹고, 자고, 쉬는 욕구를 충분히 채울 수 있다. 중개인으로 상당히 성장한 수준이다. 그런데 일을 시작한 단계에서 의식이 아직도 머물러 있다면, 7,000원으로 해결하던 한 끼를 15,000원짜리를 먹어도 만족스럽지 않고, 3,000만 원짜리 새 차를 사도 더 좋은 차를 계속 찾아다니고, 편안한 집에서도 더 비싼 집을 얻으려 부동산 정보를 뒤진다. 이러한 욕구들이 잘못된 것은 아니지만, 살면서 더 많은 가치를 세상에 전하고, 더 많은 것을 이해할 기회가 차단되어 안타깝다. 과거 생존을 위해 붙잡고 추구했던 것들, 인간으로서 가지는 단편적인 욕구들을 놓아버릴 때, 자신의 가치가 더 빛나 보인다. 욕구가 해결되는 것은 참 반가운 일이지만, 욕구가 해결될 때마다 다른 가치를 볼 기회임을 잊지 않았으면 한다.

부동산 중개인으로 탁월함에 이르기 위해서는 성공했을 때 어떻게 움직여야 하는지 염두에 두어야 한다. 중개 과정 대부분을 여러분의 통제하에 두었다면, 완성도 앞에서 '겸손'해지는 단계를 꼭 밟아야 한다. '나는 오늘 눈치 안 보고 호텔 뷔페에서 점심을 먹을 수 있어', '나의 탁월한 안목으로 사놓은 집이 앞으로 쭉쭉 오를 거야', '이 구역 물건은 이제 나를 거치지 않으면 계약을 못 하지', '눈만 높은 사람들이 오면 그냥 무시하면 돼', '가격도 얼마 안 하는 방인데 뭘 그렇게 꼼꼼히 따지나 몰라' 중개라는 일이 익숙해지고, 돈에 대해 잠깐의 자유를 얻게 되었을 때 겸손을 잃기 쉽다. 사실 주변 사람보다 내가 잘 먹으면, 계약을 잘하면, 힘이 있으면, 그런 시각에서는 절대 겸손을 유지하기가 쉽지 않다. 겸손은 일부러 자신을 숙이는 것이 아니다. 겸손은 자신이 평가될 잣대를 바꾸는 것이다. 비교 대상을 다른 사람이 아니라, '완전함'에 둔다면 어떨까? 부동산 중개의 완전함, 그 앞에서 우월감은 얼마나 느낄 수 있을까. 완전함을 이해하지 못했다면 아직 얼마나 미숙한 상태일까. 세계 최고의 중개인이 오더라도 '완전함' 앞에서는 고개를 숙이고 겸손할 수밖에 없다. 이는 어떤 종목에서의 슈퍼스타도 부인할 수 없는 사실이다.

손흥민은 대한민국이 자랑스러워할 만한 축구 스타이다. 세계 최고의 무대에서 최고 수준의 활약을 펼치고, 메이저 구단 몇 곳에서 관심을 두고 있을 만큼 뛰어난 선수다. 이 선수를 기용한 감독이 손흥민 선수를 이렇게 평가한다. '손흥민은 가르칠 수 있는 선수이다. 아직도 배우려고 한다.' 세계 축구계에서 0.001% 안에 들어가 있다고 표현해도 문제없을 손흥민 선수, 그는 아직 배우려고 한다. 축구 선수로서 완전한 선수, 완성된 선수라고 스스로 납득할 때까지 노력할 것이다. 그런 수준이 언젠가는 이루어질까? 완전함은 실현될 수 없다. 대신 완전함에 한없이 가까워질 수는 있다. 그런 삶을 살았을 때 우리는 그 사람을 '탁월하다'라고 표현한다.

앞서 소개한 중개인은 어지러운 부동산 시장의 병폐를 보고 동료 중개인들의 고충과 심신이 지친 고객과 임대인들을 보았다. 미약하나마, 자신을 통해 그들이 만족스러워하고, 진심이 담긴 감사 인사를 받았을 때 뿌듯함을 느꼈다 한다. 그는 더 나아지고 싶고 더 행복해지고 싶어 지금도 매진 중이다. 자신이 완전하지 않다는 사실을 인정했을 때, 성장하지 못한 부분이 보이고, 더 나아지고 싶다는 욕구를 갖게 되었다. 누군가가 어떤 영역에서 완전함을 추구하고 있으면, 사람들은 그 추구 자체를 보며 감탄한다. 손흥민 선수가 보여주는 압도적인 플레이를 보면서 환희를 겪는 것처럼 말이다. 그 플레이가 상대를 압도해서라기보다는 '인간으로서 어디까지 할 수 있는가?'라는 질문을 떠올리며, 그 답을 눈으로 보는 것이다. 환희는 그 결과물이다. 우리는 손흥민 선수를 완전하다고 표현하지 않지만, 성장의 여지와 변화의 가능성을 알기에 그에게 흥미를 느낀다.

　　탁월함을 추구한다는 것, 그 자체가 감탄을 만든다. 완전함 앞에서 겸손한 사람들은 그 탁월함에 감탄할 줄 안다. 인간이 행복할 수 있는 이유 중 하나는 인생에 '감탄'이 있어서라고 말하고 싶다. 감탄의 순간이 얼마나 짜릿하고 행복한지… 부동산 중개인으로서 감탄할 줄 안다는 것, 자신의 행복을 위한 아주 유용한 태도가 아닐까. 중개인으로 성장하는 만큼 부동산 중개뿐만 아니라 다른 영역에서의 탁월함도 더 잘 보이게 된다. 그러니 과거의 기준에 붙들어두지 말고 의식을 확장하자. 마음껏 겸손하고, 마음껏 탁월해지며, 마음껏 감탄하기 바란다.

몰입 :
내 가슴이 뛰어요

몰입이라면 어떤 장면이 떠오르나? 평일 내내 학업에 치이다가 주말에 친구들과 PC방에 가서 마음껏 게임 중인 학생, TV 드라마를 켜두고 만담을 펼치는 엄마와 딸, 한 시간 내내 골프 퍼팅을 연습하는 아버지 등 완전히 집중된 상태로 하나에 몰두하는 모습이 떠오를 것이다. 스스로 몰입했던 경험을 떠올려 보면 어떤 느낌이었을까? 연인과의 대화에 빠져 카페 마감 시간이 되었는지도 몰랐을 때, 좋아하는 소설책을 한 부분만 읽으려 했다가 정신 차리고 보니 마지막 장면을 읽고 있을 때, 생각에 잠겨 산책을 하던 중 잠시 눈 돌려보니 모르는 곳에 이르렀을 때 등의 유사한 경험이 있을 것이다.

몰입이라 표현할 수 있는 경험, 그 경험에는 확실히 특징이 있다. 몸과 마음과 경험이 하나된 느낌이랄까? 모든 생각과 인식이 하나의 주제에 집중되고, 그 집중은 순전히 관심과 흥미 때문에 일어난 것이다. 이런 경험 속에서는 외부의 자극이나 신호는 전혀 인지하지 못하고 시간이 어떻게 흘러가는지 모른다. 시간이 빨리 흘렀다는 느낌이 들 수도 있고, 이렇게 많은 생각과 행동을 했는데도 시간이 가지 않는다고 느낄 수도 있다.

부동산 중개인에게도 몰입이 일어날까? 중개라는 일이 정해진 절차를 진행하는 것인데 정말 재미있다고 여겨 확 집중할 수 있을까? 중개 과정 하나하나에 몰입하는 중개인이 있다. 어떤 블록 내 매물을 작정하고 다 조사하러 가본 적이 있나? '오늘 힘이 닿는 데까지 매물을 다 보고 오겠어'라고 마음먹고, 물과 음료수, 카메라를 가지고 나섰을 때가 있나? 지치고 힘들다는 느낌보다는 매물장에 남은 매물 개수만 보이고, 주소를 확인하고 전화를 해 '오늘 끝내버리겠어'라며 단순한 목표에 몰입했을 때가 있나? 아직 이 과정을 겪어보지 않았다면 꼭 한번 시도해보라. 특정 구역을 정해 '싹 다 알아버리겠어'라는 마음으로 전화하고 동의를 얻고 사진을 찍고… 일반적인 상황에서는 임대인들의 짜증과 거절이 두려워 전화 한번 하기 어려울 텐데, 목표 자체에 몰입했을 때는 두렵거나 걱정되는 그런 감정은 아주 사소하게 여겨진다. 발도 아프고, 몸도 지치지만 그런 감각 또한 중요하지 않다. 정보 하나하나가 쌓이는 것에 집중하고 그 정보를 활용할 때를 생각하며, 기계적으로 조사 과정을 진행하는 그 상태, 그 느낌. 어떤 욕구를 채우는 만족감보다도 자신과의 약속을 실천한다는 뿌듯함이 자신을 사로잡는다.

다음 날 만나게 될 고객에게 어떤 물건을 어떻게 브리핑할지 고민하고 정리하는 작업을 하며, 몰입에 빠지기도 한다. 가장 이상적인 매물을 어떤 타이밍에 보여줄지, 망설임을 예방하기 위해 어떤 정보를 먼저 오픈할지, 고객의 생활과 맥락에 대한 정보를 무리 없이 획득할 방법이 무엇인지, 임대인에게는 어떻게 소개를 하고, 어떤 부분에서 미리 협의해두면 좋을지 등 전체 맥락과 디테일한 정보를 모두 고려하다 보면 이미 새벽 2시가 되어 있다. 그리고 한마디 한다. '아, 설렌다.' 한 편의 공연을 준비하는 예술가의 마음과 다를 게 없다. 더 나아지기 위한 준비 자체에 몰입하는 것, 중개의 어떤 과정에서도 경험할 수 있다.

절차와 목적에 대한 준비를 철저히 할수록 변수는 줄어들어 중개인의 패턴을 흔들지 못한다. 중개인은 준비한 것을 마음껏 실현해내면 된다. 고객의 표정을 보는 것도, 목소리를 듣는 것도, 적절한 멘트를 던지는 것도, 마무리 악수를 하는 것도 중개인이 미리 그려본 공연에 다 포함되어 있다. 그 과정에서 중개인은 힘겨움이나 무력감, 지루함을 느끼는 것이 아니라 흥미를 발견하고, 즐거움을 느끼고, 성취에 환희한다. 전체 과정 중 언제든지 스스로 변화를 만들어낼 수 있다고 느껴 실제 원할 때마다 변화를 만들어낸다. 중개인의 기본기를 마음껏 활용하여 멘붕 요소를 걷어내고 건강한 멘탈로 시간을 채우게 된다. 중개인으로서 행복을 이룩한 궁극적인 단계이다.

이런 경험이 여러분에게 자주, 많이 일어날 수 있다면, 그만큼 행복한 부동산 중개인으로 산다는 뜻이다. 몰입은 이렇게 특정 활동이나 행위에 대해 일어날 수 있지만, 삶 자체에서도 적용할 수 있다. 부동산 중개인이라는 삶에 몰입하는 것, 모호하고 이상적이지만 분명 가능하다.

중개인으로 지낼 때, '부동산 중개라는 업으로 삶이 가득 차도 좋다'라는 마음으로 일한다면 얼마나 행복할지 상상할 수 있을 것이다.

'나는 부동산 중개인이 이러이러한 일을 해서 좋아.'
'나중에 부동산 투자할 때 유용하도록, 중개인으로 지내봐도 좋지 않을까?'
'다른 사람들에게 등기 보는 법도 알려줄 수 있고 여러모로 좋잖아.'
'다양한 사람들을 만나 인맥을 만들 수 있어서 좋아.'

부동산 중개라는 일을 하면서 얻게 되는 이점을 조금 나열해봤다. 이 분야에서 현재도 꾸준히 성장하고 있는 중개인들은 중개업을 위와 같은 내용으로 설명하는 사람은 거의 없다. 실제로 효과를 보고 있는 것은 맞지만 그들은 주로 이런 표현을 쓴다.

"누군가에게 저를 소개할 때, 부동산 중개인이라고 소개한다는 것 자체가 좋아요."
"굳이 따로 생각해보지는 않았어요. 그런데 매일 당연한 것처럼 일하러 나옵니다. 뭔가 큰 고민 없이 이 일을 계속 한다는 것 자체가 이미 좋은 일 아닌가요?"
"그냥 끊임없이 도전할 수 있다는 것 자체가 좋습니다. 어제까지 살던 방식에서 또 다른 모습으로 오늘을 살 수 있다는 것. 중개를 하다 보면 그런 색다름을 굳이 만들어낼 필요가 없죠. 한 건, 한 건의 중개를 하다 보니 자연스럽게 세상이란 무대에 서 있더군요. 아직 펼쳐볼 것이 많아서 좋아요."

"다른 건 모르겠어요. 저는 누군가의 생활에 제가 영향을 미치는 것이 좋아요. 저의 의견과 고려가 그 사람의 인생을 조금 더 행복하게 만든다면 그걸로 충분히 좋습니다. 이 일은 그런 매력이 있어요."

"잘 모르겠어요. 그냥 끝이 어디인지 가보자고 마음먹고 쭉 가고 있습니다. 코치님이 질문해주시니 지금 잠깐 돌아보게 되네요. 그래도 일단 판단이나 걱정보다는 마음껏 이 일 자체를 해보고 있어요. 시간 가는 줄 모르겠네요. 하하."

언젠가 한 번은 중개인으로 살아가는 인생을 넓은 시야로 돌아볼 필요가 있을 것이다. 그 시간 전에는 자유롭게 일 자체에 마음껏 몰입해서 지내는 것이 좋다. 왜냐면 그 순간이 그토록 원했던 '자유'를 실감하고 있는 순간이기 때문이다. 여러분이 부동산 중개라는 분야를 찾게 된 이유가 경제적이든, 존재적이든 간에 자유를 찾아 여기까지 왔다. 그 자유를 쟁취할 때까지는 수많은 단계를 거치고, 수많은 요소를 고려하며 지내야 한다. 그러다 일에 몰입하게 되고, 충만함을 경험하게 되고, 결국엔 중개인이라는 삶 자체에 몰입하게 된다. 몰입 단계를 거친 중개인은 한순간이라도 '자유롭게 살았다'라고 표현할 수 있다. 자유는 그렇게 느끼고 쟁취할 수 있다.

탁월함, 몰입. 이 두 가지 개념이 한 사람의 삶에서 또렷하게 인식되는 순간이 있다면, 그 삶은 행복하다. 여러분의 삶에 탁월함과 몰입이 항상 깃들길 바라며 건투를 빈다.

멘탈코치가
부동산으로?

무협 소설과
게임 Tip을 보는 재미

야간자율학습이라는 말을 듣게 되면, 학창시절이 떠오른다. 야자(야간자율학습) 시간은 나에게 유일하게 허락된 놀이터였다. 야자 시간이 놀이터라니? 말도 안 되는 소리처럼 들리겠지만 그 시간을 기다리는 설렘을 잊을 수 없다. 저녁 7시까지 도서관에 도착해야 한다는 잠깐의 압박감을 견디면 순식간에 끝날 시간이라는 것을 알고 있었다. 그 끝남이 너무 명쾌하게 그려져 부담 없는 시간처럼 다가왔다. 내 곁에는 무협 소설이 있었다.

하루, 온종일 외부에서 들이치는 지식을 꾸역꾸역 집어넣느라 고생한 머리가 유일하게 활개 칠 수 있는 시간이 야자 시간이었다. 수업 종이 울리면 반드시 교실로 들어가 자리에 앉아야 했던 시간들. 교실에 갇힌 것은 몸뿐만이 아니었다. 수업 시간 동안은 생각과 상상마저 구속되었다. 오전 7시부터 저녁 6시까지 쉬는 시간과 점심시간 빼고는 정말 꾸역꾸역 먹어치워야 했던 시간이었다. 그 시간을 버틸 수 있게 한 것이 야자 시간이었다. 몸은 도서관 자리에 처박혀 있었지만, 머릿속은 마음껏 상상의 나래를 폈다. 상상은 적절한 소재가 스파크를 터뜨려주었을 때 풍성하게 피어난다. 그 소재가 바로 무협 소설이었다.

무협 소설의 주인공들은 대부분 비슷한 성장 과정을 거친다. 소설 속 주인공의 주변 사람들은 하나 같이 주인공을 별종으로 취급한다. 주관은 뚜렷하지만 무언가 사회와 현실에 적응하기 힘들어하는. 그런 배경을 소설가들은 아주 천천히 세세히 묘사한다. 주인공은 이런저런 시련을 겪고, 어떻게든 문제를 처리해가는데, 그 장면마다 감정 이입을 하게 되는 나를 발견했다. 주인공은 귀인을 만나든, 어디서 비급을 훔치든, 혼자 동굴 속에 눌러앉아 명상을 하든, 결국 한 가지 현상을 거치며 최고수가 되어버린다. 바로 '깨달음'이다. 수많은 시리즈를 읽었지만, 정말 '깨달음'이라는 단어가 나오지 않는 무협 소설은 발견하지 못했다. 그 단어를 볼 때마다 왜 그렇게 몸과 마음에 생기가 돌던지. 주인공이 무언가를 깨닫는 장면을 떠올릴 때마다 희망차고 자유로운 기분을 느끼곤 했다.

깨달음. 무엇을 깨달았다는 것일까. 정말 상상할 수도, 이해할 수도 없지만 소설가들은 또 하나 같이 그 깨달음을 주인공의 독백으로 이렇게 묘사한다.

'결국, 우주는 나다. 내가 곧 우주다.'

나는 그 이미지를 찾는 것만으로 야자 시간을 온전히 보낼 수 있었다. '이게 도대체 무슨 말일까?', '세상이 곧 나다, 그게 어떤 느낌일까?' 마치 내가 소설 속 주인공이 된 것처럼 세상을 품어 오만 가지 상상을 해보았다. 굳이 그렇게까지 상상을 해봐야 하나 싶지만, 너무 알고 싶었다. 왜냐하면, 깨달음을 얻은 주인공들은 항상 우주 최강이 되었다. 강한 힘, 권력, 부와 명예. 모든 것이 그 깨달음 하나로 이루어졌다고 하니 궁금할 수밖에.

'그 느낌이 무엇일까? 어떤 기분일까?'라는 질문으로 자유롭게 이미지를 만들어보고 그런 상상을 습관처럼 하였다. 축구를 하며 새로운 드리블을 시도했을 때, 새로운 수학 공식을 이해하게 되었을 때, 국사 교과서 내용의 한 자락을 이해하게 되었을 때… 그 시점의 전과 후, 달라진 나를 느꼈다. 그러다 보니 자신을 발견하기 위해 새로운 것들을 받아들이고 싶었다. 이러한 시도가 가장 활발하게 이루어진 분야가 게임이었다.

학창 시절을 관통하는 게임은 스타크래프트였다. 게임 중에는 가장 세대 차이가 나지 않는 게임이라서 다행이라 생각한다. 유저와 유저가 일대일 혹은 팀 대 팀으로 대결하는 구도의 게임이었다. 사람들이 가장 주목했던 방식은 일대일 구도의 대결이다. 이 게임의 규칙과 밸런스는 e스포츠의 시초가 될 정도로 잘 구성되었다. 유저들의 실력은 천차만별이었는데, 비슷한 수준의 유저와 대결하게 되면 전략과 순간의 판단 등에 의해 승패가 결정되었고, 이 때문에 유저들은 승리의 짜릿함을 맛

볼 수 있었다.

이 게임에서는 100전 100승이라는 기록이 나올 수가 없다. 이 말은 항상 패배와 실패가 있기 마련이고, 그만큼 끝없이 도전할 만한 영역이 있음을 의미한다. 그만큼 승리는 달콤하다. 축구나 야구, 농구 등의 스포츠에서는 학생들 간 순위를 매기는 것이 쉽지 않다. 기준이 명확하지 않기 때문이다. 그러나 스타크래프트에서는 각 학생의 순위가 명확했다. 일대일로 대결을 하면 판가름 되기 때문이다. 한 학년에 300명이라는 학생이 있었는데 거기서 세 손가락 안에 들게 되면 전교생이 그 학생의 이름을 알게 되었다. 혈기왕성한 10대들이 순위권에 오르기 위해 치열하게 연습했던 그런 게임이었다.

이 게임에서 나는 '깨달음'을 발견했다. 알고 보니 거창한 것이 아니었다. 무공비급을 찾듯이 인터넷을 헤집고, 남들이 잘 시도해보지 못했던 전술과 실현 방법을 발견할 때마다 희열을 느꼈다. 알게 되면서 한 번, 직접 게임 속에서 실현해낼 때 한 번, 그 결과로 통쾌한 승리를 얻었을 때 한 번. 그 과정을 겪으면서 바뀌는 자신을 보니 더욱더 이 과정을 반복하고 싶었다. 변화 속에 있는 나를 스스로 실감하게 되니 그만큼 흥미로운 것이 없었다. '내가 세상이고 우주이구나'라는 허무맹랑한 깨달음이 아니라, 지금보다 조금 나아진 나를 경험할 수 있다는 것이 얼마나 즐거운 일인지를 깨닫게 되었다.

지금도 여전하다. 그러다 보니 취미가 열 손가락으로도 다 못 셀 정도로 엄청 다양해졌다. 가장 큰 즐거움은 다른 사람이 겪는 변화의 즐거움이었다. 동네에 겨우 하나 있는 책방에서 신간 한 권을 빌렸을 때, 그 책을 여덟 명의 친구들이 돌려봤다. 대여일이 4박 5일인 것으로 기억하는데 대단한 열정들이었다. 그 덕에 수업 시간에 몰래 소설책 읽는 법을 터득하기도 했다. 그렇게 한 권씩 돌려 읽은 책을 어둑어둑한 하굣길을 느직이 걸으며 각자의 상상 속에 그렸던 이미지들을 하나하나 꺼내 놓았다. 얘기를 나누다 보니 서로가 좋아하는 장면과 내용이 조금씩 다름을 알게 되었고, 새로운 관점에서 상상을 펼쳐보기도 했다.

스타크래프트도 그랬다. 필사적으로 발견한 전술과 팁을 친한 친구에게 특별한 비법을 전수하는 것처럼 알려주었을 때, 뛰어가듯 빠른 걸음으로 집으로 들어가는 친구의 뒷모습을 보며, 게임 속 친구의 플레이를 보며, 친구의 웃음을 보며 느꼈다. 다른 사람이 스스로 변화하고 성장하는 것을 즐길 때, 그 모습을 바라보고 있는 것만으로도 즐겁고 뿌듯하다는 사실을 알게 되었다.

결국, 나는 무협 소설과 게임 덕분에 세상에는 많은 즐길 거리가 있지만, '스스로 변화하는 것을 실감하는 것'이 꽤 재미있는 일임을 알게 되었다. 누군가가 학창 시절에 무엇을 배웠냐고 묻는다면, 당당하게 말하겠다. '변화의 즐거움'을 배웠다고.

잘함을 추구한다는 것

괴물 투수 류현진. 투수에게는 회복 가능성이 아주 저조한 어깨 부상을 수술과 재활로 극복하고 2019년에 세계 최고 수준의 야구 무대인 메이저리그에 복귀하였다. 복귀 첫해, 184 2/3이닝을 던지고 14승을 올렸으며, 9이닝당 내준 점수는 2.32점으로 정규시즌을 마무리했다. 류현진은 그해 메이저리그 투수 중 가장 탁월한 퍼포먼스를 보여준 투수에게 수여하는 '사이영 상' 후보 중 2위에 기록될 만큼 최고 수준의 기량을 발휘했다. 2019년 한 해 동안 한국의 야구팬들은 류현진의 '잘함'을 만끽할 수 있었다.

'잘함'을 쉽게, 직관적으로 확인할 수 있는 것이 앞에 적힌 기록이다. 한 사람이 어떤 업적을 남겼는지 여러 가지 기준을 통해서 평가하고, 확인한다. 이 사람이 어떤 결과를 만들어냈는지 확인하면서 우리는 '감탄'을 한다. 우리가 '잘함'에 열광하는 이유는 그것이 아니면 체험하지 못할 감탄을 경험할 수 있기 때문이다. 올림픽을 보며, 연극을 보며, 유명인의 강연 속 스토리를 들으며, 마술쇼를 보며, 동물들의 곡예를 보며 사람들은 '우와' 하는 외마디 말을 자기도 모르게 수없이 뱉어낸다. 두 손은 의도하지도 않았는데 가슴팍에서 짝짝짝 소리를 내고 있다. 잘함이 매력적인 이유는 사람들이 그것에 감탄하기 때문이다.

감탄이라는 말을 고려할 때 중요한 것이 맥락이다. 사회인 야구에 15년째 참여하는 나는 내가 아니면 안 될 기록을 갖고 있다. 하지만, 아무리 잘해도 내 기록에 대해 사람들은 열광하지 않는다. 나의 야구는 도대체 '어떤 야구야, 그런 곳이 있어?'라고 할만한 맥락이다. 류현진은 2019년 전 세계인이 야구라는 스포츠를 했을 때 상대팀에게 가장 적은 점수를 내주고 승리하는 투수로서 단연 최고라고 평가되었다. 전 세계 야구라는 맥락은 대부분의 사람들이 떠올릴 수 있는 맥락이다. '잘함'은 그래서 맥락이 중요하다. 얼마나 치열하고 어려운 상황에서 성과를 만들어냈는지에 따라 '잘함'을 즐기는 정도, '잘함'에 감탄하는 정도가 달라지기 때문이다.

나는 '자신의 변화하는 모습'을 스스로 즐긴다. 수많은 취미를 즐기고 언제나 새로운 시도를 좋아한다. 그 시도 안에서 새로운 모습의 자신이 경험하게 될 것들이 설레고 궁금하기 때문이다. 변화에는 단순한 기준의 두 가지 방향이 있다. '좋거나 나쁘거나'. 누구나 좋은 쪽으로의 변화를 원할 것이다. 어떤 시도를 할 때 '잘하는 모습'으로 변화를 기대하고 만끽해왔다. 게임에서든, 학업에서든, 운동 종목에서든.

나는 류현진처럼 전 세계인을 대상으로 '잘함'을 공유해보지는 못했다. 다만, 내가 속해 있던 장(場)에서 '잘함'의 의미를 생생히 경험했었다. 여러 장면이 있지만, 무언가를 잘했던 '환희'의 순간이 언제인지 묻는다면 딱 한 장면이 생생하게 떠오른다.

9개 팀이 1년간 16게임을 치르고, 플레이오프를 거쳐 최종 결승전 3전 2선승제를 치르는 시스템의 교내 대회였다. 작디작은 학교의 풋풋한 대학생들이 아옹다옹 맞붙는 그런 야구 리그였다. '아옹다옹' 안에서 선수들의 눈빛은 취업 면접 직전, 각오를 다지는 취업준비생보다 강렬했다. 장학금이라도 걸린 건지… 무엇이 그렇게 만들었는지는 모르겠지만, 그들은 한없이 진지했다. 야구장 관중석에는 열댓 명의 사람들이 간헐적으로 '화이팅'을 외치며 웃고 떠들었다. 대조적이고 어색한 분위기 속에서 유치한 승부는 어린아이들의 가위바위보만큼 치열하게 치러지고 있었다.

마지막 3차전 7회말(사회인 야구는 9회가 아닌 7회까지만 치러진다) 수비팀은 8대7로 앞서고 있었다. 공격팀은 모든 베이스에 주자를 채우고 4번 타자의 끝내기 안타를 기다리며, 양손에 물병을 쥐고 더그아웃에서 조마조마하게 기다리고 있었다. 아웃 카운트는 2아웃. 수비팀 투수는 이미 이번 게임에서 4번 타자에게 홈런을 한 번 맞았다. 또다시 만난 4번 타자를 아웃시키면 경기는 그대로 승리하고 최종 우승팀이 되지만, 까딱 흔들려서 볼넷이라도 주게 된다면 우승의 기쁨은 상대 팀에게 돌아간다. 투수는 고도의 집중으로 2스트라이크 3볼 상황까지 승부를 이어갔다. 투수의 결정구는 우타자 몸쪽으로 가다가 스트라이크존으로 휘어 들어가는 슬라이더. 한 시즌 내내 이 공으로 많은 타자들을 잡아냈고, 공격팀의 4번 타자 또한 이 공을 너무나 잘 알고 있었다. 오늘 게임의 홈런은 투수가 회심의 슬라이더를 던진 것이 4번 타자의 예상에 딱 맞아떨어져 나오게 된 것이다. 너무 멋진 홈런이었다. 투수와 타자의 머릿속에는 똑같이 그 홈런의 이미지가 떠오른다. 어쩔 수 없는 결과처럼.

투수는 투구 자세를 잡는다. 그리고 0.3초간 잠깐 멈추어 공을 쥔 손을 감춘 글러브를 살짝 꼼지락거린다. 이어서 최선의 공을 던지겠다는 의지를 투구 폼에 한껏 담아서 공을 냅다 뿌렸다. 공은 투수와 타자가 그렸던 그 슬라이더의 이미지대로 타자 가슴팍 근처로 향했다. 4번 타자는 기다렸다는 듯이 완벽한 스윙으로 배트를 휘둘렀고 게임은 끝이 났다. 투수는 잠깐 타자를 바라보더니 번쩍 양손을 들었다. 너무 완벽한 궤적으로 날아가 배트 중앙에 얹혀야 했던 공은 투수와 타자 모두를 배신한 듯 타자의 어깨 위로 계속 날아갔다. 가슴팍에서 벨트 언저리로 떨어져야 했던 그 공은 배트에게 '메롱'을 날리듯 20cm를 배트 높이보다 더 높이 떠나가버렸고, 심판은 그날 쏟아낼 수 있는 가장 시원한 목소리로 헛스윙 콜을 멋지게 불렀다. 투수는 유치하디 유치한 학교 내 결승전 대회에서 메이저리그 우승컵을 들어 올린 것처럼 환희에 찬 얼굴로 동료들에게 달려갔다. 투수의 승리였고, 0.3초의 꼼지락거림의 승리였다. 그 꼼지락거림으로 타자는 자신이 그리고 있는 이미지에 더 확신을 가졌고, 미련 없이 스윙해버렸으나, 날아든 공은 모두가 확신했던 슬라이더가 아닌 직구였다. 투수는 그 공의 내용을 알고 있다. '에라 모르겠다' 하고 막 던진 공이 신의 한 수처럼 한 해의 리그를 마무리시켰다는 것을. 투수는 한 달 정도 300명의 사람들에게는 영웅이 되었다.

　너무도 유치한 대결에서의 승리. 열댓 명 정도의 관중이 가볍게 웃으며 치는 박수 소리가 딱 어울릴 정도의 무대. 그 속에서 주인공 투수는 '환희'를 겪는다. 그 작은 세계에서 '잘함'을 실현시키며 세상을 얻은 듯한 기쁨을 만끽한다. 이것이 잘함의 매력이다. 보는 사람이 감탄할 만한 잘함이 있는가 하면, 조금 유치하지만 그 속에서 잘함을 실현시킨 당사자는 십여 년이 지나도 가장 감격스러운 장면으로 손꼽는다. 잘함이라는 것은 그것을 보는 이에게도, 실현해내는 이에게도 감탄과 환희를 선사하는 좋은 것이다.

　잘함을 구체적으로 살펴보자. 잘함은 어떤 분야에서 좋은 결과를 만들어냈다는 뜻이다. 어떤 퍼포먼스에서 좋음을 실현해낸 것으로 해석할 수도 있다. '좋음', 좋다는 것은 무슨 뜻일까? 세상에는 좋고 나쁨을 어느 부분에서나 판단해볼 수 있다. 그러기 위한 너무나 단순하고 중요한 전제는 '기준'이 있다는 것이다. 좋은 투수라고 한다면, 야구에서 승리를 따내기 위해 상대에게 점수를 최소한으로 내주는 선수라 할 수 있다. 혹은 가장 빠른 공을 던지는 투수, 가장 정확한 코스에 공을 던지는 투수, 키가 가장 큰 투수, 공을 가장 많이 던질 수 있는 선수를 들 수도 있다. 누구나 공감할 수는 없지만 누구나 그렇게 생각할 수 있는 기준, 그 기준에 따라 '좋고 나쁨'의 평가도 달라진다. 결국, 얼마나 많은 사람들이 세운 기준에서 좋음을 실현하고 싶은지, 어떤 사람이 세운 기준에서 좋음을 실현하고 싶은지… 맥락적인 요소를 고려하여 좋고 나뿜을 판단하고 평가할 수 있는 것이다.

결국, 잘함은 원하는 기준을 선택하고, 그 기준이 만들어진 맥락 속에서 좋음을 실현시키는 것이다. 고로, 잘한다는 것은 상당히 주관적이고 맥락적인 개념이다. 다른 말로 표현하면 잘함은 세상 누구나 추구할 수 있는 것이다. 세 살배기 아기부터 여든 노인까지 삶의 어떤 분야, 어떤 기준에서든 잘함을 떠올리고 실현할 수 있다. 아기는 엄마의 표정과 말을 잘 이해하는 것, 밥을 잘 먹는 것, 엄마의 기대에 부응해 잘 걷는 것. 이 모든 것이 잘함을 실현해내는 기준이자 맥락이고 장(場)이다. 여든 노인은 공원까지 잘 걸어서 다녀오는 것, 손녀와 30분간 대화를 잘 하는 것, 밥을 천천히 꼭꼭 씹어 잘 소화시키는 것. 이 또한 마찬가지로 잘함의 실현 기회들이다.

최근 대한민국 국민들은 강요된 기준에서 '잘함'을 많이 떠올리고 있다. 수능시험, 공무원 시험, 부의 권력화, 성과주의 등 폭력적인 잘함에 노출되어 있다. 이번 장에서 수도 없이 말한 '잘함'에 대해 무의식적으로 긴장하고, 거부하게 되는 느낌은 대부분 이런 강요된 '잘함' 때문이다.

잘함은 선택이고 감격이고 환희다. 어떠한 영역이든 스스로 선택하고 추구할 수 있는 것이다. 잘함을 추구하는 과정은 매 순간이 드라마이고 에피소드이다. '강요된 잘함' 대신 '선택한 잘함'을 이루게 된다면, 삶이라는 영역 곳곳에 환희가 들어찰 것이다.

우승 없이
4강만 5년째

매년 봄은 찾아오고, 캠퍼스는 화사하게 핀 진달래와 개나리로 가득했다. 한 손에는 자연스럽게 스마트폰을 들고 셀카를 찍는 대학생들이 봄꽃을 에워쌌다. 그 주변에 얼굴이 거무튀튀하고 칙칙한 사람들이 방망이를 들고 어슬렁거리며 지나다녔다. 누군가는 화사한 봄이지만, 누군가는 치열함과 격정이 극에 달하는 시즌이 왔다. 매년 열리는 대학교 총장배 야구대회 시즌이었다.

나는 매년 칙칙한 무리에 자발적으로 끼어들었다. 때로는 감독으로, 투수로, 선배로, 서포터로… 대회는 12~16개 교내 팀이 매번 출전했고, 우승팀에게는 가을에 잠실야구장에서 라이벌 학교의 우승팀과 승부를 겨루는 기회가 주어졌다. 나는 이 무대에 너무 서고 싶었다. 그 도전에 20대 청춘의 5년을 바쳤다. 이 유치한 놀이에 인생을 걸어버리다니 얼마나 무모한 도전이었을까. 12개 팀 중에 1위를 한다는 것은 확률적으로 12년에 한 번 오는 기회일 것이다. 신기하게도 2~3개의 팀이 10년이라는 시간 동안 우승 기회를 나눠서 차지하고 있었다. 그 외의 팀은 우승팀들의 들러리만 되었다. 딱 한 번만이라도 우승팀이 되고 싶었다. 나는 야구를 잘한다는 것이 어떤 의미인지 수많은 좌절을 통해 뼈저리게 느낄 수 있었다.

가장 힘들었던 것은 매년 기대와 희망이 한껏 부푼 상태에서 좌절을 경험하게 되는 패턴이었다. 매번 우승의 문턱, 4강전에서 우승 후보팀에게 패했다. 그 패배 안에서 스포츠의 잔혹함을 경험할 수 있었다. 최선을 다해 준비하고 플레이했음에도 마주하는 실패. 한 해에 마실 술을 매년 봄에 몰아서 마시게 되는… 원치 않은 패턴도 경험하게 되었다. 억울한 마음이 너무나 컸다. 주먹을 불끈 쥐게 만드는 기억들이다. 화가 났던 이유는 상대적으로 더 나아질 방법을 떠올리지 못했던 스스로의 모습 때문이다. 치열한 도전에서 한 걸음 물러날 때쯤 나만의 답이 조금씩 만들어졌다. 그것은 바로 사람과 환경이었다.

팀의 성장을 위해 다양한 방식을 시도했었다. 개인적인 역량의 성장을 위해 야구 레슨을 받으러 다니고, 매일 밤 조깅을 하고, 아무것도 보이지 않는 밤에도 야구의 기본기를 연습했다. 이런 노력이 쌓이면서 처음 참가했던 대회보다는 훨씬 성장한 상태로 2~3년 차 대회에 참가했다. 매번 도전에서 한껏 기대감과 희망을 안고 임했다. 그러나 순위는 매번 3~4위. 준결승이 나의 야구 역량은 아니었다.

쉽게 떠올릴 수 있는 하나의 포인트는 있었다. 팀원들, 4학년이 졸업

하고, 1학년이 들어오는 패턴이 매년 반복되었다. 나를 제외한 구성원은 계속 바뀌었다. 9명의 팀 구성이 달라졌으면 팀의 역량도 달라졌을 것이다. 그런데 왜 5년 동안 계속 3~4위에 머물렀는지, 매번 결승전에 오르는 팀들은 어떻게 오를 수 있었는지 너무 궁금했다. 결승에 오른 팀의 감독들에게 접근하여 그들의 연습에도 참여하였다. 그리고 보았다. 시스템이었다. 사람이었다. 그들이 꾸준히 결승전에 오를 수 있었던 이유는 거기에 있었다.

나는 팀원들에게 '나처럼 변화하고 성장하라'고 강요했었다. 더 의무적으로 성장하게 하고, 책임감을 느끼도록 하고, 강요된 열정을 보이도록 하고. '내가 성장하고, 네가 성장하면 팀이 성장한다'라는 사실을 일차원적으로, 그들의 선택권을 빼앗는 방식으로 전했다. 20대, 사람을 이끌고 변화시켜보지 못했던 나는 서툴고 투박하게 변화를 만들려 했다. 미숙했지만, 너무나 간절했다. 내가 있는 그 무대에서 '잘함'을 꼭 실현해내고 싶었다. 이를 악물며 삼켰던 눈물과 울음 대신 팔 벌려 소리치는 환희를 꼭 겪어보고 싶었다. 후회와 반성, 평계로 소주를 쓰게 삼키는 대신, 서로를 칭찬하고 어깨동무하며, 시원하게 벌컥벌컥 맥주를 들이켜고 싶었다.

나의 이 열망과 의지는 이기적이었다. 혼자 불타오르고 혼자 식어버리는 너무도 유치한 그런 열망이었다. 그들은 달랐다. 필드에 있는 9명을 넘어 벤치에서 응원하는 선수, 모두를 열망하게 만드는 그 무엇인가가 그들에게는 있었다. 연습하는 방식, 의사결정 과정, 응원 문화, 상호작용 방식 등 너무나 많은 부분에서 우리 팀과는 달랐다. 이런 요소들은 그 시스템 속에 있는 사람을 서서히 바꾸고 있었다. 대회에서는 15~20명의 선수들 눈빛 속에 확신과 여유, 열망이 담겨 있었다. 설령, 그들이 그들의 입으로 '우리에겐 문제가 있다'라고 말했더라도 내 눈에는 그들의 변화와 성장, 열망이 보였다.

내가 추구해야 할 것이 무엇인지 명확해졌다. 나뿐만이 아닌 구성원들의 열망과 변화와 성장, 과연 그것을 어떤 방식으로 이루어 낼 것인가? 무엇을 하는 것이 그 목표를 추구하는 과정인가? 내 옆의 동료가 더 변화하고 성장하도록 나는 어떻게 해야 하는가? 어떻게 있어야 하는가? 질문들이 무수히 이어졌다. 마침내 하나의 질문으로 정리되었다.

'한 사람은 어떻게 다른 사람을 변화시킬 수 있는가?'

하루 동안 타인들과 수많은 상호작용을 하면서도 바로 옆 사람의 변화와 성장에 자신이 어떤 영향을 미치고 있는지를 구체적으로 떠올릴 수 있는 사람이 얼마나 될까. 이 질문을 마주하면서 나의 '잘함'은 '단순히 야구를 잘하고 싶다'에서 '주변 사람을 잘 성장시키고 싶다'로 바뀌기 시작했다. 팀의 우승에서 느낄 환희는 이런 열망의 원천이었다. 그 환희를 추구해가는 과정에서 또 다른 '잘함'을 마주하게 된 것이다.

한 사람이라는 존재로 내가 여기 있고, 타인이란 존재로 구성된 야구팀. 이 존재들 간의 상호작용을 이해하기 위해서는 인간의 내적, 외적 측면을 알고 싶었다. 이런 지식을 꾸준히 추구하는 학문 분야가 심리학이었다. 나는 심리학에 완전히 매료되어 빠져들었다. 당시 전공이었던 경제학은 졸업 요건을 채울 정도로만 관심을 두고, 대부분의 열정을 심리학에 쏟았다. 목적과 의도가 그렇게 만든 것이 아니라, 너무나도 자연스럽게 심리학의 다양한 지식을 빨아들이게 되었다. 심리학의 세계 속에서 한 사람이 다른 한 사람을 변화시키는 가능성과 방법, 효과와 의미에 대해서도 조금씩 알아갔다. 그 길을 꾸준히 가다 보니 현재는 멘탈코치가 되었다.

결국, 대학 시절 동안 그렇게나 간절히 원했던 '총장배 우승'이라는 염원을 이루지 못한 채 졸업을 했다. 그 시절, 그 무대로 다시 돌아갈 수 없음이, 그때의 열망이 느껴질 무대를 새롭게 만들어낼 수 없음이 억울하기까지 하다. 그러다 좇게 된 하나의 질문, '한 사람은 다른 사람을 어떻게 변화시키는가?' 삶에서 추구하고 염원할 키워드를 찾게 되었다. '잘함'을 추구해보겠다고 덤벼들었던 무모함은 인생이라는 보물상자를 여는 열쇠였다.

지금은 코칭 장면에서도, 야구에서도, 마라톤에서도, 학업에서도 무모하고 유치한 열망들을 계속 좇고 있다. 한 치의 의심도 없이 망설임도 없이…

사람이라는
작은 우주가 느껴지다

'사람을 변화시켜야만 한다'라는 문장은 나에게 숙명처럼 여겨졌다. 그 변화는 개인적인 욕구와 의지로 이루어진 것이 아니다. 나의 개인적 영역에서는 가능한 부분이 많았지만, 그 대상이 '타인'이 되었을 때는 전혀 다른 차원의 문제였다. 다른 사람을 변화, 성장시킬 수 있는 한 존재가 된다는 것. 그것을 실현해내기 위해 수많은 시도와 공부를 하였다. 사람이라는 존재는 다른 사람 때문에 변할 수 있을까?

자신의 모습을 보여줄 수 있는 사람들부터 차근차근 들여다보기로 했다. 많은 사람들이 그런 상호작용 안에서 살고 있어 작업이 어렵지는 않았다. '진지하고 솔직한 얘기를 마음껏 나눌 수 있는 사람과 술 한잔 마시기' 타인을 알아보겠다고 마음먹고 자리에 임하니, 내 자신이 달라졌다. 전에는 눈앞의 사람이 하는 얘기는 그저 내가 다음에 할 말과 대응할 태도를 결정할 때 활용할 정보로만 여겼는데, 누군가를 알아보려고 하니 머릿속을 비우게 되었다. 머리를 생각으로 채우기보다 타인의 말과 생각을 더 느끼려는 내 모습을 발견했다. 그 사람의 말과 표정을 통해 머릿속에 떠오르는 이미지들을 나의 주관적인 생각과 판단으로 억제하지 않고, 그저 마음껏 떠오르도록 두었다. 대화의 시간이 깊어질 수록 나는 눈앞의 작은 우주에 흠뻑 빠졌다.

술 한잔으로 듣는 이야기에 무슨 우주라는 말까지 거창하게 붙이냐고 콧방귀를 낄 수도 있다. 그러나 한 번만 떠올려 보자. 자신에게 가장 소중한 사람과 한 시간 정도 대화를 나눌 수 있는 상황을 가정해보자. 다음과 같은 질문을 해보자.

'정확히 1년 뒤의 이 날짜, 이 시간에 우리는 어떤 모습으로 있을까?'

상상으로 만들어내는 세상. 같은 시공간에 머문 그 사람과 당신은 1년 뒤 같은 시점을 두고 상상을 한다. 그 사람은 어떤 이미지를, 당신은 어떤 이미지를 떠올리고 있을까? 당신의 소중한 사람이 이미지를 설명하고 있을 때 당신은 어떻게 그 말을 듣고 있을까?

이미지의 내용에는 많은 요소가 담길 것이다. '나는 ~ 모습으로 있고 싶어', '나는 ~이 항상 아쉬웠는데 그게 극복되어 있지 않을까?', '복잡하게 생각하고 싶지 않아. 그냥 맛있는 거 먹고 있으면 좋겠어', '나는 ~ 좋은 아빠가 되었으면 좋겠다' 등 그 사람의 꿈, 목표, 가치관, 현재의 아쉬움, 욕구, 과거에 대한 극복을 담은 다양한 해석이 가능한 이미지가 한 번에 그려질 것이다. 이미지는 그 사람이 표현하기 전까지 누구에게도 방해받지 않고 온전히 자신의 의지로 그려낸 이미지이다. 표현하지 않는 한 그 과정을 누구도 볼 수도, 관여할 수도 없다. 그 내용은 이미 '그 사람의 과거 – 현재 – 미래라는 시간과 어떤 모습으로 어디에'라는 공간적 요소를 모두 갖고 있다. 한 번의 이미지를 떠올리는 그 순간에 그 사람의 우주가 담겨 있다.

미술에 소질이 많았지만, 생계를 위해 다니던 미대를 그만두고 간호대로 편입한 친구에게 이런 질문을 한 적이 있다.

"미술에 많은 시간과 노력을 들였는데, 다른 분야로 가면 아쉽지 않아?"
"어떻게 먹고 살지 고민하며 사는 것보다 당장 할 일 하면서 먹고 사는 게 중요하잖아."

처음 이 말을 듣고 너무 답답한 마음이 들었다. 끊임없이 '잘함'을 추구하고 환희를 추구했던 나는 이 말이 도저히 이해가 되지 않았다. 그런데 친구가 이어서 하는 말에 울컥했다.

"하루에 몇 시간을 자고 지내는지 모르겠어. 그리고 앞으로 얼마나 많은 일이 있을지도 모르고. 그런데 눈앞에서 임종을 맞는 환자와 가족들의 모습을 보고, 기계적으로 그 자리를 정리하고 있는 나의 모습을 보면서… 나 스스로도 해석할 수 없는 복잡한 마음, 그 세상에서 그냥 살고 있어."

복잡하게 얽혀 있는 친구의 마음속 실타래를 슬쩍 들여다본다면 이런 말이 적혀있지 않았을까?

'나는 눈앞의 죽음을 어떻게 보고 있을까. 진짜 나는 덤덤한 것일까. 더 이상 죽음에 눈물 흘리는 그런 순수한 사람일 수 없는 것인가?'

친구의 세상은 생계나 꿈이 아니라 죽음과 자신의 모습이 그 속에 있었다. 그 묵직한 세상 속에서 '꿈'이라는 단어는 자신의 마음에 발도 못 들인 채로 매일 그렇게 살고 있었다. 그 친구의 우주를 느끼며 '존엄'이라는 단어를 떠올렸다. 친구가 이야기한 삶의 내용에서, 친구의 존재에서 존엄이 느껴졌다. 복잡하지만 깊고, 밖에서 보는 것으로는 그 실체를 절대 알 수 없는 우주를 느꼈다.

친구는 나중에 간호사의 세계를 그리는 간호사가 되었다. 치열한 현장에서 본인의 역할을 다 하면서도 다른 간호사들의 힘겨운 일상과 애환, 소소한 웃음을 친구의 색깔대로 담아냈다. 그런 세상을 들여다볼 줄 알고, 바쁜 시간 속에서도 간결하고 명확하게 표현해내는 역량은 그 우주 속에 그대로 남아 있었다. 나는 학창 시절 이 친구의 고리타분하고 매력적인 부분에 끌렸다. 순수하고 푸근했던 친구가 그린 그림을 보면서 그때 느꼈던 매력들이 되살아났다. 일부러 그렇게 그리려고 한 것도 아닐 텐데… 신기한 경험이었다.

이러한 우주는 그 우주를 보려는 사람의 의지가 꼭 전제되어야만 보이고 느껴진다. 만약 머릿속에 특정 의도나 판단, 생각들이 가득 차 있다면, 친구의 말과 표정과 태도로부터 존엄이라는 것을 경험하지 못했을 것이다. 가령 '아니, 지금이라도 다시 대학원에 가서 그림 실력 썩히지 말고 개발해보면 어때?', ' 건강 망치는 일 대신에 조금 더 편한 일하면서 재능을 키우는 게 낫지 않아?', '미술로도 돈을 벌 수 있을 거야. 그 방법을 찾아보는 게 어때?'라는 질문을 실제로 하거나, 그런 생각을 머릿속으로 떠올리며 친구의 말을 들었다면 절대 친구의 우주를 느끼지 못했을 것이다.

사람을 들여다보기로 마음먹은 순간부터 나의 우주도 변했다. 그 사람의 우주라는 것을 '느끼고', 나의 우주에 그 이미지를 '채워 넣고', 더 채우기 위해 비우기도 하는 그런 과정을 즐기고 있었다. 마치 영화 상영관 같다고 할까. 마주하는 사람을 보면서 내 영혼 속 스크린에는 그 사람의 우주를 끊임없이 이미지로 재구성하고, 다시 질문하고 수정하는 과정을 계속 반복하고 있었다.

최근에는 천문학 관련 콘텐츠를 많이 보고 즐기고 있다. 알 수 없었던 세계에 관해 더 알아가려는 사람들의 노력에 감사했고, 새로운 가설과 발견에 흥미를 느꼈다. 무한한 콘텐츠의 우주가 너무 좋았다. 사람을 들여다보려고 마음먹은 후, 내 마음속 망원경과 위성을 찾은 듯했다. 흥미와 즐거움이 지구 밖에도 있지만, 세상 속에도 있었다. 사람이 있고, 마음속 망원경이 있고, 수많은 우주가 있고, 나는 살맛 나게 살고 있다.

적자생존 세계의 심리학 : 스포츠심리학

세상에서 인간의 변화와 성장이 가장 많은 사람들에게 효율적으로 전달되는 장(場)은 어디일까? 나는 단연코 스포츠 세계라고 말하고 싶다. 이 세상에 존재하는 스포츠 종목 수만큼 '잘함'을 실현해 내고 있는 사람들도 많다. 스포츠라는 세계는 어떤 세계이며, 특징은 무엇인지, 그 안에서 변화와 성장은 어떻게 이루어지는지 살펴보면 '잘함'을 추구하는 사람들의 우주를 조금은 느낄 수 있을 것이다.

어느 날 아침 눈을 떠서 보낸 한나절의 결과에 따라 자신의 미래가 완전히 달라지는 삶을 한 번 상상해보자. 극단적이지만 실제 이런 삶을 사는 사람들은 바로 스포츠 분야의 엘리트 선수이다. 올림픽 결승전을 치러야 할 선수들의 결승전 하루를 잠깐 떠올려 보자. 선수는 전날 심리적인 안정을 잘 취했다면, 숙면으로 예정된 시간에 눈을 뜰 것이다. 루틴을 잘 지키는 선수라면 알람이 필요 없이 개운한 상태로 일어날 것이나, 이 루틴은 그동안 수많은 하루하루를 보내면서 습관이 되어야만 깔끔하게 실현되는 것이다. 아침에 일어나는 것이 생각대로 되지 않는다면, 그 원인을 찾게 되고, 확실하지 않은 다양한 요소에 의심이 생겨 불필요한 징크스를 만들기도 한다. 경력이 많은 선수일수록 징크스를 가질 확률이 높다. 엘리트 선수의 하루는 아침 잠자리의 기상에서부터 영향을 받는다.

대부분의 일정은 선수 본인이 익숙하게 훈련했던 공간에서 벗어나 치러진다. 해외로 원정을 나갔을 경우는 평상시 식단을 미리 챙겨야만 한다. 현장에서 쉽게 구할 수 있는 재료에 맞출 수도 있고, 저장이 용이한 재료를 선택해 미리 준비해둔다. 이런 준비들은 선수의 생각을 사로잡는 요인 중 하나이다. 아침 식사 후, 오전 일정을 위해 이동할 때는 경기 전에 어떤 상태를 유지해야 할지 정리해둔 내용에 초점을 맞춘다. 종목에 따라 가벼운 워밍업이나 명상이 될 수도 있고, 격렬하게 몸을 움직이는 프로그램을 만들기도 한다. 결국, 갖추어야 할 것은 경기 몇 시간 전에 어떤 상태로 있을지 예정된 그 상태로 자신을 유지하는 것이다. 코치나 매니저들은 선수가 입장하기 전까지 여러 가지 행정적 절차를 파악하고, 선수의 리듬에 방해되지 않도록 집중 상태를 유지시켜 경기에 임하게 한다.

선수는 최선을 다해 자신의 상태를 관리하고 유지했어도 예상치 못한 변수를 마주하게 된다. 아니, 누구나 큰 변수가 생길 것은 예상하지만, 어떤 형태로 어떻게 다가올지는 전혀 알지 못한다. 그것이 스포츠의 특징이고 매력이다. 환경적인 변수 외에도 당연하게 나타나는 변수는 바로 '상대 선수'이다. 개인 기록 종목뿐만 아니라 대부분의 종목은

'상대 선수'와 상호작용을 한다. 태권도 종목을 잠시 떠올려 보면 경기의 시작부터 매 순간 상대의 움직임과 의도, 작전에 따라 나의 수행과 감정도 변한다. 선수들 대부분은 상대 선수에 비해 더 치열하게 준비했을 것이다. 눈앞에서 끊임없이 나의 정상적인 상태를 해치려는 상대를 만난다면 어떤 기분일까? 어떤 상태가 될까?

고도로 준비된 상대가 내 눈앞에 있는 상황, 바로 경쟁 상황이다. 별도의 준비 없이 일반인이 경쟁 상황에 들어가게 되면 일차적으로 갖게 되는 정서 상태는 '불안'이다. 인간은 의식이 미치지 않는 영역에서 정서가 형성된다. 위협에 대한 반응으로 바로 '두려움'이 떠오른다. 두려움은 우리를 극도의 긴장 상태로 만들어 그 시간과 장소에서 벗어나려는 생존의 몸부림이다. 자신에게 중요한 무엇인가를 잃고 싶지 않은 최선의 방편이다. 스포츠 선수들은 두려움에 맞서는 경쟁 상황에 내몰려 자신의 준비된 퍼포먼스를 실현해내야 한다. 그 성과에 따라 자신이 추구했던 명예와 생계, 존재의 목적을 성취하기도 실패하기도 한다.

불안 상황 속에서도 자신이 준비한 것을 모두 쏟아내는 것이 중요하다. 스포츠심리학은 그러한 상황에서 자신의 퍼포먼스를 실행하도록 돕는 심리적 방편을 연구하는 학문이다. 나는 야구를 통해 주변인의 변화와 성장이 내 삶의 목적임을 발견했다. 여기에 필요한 지식이 스포츠심리학 분야라는 것을 알게 되었다. 거칠고 험한 스포츠라는 맥락적 특징을 또 다른 삶의 모습에서 발견하였다. 바로 자신의 성과와 업적으로 삶을 유지해야 하는 '영업직'이었다. 자신의 존재와 퍼포먼스로 어떤 가치를 만들어내고, 그 가치를 다른 사람에게 전달해야만 성과와 성취를 볼 수 있는 영역, 영업의 세계는 스포츠와 닮아있었다.

두 영역의 사람들이 고려할 만한 지식이 있다. 자신의 퍼포먼스를 위해 자신의 상태를 만들고 유지할 수 있는 능력, 그것을 갖추는 데 필요한 모든 지식이다. 준비된 퍼포먼스를 적절한 타이밍에 실현시키는 것. 그때 자신의 모든 것들을 고려해야만 한다.

준비에도 여러 가지 고려할 요소가 있다. 세상을 인식하는 자신의 태도, 목표와 가치관, 주변인과의 관계, 일과 성과가 본인에게 주는 의미, 건강 상태, 생활 방식, 욕구 등이다. 퍼포먼스를 준비하는 과정과 퍼포먼스를 행하기 전, 상황에 맞도록 자신을 원하는 상태로 유지하는 것도 필요하다. 이러한 노력을 '자기관리'라고 한다. 자기관리는 거저 얻어지지 않는다. 자신의 동기를 꾸준히 살피고, 스스로 끊임없이 영감을 받아들일 줄 알아야 한다.

자기관리에 뛰어난 선수와 영업인은 퍼포먼스를 실행한다. '잘함'을 추구하는 사람은 끊임없는 도전이 필요하다. 퍼포먼스 순간이 자신을 이상적인 상태로 유지하는 순간이기 때문이다. 자신의 한계를 알고 그 한계에서 한 걸음 더 도약할 가능성을 잡아내려 한다. 끊임없는 변화 속에 자신의 역량과 그것을 활용해 어떤 시도를 할 수 있는지 순간적으로 떠올리고 실천한다. 이러한 과정은 찰나의 순간에도 계속 일어난다.
퍼포먼스를 다 끝낸 선수는 결과를 마주한다. 결과를 대하는 태도는 이후의 퍼포먼스 수준을 결정한다. 실패의 결과를 어떻게 받아들이고 대처하느냐에 따라 이후의 퍼포먼스와 의미, 행복을 좌우한다.

결국, '잘함'을 지속적으로 추구하는 사람에게는 수많은 도전과 실패가 따르기 마련이다. 그 안에서 극복해야 할 많은 요소들을 자신이 관리할 수 있는 개념으로 만들어 두어야 한다. 스포츠심리학은 그런 요소들을 조금 더 학문적으로 대비하는 분야다. 선수나 영업인은 이러한 노력을 거쳐 '환희'와 행복을 경험한다. 그리고 다시 그 과정을 반복한다. 반복이 이어지면 이어질수록 업적이 만들어진다. 삶이 영근다.

한 사람으로서
한 사람의 변화를 이끄는 방법

'다른 사람의 변화와 성장을 만들어낸다.'

　반드시 지켜야 할 신념, 숙명처럼 강조하지만, '다른 사람을 성장시킨다'라는 것 자체가 목적이 되어서는 안 된다. 물론 다른 사람의 성장을 위해 할 수 있는 일에 노력을 기울이는 것은 언제나 필요하다. 다만, 이 부분에서 짚고 싶은 것은 이기적 맹목이다. 상상해보자. 내가 동의하지 않은 성장, 내가 원한 적이 없는 성장, 필요를 못 느끼는 성장, 나에겐 성장이 아닌 성장. 누군가의 성장을 만들어낸다는 것은 전적으로 그 사람이 그것을 성장이라 할 때만 성립한다. 그래서 어렵다.

　성장의 어려움. 우리나라 국민은 교육의 어려움을 누구보다도 강하게 느끼고 있다. 어떤 나라 사람들보다도 우리들은 교육에 관심이 많다. 다만, 그 관심이 자신의 배움과 성장에 있지 않은 경우가 너무도 많다. 내가 말하는 성장을 다른 사람에게 강요하는 그 행태가 아주 치밀하게 생활 곳곳으로 스며든 문화, 그것이 우리나라의 교육이다. 여기서 말하는 교육을 조금 더 살펴보면 금방 이해할 것이다.

많은 매체에서 대한민국 교육의 심각한 문제로 주입식 교육에 주목한다. 창의적인 역량이 필요한 상황에서 창의적 성과를 내지 못하는 이유를 교육 방식에서 찾았다. 창의적이라는 것은 창의성을 일부러 좇아 얻을 수 있는 특성이 아니다. 창의성은 이미 실현된 결과를 보고 '우와, 생각지도 못했던 것인데?'라는 표현을 할 때 그 현상 자체를 설명하기 위한 단어이다. 창의성은 사람의 사고방식 안에서 의도적으로 쥐어짜다 보면 나오는 것이라고 많은 사람들이 착각한다. 창의적인 결과를 보고, 그 결과를 만든 사람에게 창의적인 능력이 있다고 생각하기 때문이다. 문제는 그런 관점으로 창의성을 기를 수 있다고 생각하고, 그것을 주입하려 강요된 성장을 요구한다.

이런 경험이 있었다. 미국 출장을 위해 총 21시간이 걸리는 비행을 해야 했다. 비행기 내에서 그렇게 오랜 시간 동안 있어 본 적이 없었다. 평소에 갈증을 잘 못 참는 나는 비행기 내에서 옴짝달싹 못한 채 의식을 다스려야만 했다. 승무원을 수시로 불러낼 성격도 아니었다. 애매한 내적 갈등 상황에서 긴 시간 비행을 하다가, 오아시스 같은 식사 시간이 찾아왔다. 그 식사 시간 동안 바쁘게 움직이는 승무원에게 몇 번이고 컵을 내밀어 음료를 받았다. 나는 지금껏 잊을 수 없다. 입안 세포 하나하나가 오렌지 주스를 받아들이는 그 느낌. 너무 갈증이 났으나, 처음 한 모금 머금은 주스의 느낌을 놓치기 싫어 아주 천천히, 그러나 입안 감각이 무뎌지지는 않을 정도의 속도로 주스를 넘겼다. 머릿속에는 이런 생각이 들었다. '오렌지 주스를 정말 잘 마시고 싶다' 무슨 말도 안 되는 소리일까? 오렌지 주스를 잘 마시다니… 그런데 나는 정말 주스를 잘 마시고 싶었다. 온 신경, 온 마음을 담아 오렌지 주스를 마시고 싶었다. 잘 마신다는 것은 주스를 연거푸 많이 마시는 것과는 달랐다. 바로 다음 잔을 마셨는데 이전의 느낌을 알 수 없었다.

'오렌지 주스를 잘 마시다' 이 차원에서도 성장을 떠올렸다. 다음에는 어떻게 마셔야 더 잘 마실 수 있을까? 무엇이 더 잘 마신다는 그 느낌을 주는 걸까? 그 행복한 환희를 어떻게 하면 더 극적으로 느낄 수 있을까? 이런 질문들은 도무지 일반 상식으로는 이해할 수 없다. 내 안의 영역이기 때문이다. 나는 이 욕구와 성장의 관점을 누구에게서도 강요받지 않았다. 그런데 내 안에서는 분명 다른 수준이 있었고, 그 다름을 만족시킬 만한 변화가 찾아오고, 내가 그것을 갖춘다면 '성장'하는 것이라 생각했다. 그것이 성장이다.

위 문단을 읽으면서 스치는 질문이 있을 거다. '오렌지 주스를 잘 마셔서 어디다 써먹어?', '주스 맛이 다 똑같지, 거기에 뭐가 그렇게 다를 게 있어?', '아무것도 나아진 게 없는데 무슨 성장이야?' 등의 생각들이 떠올랐을 것이다. 만약에 앞서 표현한 상황에서 오렌지 주스가 아니라 와인이었다면 어땠을까? '와인을 잘 마시다' 고개를 끄덕일 만한 표현이지 않나? 우리는 이 차원이 미적인 내용에만 머무는 것이 아님을 안다. 소믈리에라는 직업이 존재하고, 이 세상 곳곳에서 와인을 잘 마시는 역량을 갖춘 사람들이 있다. 와인의 맛은 다양하고, 그것을 표현할 줄 아는 것이 다른 사람들에게도 의미가 있고, 그 능력이 출중할수록 사람들은 더 좋아한다. 그렇기에 소믈리에라는 직업까지 있는 것이 아닌가. '어머니, 저 더 좋은 소믈리에가 되고 싶습니다'라는 아들을 보며, 어머니는 어떻게 생각할까? '어머니, 저 오렌지 주스를 잘 마시고 싶습니다'라는 아들에겐 어떻게 대할까? 어머니는 언제나 아들의 성장을 바란다. 도대체 성장은 무엇일까?

결국, 성장은 맥락과 주도성의 문제다. 성장을 원하는 사람이 자신의 존재와 경험을 어떤 맥락에서 '그리며', 무엇을 '확인'하고 있는지의 문제다. '그리고, 확인하는 것'은 그 사람의 주체적인 행위들이다. 마치 오렌지 주스를 머금은 입안을 천천히 경험하고 확인하는 것처럼 말이다. 그 경험 속에서 나만의 느낌에 주목하고 좀 더 다른 차원에서 느껴보고 싶었다. 그렇게 성장을 도모한다. 이것은 어떠한 일반적인 상황에서도 적용될 수 있는 말이다. 누군가는 '사람을 더 잘 설득하고 싶다'라고 생각한다. 그는 자신의 맥락 속에서 설득이 일어나는 결과를 정할 것이다. 사인하는 순간이 될지, 눈에서 웃음기를 머금는 순간이 될지, 그 사람의 주체적인 순간이 될지는 순전히 그 사람에게 달려 있다. 그런 순간들이 점차 자신의 맥락을 또렷하게 만들 때마다 그 사람은 성장했다고 느낄 것이다.

영업 장면을 떠올려 당사자가 아니라 외부 관찰자의 눈으로 바라보자. 더 많은 고객의 계약을 끌어내는 사람, 더 만족스러운 계약을 하는 사람, 고객에게 신뢰를 받는 사람, '사람을 더 잘 설득하고 싶다'라는 맥락을 그리고 있는 사람이 영업 현장에 있다면, 그것은 계약 수, 고객 만족이라는 성과로 다가올 것이다. 우리가 고개를 끄덕일 수 있는 성장이다. 그러나 분명히 당사자의 내면에 스스로 맥락과 질문과 열망을 떠올려야만 성장이 일어날 수 있음을 우리는 알 수 있다. 그것이 전제되어야만 마땅함을 볼 수 있다.

외부인과 당사자, 이 두 사람이 성장이라는 것을 공유하고 실제로 이루어내는 장면은 '심리상담'과 '코칭'에서 실현된다. 상담자와 내담자, 코치와 피코치가 만들어내는 과정이다. 그 안에서의 가장 중요한 요소는 변화와 성장을 서로가 더 이해하려 하고, 더 존중하려는 의지이다. 실제로 상담 연구에서 이런 사실을 밝혀낸 바 있다. 상담자의 특성, 상담 방식과 기법, 상담 철학, 상담 시간, 상담 인원 등 상담의 치료적 효과에 영향을 미치는 요소는 다양하다. 그중에서도 가장 확실하게 치료적 효과를 설명할 수 있는 요인은 바로 '내담자가 인식하는 치료적 (성장 지향) 관계'이다. 결국 변화와 성장은 그것을 원하는 사람이, '자신이 존재하는 그 순간 속에서 자신의 성장을 위해 자기가 있다'고 인식할 때 가장 효과적으로 이루어진다.

상담가나 코치는 성장을 위해 맹목적으로 강요하지 않는다. 대신 성장을 원하는지, 그 성장이 어떤 맥락 속에 있는지, 무엇으로부터 확인이 되는지, 그 과정에서 어떤 것을 경험하는지, 이런 내용을 같이 확인하고, 추구하여 성장의 온전함을 같이 만끽한다.

오렌지 주스를 잘 마시기 위해서는 누군가와 마음껏 '오렌지 주스 잘 마시는 것'에 대해 대화를 나누며, 그 시간이 '오렌지 주스를 잘 마시기' 위한 시간임을 확인하면 된다. 누군가는 자신이 될 수도, 이 맥락을 이해해줄 사람이어도 좋다. 그것이 성장임을 알아챌 수 있는 사람이면 금상첨화다. 언젠가 오렌지 주스 소믈리에라는 직업이 만들어진다면, 더 많은 사람과 이 성장을 공유할 수 있을 것이다. 강요되지 않은, 공유할 수 있는 성장이다.

치열한 세계 속으로

세상 어느 곳, 어느 분야든 치열하지 않은 곳이 있을까? 다른 분야보다 특성상 더 치열한 분야는 분명 있다. 그런 분야에서는 언제나 멘탈 이슈가 떠오를 것이다. 나는 그런 분야 중 스포츠, 영업, 예술계의 사람들을 만나왔다. 거기는 정말 치열한 세상이었다.

우리는 언제나 욕구를 가진다. 욕구는 대상을 필요로 한다. 수많은 사람이 수많은 대상을 원한다. 돈, 명예, 사랑, 휴식, 안정 등 세상에는 많은 것들이 있다. 문제는 누군가 어떤 대상을 가지게 되면, 다른 사람들은 자신의 마음에 욕망이 있어도 그 대상을 얻지 못하는 경우가 있다. 세상엔 참 많고 다양한 것이 있지만, 우리의 세상은 내가 갖지 못하면 빼앗기는 대상들로 둘러싸여 있다. 전 세계의 권력을 가지려는 패권 다툼, 하루라도 더 버티려 비축해두는 식량, 국민의 표를 얻고자 하는 정치인들, 한 여자의 마음을 얻으려는 두 남자의 싸움, 3개의 초콜릿이 담긴 접시를 바라보는 누나와 동생, 크든 작든 일상 속에 자연스레 떠오르는 갈등이다. 거기에 '잘함'을 대입하면, 세상 어디에서도 볼 수 없는 치열한 장이 되어버린다. 잃지 않고, 얻기 위한 '잘함', 그런 세계가 있다.

스포츠 분야는 '욕망'과 '잘함'이 체계적으로 실현될 수 있는 장이다. 종목별로 지켜지는 규칙이 있기 때문이다. 규칙으로부터 욕망이 만들어지고, 잘함이 증명된다. 만약 양궁 경기에 과녁이 없다면, 굳이 힘들게 활시위를 당기려 할까? 과녁이 있어 그 정확함이란 대상을 욕망하고, 더 '잘 쏘기'를 위해 선수들은 갖은 노력을 한다. 과녁이 있기에 그 성과가 평가되고, '잘함'을 확인한다. '상대 보다 잘하는 것', '세상에서 제일 잘하는 것' 등의 욕망 대상을 떠올릴 때, 바로 치열함의 세계가 된다.

4년에 한 번씩 개최되는 올림픽은 그 한 번의 기회에 '세계 최고'라는 타이틀이 걸려 있다. 인간이 할 수 있는 수많은 행위 중 활쏘기라는 단순한 하나의 행위는 누구나 할 수 있지만, 아무나 '세계 최고'가 될 수는 없다. 내가 승리하는 그 순간 타인은 다음을 기약할 수밖에 없다. 우리나라 제일의 국가대표 선수들 대부분은 자신의 목에 올림픽 금메달을 걸어보지 못하고 선수 생활을 마감한다. 올림픽에서 결승전에 올랐다는 것은 그만큼 어려운 자리를 감당한다는 뜻이다. 그 한 번의 기회로 자신의 삶에 대한 보상을 받을지 또 다른 인고의 시간을 가질지 판가름 난다. 그 치열함을 도대체 어떻게 받아들이고 버틸 수 있는 것일까.

실제로 많은 선수들은 자신들이 처한 상황을 이렇게 묘사한다. 올림픽이 아니더라도, 비중이 큰 한 번의 시합 결과에 따라 자신의 삶이 송두리째 바뀌는 상황을 실제 경험하기도 한다. 나는 역경을 견디며 꿋꿋이 자신의 삶을 이어가고 있는 선수들을 존경한다. 그들의 순수한 열정에 감동하여 멘탈코치로 활동하게 되었다. 많은 선수들을 만나 같이 울고 웃고, 그 속에서 살아남기 위해 치열하게 준비하는 나날을 보냈다. 그 삶은 현재진행형이다.

내가 들여다본 또 다른 세상은 생생한 영업 현장의 꽃, 부동산 중개인들의 삶이다. 부동산 중개인들이 치열하게 얻고자 하는 것은 올림픽 금메달처럼 뚜렷하고 단순하지는 않다. 각자의 삶과 맥락에 따라 다양하게 원하는 것들을 좇고 있었다. 원하는 것을 좇는 과정은 스포츠 분야와 같다. 부동산을 제공할 사람들과 부동산이 필요한 사람들, 양쪽을 이어야만 각자의 원함을 실현할 수 있다는 것. 그 과정은 너무나 단순하고 명확했다. 그 기회는 스포츠 분야의 승리만큼 쟁취하기 어렵고, 그 과정은 스포츠의 규칙처럼 뚜렷한 패턴이 있었다. 과정의 명확함과 단순함으로 사람들이 모여들었고, 그 결과 치열한 세계가 만들어졌다. 나는 또 한 번 치열함에, 그 순수한 의지에 닿을 기회를 발견하게 된 것이다.

매년 2만 명에 가까운 공인중개사가 배출되어 한 해에 1만 개의 중개사무소가 만들어지고, 1만 개 이상의 중개사무소가 문을 닫는 그런 분야. 경제 상황과 정책에 따라 줄어들기도 늘어나기도 하는 부동산 거래량이지만 누군가가 한 건의 기회를 가져가면, 다른 누군가는 그 기회를 놓칠 수밖에 없는 곳. 그 치열한 곳에서 자신의 '생계'를 걸고 스마트하게 때로는 투박하게 도전하는 분야. 나는 그곳에서 '욕망'과 '잘함'의 세계를 보았다. 내가 움직여야 할 영역이 있음을 느낄 수 있었다.

중개인. 그들의 순수한 의지를 보았고, 그들의 삶을 보았으며, 그들을 존경하는 나의 마음을 볼 수 있었다. 끊임없이 '잘함'을 추구하려는 나는 그들과 같이 역동하고 성장하는 변화를 즐기고 싶다.

멘탈코치로서 중개인들과 함께하는 시간들. 그 속에서 발견한 중개인의 멘탈, 중개인으로서 삶을 준비하고 시작하는 여러분에게 소개할 '멘탈 이야기'는 나의 변화와 성장을 깨닫게 하는 계기가 되었다. 이 책에서 다룬 내용들이 여러분의 삶의 현장에서 디딤돌이 되기를 희망한다.

부동산 중개인을 위한 멘탈 바이블

초판인쇄   2020년 8월 18일
초판발행   2020년 8월 26일

지은이   이환호
발행인   조현수
펴낸곳   도서출판 더로드
기획   조용재
마케팅   최관호 신성웅 백소영
편집   박남숙
디자인   호기심고양이

주소   경기도 고양시 일산동구 백석2동 1301-2
    넥스빌오피스텔 704호
전화   031-925-5366~7
팩스   031-925-5368
이메일   provence70@naver.com
등록번호   제2015-000135호
등록   2015년 06월 18일

정가 23,000원
ISBN 979-11-6338-102-0 03230